语用视点
话语研究的新视角

唐淑华 ◎ 著

PRAGMATIC POINT OF VIEW

A NEW APPROACH TO
RESEARCH ON UTTERANCES

西南交通大学出版社
Http://press.swjtu.edu.cn

图书在版编目（CIP）数据

语用视点：话语研究的新视角 / 唐淑华著. — 成都：西南交通大学出版社，2014.4
ISBN 978-7-5643-3023-1

Ⅰ. ①语… Ⅱ. ①唐… Ⅲ. ①英语－语用学－教学研究－高等学校 Ⅳ. ①H31

中国版本图书馆 CIP 数据核字（2014）第 077470 号

语用视点：话语研究的新视角

唐淑华 著

责 任 编 辑	罗　旭
封 面 设 计	严春艳
出 版 发 行	西南交通大学出版社 （四川省成都市金牛区交大路 146 号）
发 行 部 电 话	028-87600564　028-87600533
邮 政 编 码	610031
网　　　　址	http://press.swjtu.edu.cn
印　　　　刷	四川森林印务有限责任公司
成 品 尺 寸	170 mm × 230 mm
印　　　　张	15.75
字　　　　数	307 千字
版　　　　次	2014 年 4 月第 1 版
印　　　　次	2014 年 4 月第 1 次
书　　　　号	ISBN 978-7-5643-3023-1
定　　　　价	48.00 元

图书如有印装质量问题　本社负责退换

版权所有　盗版必究　举报电话：028-87600562

前　言

　　长期以来，大学英语教学、学生语用能力的培养与教师的学术研究似乎风马牛不相及。为了职称的晋升和完成学校的科研任务，大学英语教师常常不遗余力地收集科研素材，却很少会关注自己所教的课本内容，直接用大学英语教材中的内容作为自己科学研究的语料也并不多见。英语作为语言，具有社会功能，是交际、工具和储存知识的工具[①]。语言不仅可以习得，可以学习，更应该在运用中学会，在反复的体验、纠错和验证中提高。运用语言进行交际的过程中如何运用语言，什么语境使用什么语言，对不同的对象使用什么样的语言，同一对象在不同场景下运用什么语言，这些直接影响语言运用效果的因素似乎在大学英语教学中很少关注，却是语用学者们科学研究时经常关注的话题。在语用范畴内对大学英语教材中的更多内容进行语用剖析，更能让学生产生浓厚的学习兴趣并在语言运用的成功、失败和纠错的过程中更好地学会语言，获得更好的体验。

　　大学英语教学方面的语用研究并非少见，从季佩英所著的《大学英语教学中的语用研究》的学术专著，到谌莉文在《外语教学》2005年一期上发表的"英语听力理解中的语用推理"的学术论文，不少学者对大学英语教学中的语用问题进行了较为深入的研究。有对学生语用能力分析的，也有分析大学生英语语用教学模式的。有对英语课堂教师话语中风趣言谈策略进行语用分析的，更有对时态的语用进行分析的。也有用传统语用学的某些原理，诸如 Grice 的"合作原则"等对英语教学中的某个具体内容进行语用分析的。但用起源于文学研究，然后进入到认知语言学，最后成为语用学领域研究的"视点"(point of view)的研究成果对大学英语教学中的

[①] 祈雨村，《语言学引论》，上海：上海外语出版社，1985，P8.

一些语法现象,或者涉及精读、听力等各个层面的话语从语用层面进行系统阐释的研究成果还几乎鲜为人知。基于此,本书借用视点在语用学方面的研究成果,对大学英语教学中的部分内容,尤其是一些枯燥的语法现象进行了新的诠释,既为教学中那些学生难于理解,甚至表面上看来完全是正确而实质又不被语言学界认可的语法现象,如"She wrote novels in six months",或者在口语教学中看似风马牛不相及的回答在语用上起到的良好效果与传统语法教学之间不可调和的冲突,提供了较为新颖的阐释,可以说语用视点对来自大学英语教学中的语料的研究是在传统语用研究的基础上另辟蹊径,其研究的成果可以使学生更好地运用语言,掌握语言,并把语言的学习和运用巧妙地融入了对奇妙语言的欣赏之中。

  本书在简单回顾了视点在文学和认知语言学以及进入语用学方面的研究成果后,简要介绍了当前大学英语教学中学生语用能力的现状。全书以视点研究为主线贯穿始终,从"视点的紊乱"方面入手,深入剖析了大学英语教学中语篇或话语连贯的深层次原因,阐释了视点紊乱形成的机制和紊乱的种种形式,为促进学生交际中话语的连贯和连贯通顺的英语写作奠定了理论基础。本书对礼貌语言功效的研究,也基本跳出了许多传统语用学研究中仅对语言形式的纠缠,对 Leech 等学者礼貌原则的遵守与违背的讨论,更加专注于挖掘礼貌语言取效的深层次原因,为 G. Leech 礼貌研究中的调侃(banter)和反讽(irony)原则似乎矛盾标准的理解找到了新的统一的解读方法。本书对虚拟语气的视点研究,不仅有利于引起学生对虚拟语气运用的极大兴趣,更为学生对虚拟语气用法的掌握上了增加了实用性,完全跳出了传统教学中机械的条条框框的限制。本书对直接引语和间接引语运用的视点研究,不仅让学生明白直接引语与间接引语并非完全等同,而是说话者不同视点的表达方式,更是说话者表达目的的必要方式的道理。直接引语与间接引语机械转换练习的教学只不过是最原始的方式,视点的研究才能真正揭示直接引语与间接引语之间转换的必要性以及相关细节相应的转换方式,避免了传统教学中学生对"变"与"不变"的纠缠,这样更能激发学生对类似语言学习和运用的兴趣。

尽管本书还未能将所有的语法现象用视点的理论进行逐一的分析，形成自己完整的系统，但其研究的途径更加清晰地展现了语用学研究与大学英语教学更加有效的融合，学生语用能力与语言能力的合二为一，以及教师在科研和教学方面更加紧密地结合和教师科研成果直接运用到教学中去反哺教学，实现教师科研和教学的高度融合，不失为一种新的尝试。

唐淑华

2014 年 3 月

目　录

第一章　视点研究回顾 ··· 1
- 第一节　文学—语言学—语用学领域的视点研究 ························· 1
- 第二节　视点的定义 ··· 6
- 第三节　视点的分类 ··· 9

第二章　大学英语教学与语用研究 ·· 13
- 第一节　大学英语教师科研与教学冲突的现状 ···························· 13
- 第二节　语用知识与学生的语用能力 ··· 21

第三章　从视点的紊乱看大学英语教学中的语篇或话语的连贯 ············· 49
- 第一节　视点紊乱及相关概念 ·· 50
- 第二节　视点紊乱形成的机制 ·· 53
- 第三节　视点紊乱的类型 ·· 55
- 第四节　结　论 ·· 84

第四章　礼貌语言功效的视点研究 ··· 85
- 第一节　传统的礼貌语言研究 ·· 86
- 第二节　心理趋同 ··· 93
- 第三节　观念视点含义的再讨论 ··· 95
- 第四节　观念视点对礼貌语言取效的制约与促进 ························· 96
- 第五节　观念视点、心理趋同与礼貌语言良好取效的路径探微 ····· 104
- 第六节　反讽与调侃的礼貌功效 ·· 147

第五章　虚拟语气的视点研究 ······ 150
第一节　引　言 ······ 150
第二节　心理距离与语用功效 ······ 152
第三节　语气否定意义和责备的表达与观念视点的体现 ······ 154
第四节　虚拟语气的运用对空间维度的影响 ······ 163
第五节　虚拟语气中动词时空维度的变化与心理距离 ······ 166
第六节　虚拟语气中情态动词的运用与观念视点 ······ 175

第六章　从视点的安排看直接引语与间接引语的运用 ······ 179
第一节　传统英语教学中的直接引语与间接引语 ······ 179
第二节　直接引语与间接引语的传统研究 ······ 187
第三节　直接引语与间接引语运用的视点研究 ······ 189
第四节　本章小结 ······ 226

第七章　结　语 ······ 228

参考文献 ······ 232

第一章　视点研究回顾

第一节　文学—语言学—语用学领域的视点研究

一、视点在文学方面的研究概述

视点（point of view）最早是修辞学和文学中的常用术语。Short 在其文章 *Point of View* 中曾指出：视点是 20 世纪小说批评的核心概念，对任何语篇的把握都涉及视点（Short, M., 1999：172-186）。珀西·卢伯克是第一个在理论上把视点作为文学创作技巧进行系统研究的人。他提出画面式手法与戏剧式手法的区别，前者由全知视点统帅，后者即戏剧化地呈现外部世界或人物意识才是卢伯克所大力推崇的（转引自周苹，2000：116）。珀西·卢伯克（P. Lubock）的那句名言一直被热衷视点研究的人奉为真经："在整个复杂的小说写作技巧中，视点（叙事者与他所讲的故事之间的关系）起着决定性的作用。"（Scholes, Robert. Ed. 1961）视角"本质上属于谋篇意义，是作者叙述故事的心理定位"（Simpson, 1993：4），是"通过话语结构所表达的隐含作者或小说中其他人物的情感态度和价值判断，包括价值多元呈现、反讽、作者声音介入等表现手法"（Leech & Short, 1981：272）。米克·巴尔认为，"聚焦是最为重要，最为透彻，最为精细的操纵方式。"（米克·巴尔，1995）在视点领域，法国叙事学家热拉尔·热奈特（G. Genette）澄清了一个多年来一直被想当然的问题，即叙述者与视点人物，"谁在说"与"谁在看"的区别。"谁在看"涉及的才是真正的视点问题（周苹，2000：117）。Leech & Short（1981：257-287）致力于语言形式在词语、句子、语篇各个层面上的微观分析，以揭示作者在文本中表现出的立场观点，挖掘作品主题意义。文体学家 Michael Short 专门讨论了视点与语言理解的关系，对任何语篇的把握都涉及对视点的敏感（1999：170ff）。国内也有许多学者把视点与文体学、文学批评联系起来进行研究。可是，国内外学者在研究这一问题时，绝大多数学者选择了小说作为研究对象（魏万德，王爱军，2005：905）。就小说研究而言，视角一直是学界关注的一个中心问题（申丹，2004：53）。视点作为叙事学的基本结构要素，一直都是小说叙事学的热门话题（周苹，2000：115）。典型的语篇层面上的视角研究要属文学、文体学领域对叙述视角的研究。在文学批评、叙事学领域，叙述视角通常指叙述故事的方法，是叙事技巧的重要组成部分（赵秀凤，2006：22）。20 世纪 80 年代末以来在西方尤其是北美兴起的后经典或语境化叙事学，十分注重探讨视角与意识形态或认知过程的关联（申丹，2004：52）。视点（叙述视角、聚焦）问题是现代叙事学的经典问题（苏畅，2006：21）。翻看一下经典叙事学和小说文体学的著作，以及《今日诗学》《叙事技巧研究》《文体》和《语言与文学》等杂志，则不难发现视角研究在 20 世纪 70 至 80 年代形成了前所未有的高潮（申丹，2004：52）。

在文学中经常出现的视点，有时用的是视角，更多的则指叙述者的观察角度（perspective）。当然，不同学者采用了许多不同的术语，如 staging（Brown G & Yule G, 1983：125），angle of camera（Kuno S, 1987），point of view（Lakoff G, 2007：144；Brown G, et al, 1994/1995：169），focalization, viewpoint, angle of vision, seeing eye, filter, focus of narration, narrative perspective（申丹，2004：52，58）。在众多的研究中，尽管所采用的术语不同，名称各异，但在内涵方面大多相同，主要指叙述故事的观察角度（perspective），同时也是表达故事的方式之一，是一种叙述技巧。

二、视点在认知语言学与语用学方面的研究概述

进入认知语言学后，视点成为认知处理过程中的一个基本原则，认知主体必然采取一定的视点来感知和观察对象事物，并通过语言表达反

映其观察角度和立场,因此视点的选择将直接影响认知主体对认知对象的处理方式和认知结果(彭正银,2010:105)。视点是一个涉及观察者、观察对象以及观察路径的概念(杨才英,张德禄,2006:97)。一个人观察所选取的视点体现了他的价值观、信仰体系以及对待具体事物的态度。这样,视点就不再仅仅是传统意义上的观察角度,而是与人们的意识形态、价值取向、心理等密切相关,是认知科学、心理学等学科的高度融合,成为一个集多学科于一身的界面研究方向。

所有语言表达的概念内容都来自视点,视点对于语篇的理解是绝对重要的;而且所有的语言都向发话者提供了非常广泛的各式各样的手段去表达视点(Richard Epstein,1999:677)。语篇视点对语篇连贯起到统领作用(王正元,2006:112)。在这里我们不妨借用阿恩海姆(Rodolf Arnhein)的字母图例,如图 1.1 所示。

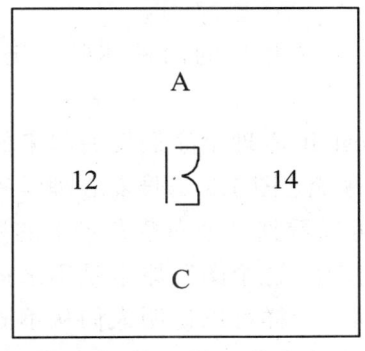

图 1.1

由于字母参照系的关系,中间的符号横看为 13,竖看为 B。正如北宋诗人苏轼的《题西林壁》中那句充满哲理的名句:"横看成岭侧成峰,远近高低各不同。"作为对该事物的认知,认知主体的价值观、兴趣爱好的作用不可低估:数学教师可以一眼认出数字"13",而对于英语教师来说,字母"B"更有可能成为他/她的认知结果。这揭示了人们对客观对象的认知规律。"客观对象所呈现的特质仅仅处于一个恰当的参照系范围之中"(朱狄,1997:311)的论述对语篇视点的认知参照性质具有解释力(王正元,2006:113)。人类对客观世界的认识,很大程度上取决于所持视点,对同一事物观察时不同视点的选取,不同的观察者,其观察的结果是不同的,甚至会完全相反。请观察图1.2。

图 1.2

这是耶鲁大学耗时5年的研究成果,非常神奇的图片,当你看完左边的人体再看中间的,他就会顺时针旋转,当你再看右边的之后,那么就会变成逆时针。

观察同一幅图产生完全相反的两种体验,正是观察者不同视点的差异所致。

始于 Rubin,由 Gestalt 心理学家们发展起来的图形背景,在当代被认为是引领注意研究的潮流。图1.3是丹麦心理学家 Rubin 设计的人面花瓶图案。在图中,我们可以看到一个白色背景下的黑色花瓶,或是在黑色背景下的两张脸的侧面图像。这个图案原本是用来揭示图形背景的动态变化的。但运用到视点研究,同样可以说明人们从不同视点或者具有不同视点的观察者对同一事物进行观察,都可能得出不同的结果。

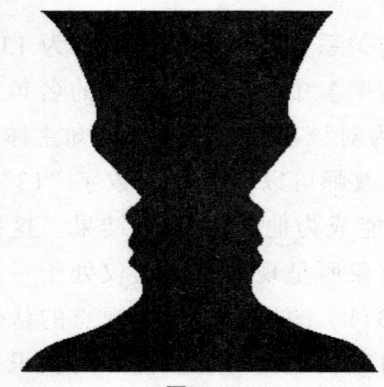

图 1.3

对以上图形是花瓶还是两张脸的侧面,图形背景理论关注的是参照系,认为以谁为背景进行认识是非常重要的。其实,从视点的角度而言,观察的结果与观察者的兴趣爱好、职业、认知方式等都密切相关。作为一个家庭主妇,看一眼上面的图案,就会轻松地作出"花瓶"的认知,因为在家庭主妇的生活中,她们与各式各样的花瓶接触得更多,有较多相关经验。而对于那些爱好收集各式各样脸型的艺术家而言,其艺术的取向更有可能使他们看出是两位女士的脸,或许这只是他们收集的众多脸型中的一种。如果是体育运动员,由于他们经常渴望或接触的是各种各样的奖杯,所以他们更有可能作出"奖杯"的认知。所以对上述图形的认知不仅可以反映出图形和背景的关系,更能反映出人们的意识形态、价值判断等与心理、认知密切关联的其他成分。不同的人,所从事的职业不同,兴趣爱好不同,都可能导致他们采取不同的视点进行观察或认知,得出不同的认知结果。从对某一具体对象的不同认知结果可以看到他们所采取的视点,最终可能捕捉到认知主体的特征。

图 1.4 在许多经营场所都可以看到,不同的人对上图的认识是不同的。作为工商管理人士,一进店门就可以注意到"亮照处",表明或提醒经营者要亮照经营,他们所关注的自然是经营者是否按要求出示了工商执照,而其他因素很难成为他们关注的焦点。经常有喝酒习惯的人走进店门,一眼就可以发现前面人士没有注意到的"重庆诗仙太白"——一个较为出名的酿酒企业。因为他们对酒的认知更容易,无需更多的认知努力,而对于经营者是否亮照经营很少关心。

图 1.4

从上面四个例子明显可以看出,不同视点会有不同的观察结果;不同的人,选取的视点不同,对客观事实的认知也不会完全一样;兴趣、职业、价值观等都会影响人们对同一对象的认知,产生不同的认知结果,所谓仁者见仁,智者见智。这体现了人类对客观世界的认知规律。

在 Van Dijk 看来,视点是语用学中的一个概念,既涉及语义又涉及语用等诸方面(Van Dijk,1977:21,49)。语言的运用就是不断地进行选择(Verschueren,2000:56-8),任何话语都会选择一定的时空方位、叙述角度以及新旧信息的传递过程,这些选择必然会蕴含着说话者的态度、价值观和信仰体系等。承载着说话者态度的观念视点势必制约说话者知觉视点、叙述视点和时空视点的选择,知觉视点的起点和终点的安排除了传统的从旧信息到新信息的传递过程,还会呈现其他违背常规的安排,这正好可以解释像倒装句、感叹句、疑问句、祈使句和 there be 结构等其他语序的合理性。另外,大学英语的教学素材是否只涉及语言问题本身?学生语言能力的培养是否只涉及传统的语法、词汇等内容?转换视点,是否可以看到一个全新的世界?学生语言能力与语用能力是否可以与教师的科学研究进行有效的融合?教材中的语言问题本身是否就含有语用知识?语言能力与语用能力是否有关系?有什么样的关系?本书将以视点研究为主线,探索学生英语语言能力的培养、语用能力的提高及其与教师科学研究工作的相互融合,并实实在在地用教师的科研成果反哺教学,真正实现科学研究为教学服务,教学实践活动为科学研究提供源源不断的素材,为促进教学与科研的无缝衔接,提供一个全新的视角,进行初步的尝试。

第二节 视点的定义

著名新批评家布鲁克斯和沃伦对"point of view"的界定如下:在松散的意义上,该词指涉作者的基本态度和观点;在更为严格的意义上,该词指涉讲故事的人——指过滤故事材料的头脑。故事可用第一人称或第三人称讲述，讲故事的人也许仅为旁观者，也许较多地参与了故事（Cleanth Blooks and Robert Penn Warren，1960：334-335），也许就是故事的主人公。显然，这种定义完全是基于文学的定义。

20世纪70年代以前，"point of view"是最常用的指涉视角之词，该词具有多种含义：（一）看待事物的观点、立场和态度；（二）叙述者与所述故事之间的关系；（三）观察事物的感知角度。亨利·詹姆斯采用了第一种和第三种含义，前者指作者看待生活的立场和态度，不涉及作品中的叙述视角；后者则往往与"center"（中心意识）同时出现，指在第三人称叙述中用人物的眼睛和头脑来观察过滤事件，从而将"感知者"与"叙述者"区分开来。与此相对照，卢伯克在《小说技巧》中采用了后两种含义，但强调的是第二种，认为视角问题就是"叙述者与故事之间的关系问题"（参见 Lubbock，第251页）（转引自申丹，2004：53）。俄国学者厄斯彭斯基（Uspensky）在《结构诗学》一书中提出视角涵盖立场观点、措辞用语、时空安排、对事件的观察等诸方面（申丹，2004：59）。Brown 和 Yule（1983：138ff）认为，作者是根据不同视点组织某个话题统一体的有关材料的，视点反映了事件呈现的"自然顺序"，因此，作者的任务在于创造一个特定世界的连贯视域。这种定义既有小说的成分，也不排除语言学的范畴。

文体学家 Michael Short 专门讨论了视点与语言理解的关系（1999：170）。Peter Harder 在《功能语义学》中对视点也非常关注，比较详尽地讨论了视点与时态、体式及间接引语等的密切关系（Harder 1997：324；359-361；484-489）。Peter Harder 的视点研究基本上把焦点转到了语言学。

语用视点可以体现说话人的情感倾向或认识倾向（Field，1997），只要涉及说话者、听话者和语境，就一定涉及语用学的研究范畴，这体现了视点研究在语用学领域的重要价值。

国内不少学者也对视点的定义进行了界定。视点指的是观察的位置。在观察一个情境，尤其是有着众多参与者的复杂情境时，视点的方位和取向决定着观察的结果（陈安玲，2007：20）。这种定义，使视点更倾向于认知科学，体现了人类对客观世界的认知。

熊沐清（2001：21-2）认为，视点是制约语篇深层结构（即语义）的一种图式（schema），反映人们看待对象世界的角度和态度，支配着对象的选择与组合，从而又影响语篇表层结构（即形式句法）的组织。其视点的概念建立在语篇基础之上。其实，视点不仅存在于语篇，也存在于句子层面，甚至单个的词，只要有具体的语境，任何话语形式都有可能。只要说话者说出某话语，叙述者进行某种叙述，其视点就一定存在。

冉永平在前人视点研究的基础上，从语用学的角度提出了语用视点就是一种"语用站位"（pragmatic stance）的看法，指说话人站在什么角度说话。言语交际，尤其是会话、访谈等口语互动，不仅是语言形式及策略的多向选择，还必然涉及说话人的"站位"问题，也即存在说话人的视角选择，或"视点"。语用视点的选择涉及语境因素，尤其是说话人对听话人、某事/某物或命题内容等所附带的态度、情感、立场等，以及说话人对某事/某物所持的认识趋向（冉永平，2007：332）。语境中的词语选择、句法选择、音韵选择、话轮、语序选择等都可能直接体现或隐含交际主体的语用视点。比如：

"我们的运气实在是太差了。厦门这支队伍，实事求是地讲，在实力水平上与我们有差距，但是就是这么样一个队伍得到了当地企业的全力支持，人家什么都不缺，还要建设人家自己的体育场，我们跟人家没法比啊！不过，今天的比赛，我们球队的哥们打得确实不错。……我们队伍现在的情况就是这样了，如果有投入，肯定会再提升一个档次。"

（"新浪体育"，2006年4月2日）

以上是一位体育记者在足球比赛结束之后对辽宁足球队队长的采访片段。不难看出，"我们""我们球队的哥们""我们队伍"等的选择体现了说话人的自我主体意识。语用视点就是说话人所在的球队，体现了说话人的情感倾向。同时通过与"厦门这支队伍""这么样一支队伍""人家""人家自己"等用语之间的对比，我们更能清楚其中存在的语用视点对比。我们将表示说话人语用视点的类似词语或结构称为"语用视点标记"（pragmatic stance marker）（冉用平，2007：332）。

综上所述，笔者认为，视点是制约句子或语篇结构的一种图式，反映人们对叙述对象或听话者的态度，决定人们对叙述采取的角度和方式，支配着叙述内容的选择与组合，从根本上影响句子和语篇的组织和选择，彰显认知主体对客观世界认知的表现形式。

第三节 视点的分类

兰盖克（Langacker）认为，视点是聚焦的调节，分为两类：最佳视角（vantage point）和定位（orientation）（1987：122-26）。最佳视角在 Timmy 的方位描述中得以显示，在树的前面或在树的背后依赖于说话者的最佳视角。一个特殊的最佳视角是在一个场景上强加了一条图形背景线，Timmy 位置的选择性建构只是由移动另一个方位的说话者来获得，也就是说，语言方面表达的空间关系依赖于说话者的情景。最佳视角对建构是敏感的，听话者的最佳视角用来解读"在后面"：请仔细地听我的，从南门进入树林，走这条路直到你来到了这棵大橡树，你会找到树后的箱子。定位指的是竖直的维度，按照一个人标准的直立位置。定位的一个例子是"above"和"below"的选择：实际的烟囱—窗子定位与说话者标准的定位相关。对定位的选择性建构要少得多，因为我们很少会头手倒立（Croft W. & D. Alan Cruse，2004：59）。

Fowler（1986/1996：127ff）把视点分为时空视点、观念视点和心理视点（又称为知觉视点）三类。

熊沐清（2001：22）基本采纳了 Fowler 关于时空视点和观念视点的说法，但把他的心理视点按其实际含义改为叙述视点，并另立知觉视点一类。

（1）时空视点（spatio-temporal point of view）指人们观察或呈现对象世界时所依循的时空角度及位置，包括时空的起点和移动的顺序。每个语篇乃至每个句子都必然存在某种时空视点，但在很多情况下它只是并不明言的"此时此地"（now and here），往往隐性地存在着，对语篇的影响相对较小，仅由现在时动词暗示出来。但在描述性尤其叙述性语篇中，时空视点则起着重要的作用。

（2）观念视点（ideological point of view），"观念"不是哲学上所指的客观事物在人脑中的反映形式，而是涉及价值观和信仰体系，反映人们对于对象的态度。Fowler 举例说，托尔斯泰作品中的基督教精神、劳伦斯对性的推崇、奥威尔对极权主义的谴责等都体现了观念视点（1986：130）。我们从交际功能角度出发扩大了观念视点的范围，认为它还涉及对象的数量、性状、程度等方面的评价。观念视点体现于每个句子及句子以上语言单位中，因为中性的价值观也是一种观念。Fowler 指出，主要有两种方式或语言形式体现观念视点。一是情态，包括情态助动词、情态副词或句子副词（如 certainly, probably）、评价性形容词及副词（lucky），有关认识、预言和评价的动词（如 seem, dislike）以及全称句（如莎士比亚剧中的 For loan oft loses itself and friend）。二是语体，包括个人语体、社会语体和功能语体（1986：132ff）。Michael Short 在研究视点与理解的关系时，给出一个清单，详尽列举了叙述语篇中视点的语言标志，分为以下 7 类，即新信息与旧信息、地点指示词、时间指示词、社会指示语、思维和知觉呈现标志、价值和观念倾向标志，以及句内和句外的事件编码（1999：177ff）。其中一些涉及观念视点。

（3）叙述视点（narrative point of view），"叙述"是广义的，泛指任何陈述，陈述的过程就是语篇的体现过程。叙述视点在叙事语篇中十分复杂，本书则把语篇研究领域内的叙述视点简化为两大类，即第一人称叙述视点和第三人称叙述视点，两者都有隐含和显性之分。如This is a book就隐含了第一人称叙述视点。非文学性语篇表达的一般都是作者本人的经验或意见，因而大多是第一人称叙述视点。在语篇分析中，叙述视点的分析侧重于说话人/受话人关系（含作者/读者关系）。叙述视点的语言标记主要是人称。

（4）知觉视点（perceptual point of view），关注知觉的对象，包括起始和终结两个部分。两部分各有一个支配性信息，即知觉的起点和终点。知觉视点实质上就是信息的选择和组合。一方面，语篇建构与解读作为认知过程，体现着由已知到未知的人类认知规律；另一方面，语篇作为言语交际行为的语言形式，必须满足人们获得新信息的愿望。因此，知觉起点通常是言说的出发点和话题，知觉终点则是言说的内容，即新信息。

通常情况下，任何句子及句子以上的语言单位都同时蕴涵着上述四种视点，缺一不可，而这四种视点又有着各自不同的作用，不能相互替代。其中，时空视点提供一个时空框架，因为人类一切活动包括言语行为都必然存在于一定时空之中；任何言语行为又必然蕴涵着言说者或显性或隐含的价值判断，因而存在着观念视点；言语行为总是人与人之间的行为，即必然有行为的发出者和接收者，叙述视点则描述这种发出者和接收者关系；言语行为的目的通常是信息的授受，而在这一过程中，知觉视点制约着信息的选择与组合。句子、语段或语篇就是这样同时受着四种视点的不同形式的影响。

国内对视点的研究，基本上基于熊沐清对视点的四种分类方法，本书也基于此分类。

熊沐清的观念视点体现在每个句子及句子以上语言单位的说法中，句子不论是否包含了词或短语，只要进入具体的语境，词也可以成为句子，表达说话者或叙述者的观念视点。比如："Shut up!"，其观念视点表现就较为明显，显示一种极强的态度。另外，把视点从语篇扩大到任何话语时，其叙述视点除了原来的第一人称视点和第三人称视点以外，第二人称的叙述视点也有,只不过相对于前面两种视点出现的频率要小些。比如："Get up!"第二人称叙述视点在祈使句中运用更为广泛，其话语主体观念视点的表现力更强。

第二章 大学英语教学与语用研究

第一节 大学英语教师科研与教学冲突的现状

一、大学英语教学要求

《大学英语课程教学要求》(College English Curriculum Requirements)作为各高等院校组织非英语专业本科学生英语教学的主要依据,明确了大学英语的教学要求。大学英语是以外语教学理论为指导,以英语语言知识与应用技能、跨文化交际和学习策略为主要内容,并集多种教学模式、教学手段为一体的教学体系。其教学目标是培养学生的综合应用能力,特别是听说能力,使他们在今后的学习、工作和社会交往中能用英语有效地进行交际,同时增强其自主学习能力,提高综合文化素质,以适应我国社会发展和国际交流的需要(教育部高等教育司,2007:1)。总的要求不仅强调了应用技能,更是把培养学生的综合应用能力,把在今后学习、工作和社会交往中能用英语有效地进行交际作为大学英语的教学目标,这些与学生语用能力的高低密切相关。没有语用能力的英语语言不过是一些毫无意义的单词或枯燥无味的语法条款,毫无实用价值。大学英语教学要求的三个具体层次要求更是清楚地说明了大学英语教学的任务。在此仅摘录更高要求如下:① 听力理解能力:能基本听懂英语国家的广播电视节目,掌握其中心大意,抓住要点。能听懂英语国家人士正常语速的谈话。能听懂用英语讲授的专业课程和英语讲座。② 口语表达能力:能较为流利、准确地就一般或专业性话题进行对话和讨论，能用简练的语言概括篇幅较长、有一定语言难度的文本或讲话，能在国际会议和专业交流中宣读论文并参加讨论。③ 阅读理解能力：能读懂有一定难度的文章，理解其主旨大意及细节，能阅读国外英语报刊上的文章，能比较顺利地阅读所学专业的英语文献和资料。④ 书面表达能力：能用英语撰写所学专业的简短报告和论文，能以书面形式比较自如地表达个人的观点，能在半小时内写出不少于 200 词的说明文或议论文，思想表达清楚，内容丰富，文章结构清晰，逻辑性强。⑤ 翻译能力：能借助词典翻译所学专业的文献资料和英语国家报刊上有一定难度的文章，能翻译介绍中国国情或文化的文章。英汉译速度为每小时约 400 个英语单词，汉英译速度为每小时约 350 个汉字。译文内容准确，基本无错译、漏译，文字通顺达意，语言表达错误较少。⑥ 推荐词汇量：掌握的词汇量应达到约 7 675 个单词和 870 个词组（包括中学、一般要求和较高要求应该掌握的词汇，但不包括专业词汇），其中约 2 360 个单词为积极词汇（包括一般要求和较高要求应该掌握的积极词汇）（教育部高等教育司，2007：3-4）。尽管这些并未明确指明语用能力的培养在每个方面的要求，但事实上，听力理解、口语表达能力、阅读理解、翻译等都离不开相应的语用能力。

二、大学英语教学现状

当前不少大学生对英语教学现状不满意。1996 年，北京市大学英语研究会对市内 12 所高校 1 000 多名学生的随机调查发现，57%表现为"不太满意"，18%认为"很差"，只有 9%对教学感到"满意"（蔡基刚，2012：5）。21 世纪，这一情况并未显著改善。夏纪梅（2003：461）对广东重点大学内 1 000 名已完成四、六级学习的在校非英语专业学生进行调查，55.86%的学生认为大学阶段后的英语学习水平较入学前无进步。2007 年，于海和钟晓华（2008）对上海市 12 所高校（其中部属 3 所，上海市属 9 所）的 1 615 名大学生进行抽样调查，在外语、计算机和专业等 10 项社会用人单位最看重的能力中，学生反映自己的外语能力提高不理想，排在 10 项能力的倒数第一。抽样的学生中有 11.3%认为自己的外语能力有很大提高，45%的人认为自己有一定提高，23.6%认为没有提高，认为反而下降的达到了 20%。赵庆红等（2009）2008 年对武汉、北京、西安、济南和长沙的 12 所高校的 2 283 名大学一、二年级生的调查发现，认为"大学英语学习收获很大，英语水平得到了提高"的仅为 6.7%，认为"收获不大"的为 36.2%，认为"英语学习劳而无功"的为 32.5%，认为"英语水平没有进步反而退步"的为 24.6%。2010 年蔡基刚（2012：5）等人对 8 个省市 16 所本科院校 1 246 名大二、大三学生进行了调查，结果发现，在回答"整体说来，我觉得自己现在的英语水平较之刚入学"时，表示"有较大提高"的为 3.9%；"有些提高"的为 35.23%；"基本没有提高"的 25.4%；"有些下降"的 35.1%。回答"总体而言，我对我校的大学英语教学"，"基本满意"的为 20.54%；"比较满意"的为 31.38%；"勉强满意"的为 35.39%；"不满意"的为 12.6%。乔梦铎等对黑龙江省高校的调查发现，大学英语四、六级考试指挥棒的影响仍然根深蒂固，虽然 85%的学校取消了将学生的四级考试成绩与毕业证或学位证挂钩的做法，但仍有 50%以上的学校在大学英语课堂上或课外给备考学生做专门的四、六级辅导，以期提高过级率。由此可见大学英语教学仍无法完全摆脱应试教育观念的控制（2010：11）。

许多国家领导和业内专家学者对当前大学英语教学存在的问题也进行了总结。吴启迪（2004）代表教育部总结了大学英语教学存在的问题：① 教学思想相对滞后，如对外语综合应用能力的培养重视不够。② 教学模式、教学方法相对单一和陈旧，如教师主讲、学生主听的课堂教学模式。③ 教师整体水平有待进一步提高。④ 与中小学教学相对脱节。其后果是整个外语学习耗时长、效率低，学生容易产生厌学情绪。⑤ 应试教学倾向依然存在，片面追求四、六级考试通过率。对于改革后的大学英语教学，程晓堂和康艳（2010）列出大学英语教学七大问题：① 教学目标不清楚，20 多年来历次出台的大学英语教学大纲对教学目标的描述"飘忽不定"。② 教学要求与考试要求混淆，其结果只能干扰正常的教学秩序，助长应试教学风气。③ 高校英语课程与中学英语课程没有有效衔接。④ 过于强调英语的工具性。⑤ 过分强调知识的教学，忽视能力的培养。⑥ 教材编写理论研究和技术研究非常贫乏。⑦ 外语教师缺乏专门外语教育理论的学习，大多凭经验上课。束定芳和陈素燕（2010）认为大学英语教学存在九大问题：① 定位与教学目标不明确。② 需求分析缺位。③ 在课程安排和听说读写技能训练上，课程设计不科学。④ 由于教师工作量超负荷，科研力量有限，师资队伍难以适应新的要求。⑤ 教学资源，包括教材难以满足学生的真正需求。⑥ 课堂教学仍为以教师为中心的精读和PPT教学，应试教学依然存在。⑦ 学生学习态度和动机欠佳。⑧ 学生缺乏良好的学习方法。⑨ 外语教学评估缺乏科学性。

《大学英语课程要求》对大学生英语听、说、读、写、译都有具体的要求，提到大学英语综合应用能力的培养，对英语文化的学习逐渐引起人们的关注，在教学中也偶尔有所涉及，尤其是在翻译教学中，由于跨文化交际的差异产生语用失误已经引起了诸多学者的关注。但在非专业的大学英语教学中，很少提到学生语用知识的学习和语用能力的提高，英语学习只能应付考试，不能真正在生活中交流，导致学生高分低能。有些语法错误不能找到合理的解释，学生只能死记硬背，毫无兴趣而言；有些语法看起来并无大碍，然而在实际运用中却不被接受或根本就没有语用效果。比如：

（1）A：Can you open the door?
   B：Yes, I can.

从语法角度看，上述回答没有丝毫问题，但是显然听话者并未能理解说话者的意图，从本质上说，上面的交际并未成功，被界定为语用失误并不为过。

进入21世纪后，对学生听说能力的培养得到了加强，"听说领先"的教学模式不断得以推广，但在有效运用英语进行交际方面似乎停滞不前，其部分原因在于学生所学英语语言知识缺乏文化知识、语用知识等，从而不能在实际生活中运用。甚至有时学生费尽心机背诵了很多单词和语法，在实际生活中却无法套用。一些语法正确的知识在实际运用中成为无用的东西，导致学生的英语学习完全只能应付考试，别无他用。张文霞、罗立胜（2004）在《关于大学英语教学现状及发展的几点思考》中总结道，在21世纪的第一个十年中，大学英语教学迎来了一次新的、全方位的挑战，同时面临着一次深入改革和进一步发展的机遇。在机遇与发展并存的同时，大学英语教学的再定位以及外语教学的今后走向必然引起教育管理部门、社会以及广大英语教师的普遍关注。人们关注的焦点依然是大学英语在新的时期如何更好地适应社会发展的需要，如何进一步深化改革，其改革的中心是什么，以及如何进行这场改革等焦点问题。经过一段时间深入地讨论以及在教育部高教司的指导下，人们在以下三个方面达成了共识：① 为了大学英语教学在21世纪的可持续发展，为使其更好地适应社会以及学习者对外语的实际需要，深化改革是发展之必然；② 改革的重点应该是改变大学英语教学的培养目标和教学模式，即强调学生的英语综合运用能力的培养，特别是语言产出技能的实践；③ 大学英语教学改革需要从制定大学英语教学课程要求和立体化教材建设入手，以调整教学评估体系为切入点，形成一套比较完整、具体的改革方案（张文霞 罗立胜，2004：2）。同时，人们也总结了大学英语在20世纪80年代以来取得的成绩：① 大学英语已经发展成为一门系统的、相对独立的学科。② 对大学英语教学大纲进行了修订。③ 在《大学英语教学大纲》修订的同时，大学英语四、六级考试项目作了相应的调整，增加了主观题的类型及比例；同时在一定的范围内实行英语口试。④ 在21世纪开端前后，第三代大学英语教材陆续出版。⑤ 在教育部高教司以及各级主管部门的大力倡导和支持下，外语教学的现代化手段得到了比较快的发展，其中包括多媒体语言学习系统、网络外语学习体系、英语学习课件等。⑥ 随着我国高等教育的快速发展与提高，大学英语教师队伍也发生了比较大的变化：一批英语专业本科毕业生以及一定数量的硕士、博士毕业生充实到教师队伍，并成为英语教学的骨干力量（张文霞，罗立胜，2004：2-3）。但现在问题主要包括：① 从整体上看，大学生的语言运用能力与教学的实际投入依然存在着比较大的反差。② 大学英语教学体系、课程结构及课程设置还不能完全满足学习者的实际要求。③ 在教学观念、教学方式及教学内容上依然较多地重视语言知识的传授，还没有完全摆脱应试作用的负面影响。④ 教学手段以及教学模式还不能很好地适应学习者对英语综合运用能力的培养（张文霞，罗立胜，2004：4）。大学英语教学中需要处理好以下几个关系：① 语言基础与综合运用能力。② 个性化自主学习与课堂教学。③ 外语文化素质与英语考试。④ 分类指导、分级教学与一般要求。⑤ 四年英语学习不断线与大学英语教学。⑥ 多媒体和网络化教学与现有的教学手段。⑦ 立体化教材与现有教材。⑧ 选修课程与基础课程。⑨ 综合性的教学方法与综合运用能力的培养（张文霞，罗立胜，2004：6-7）。这里的综合运用能力，离开了学生的语用能力，只能是一句空话。

此外，教学手段和教学模式得到了较好的改进。许多高校充分利用现代信息技术，采用基于计算机和课堂的英语教学模式，特别是以网络技术为支撑，使得英语教学在一定程度上不受时间和地点的严格限制，学生能接触到更多的音频和视频材料，有更多的机会看到或听到真实生活中的英语交流，有机会学习英语本族人地道的语音语调。学生借助网络技术直接与英语国家人士直接聊天对话，也不是新鲜事。一句话，英语教学更多地在朝着个性化和自主学习的方向发展。

三、与大学英语相关的科研现状

关于大学英语教学的研究，多数科研论文围绕着教学模式的改进、教学方法的改革、教师教学和学生自主学习的策略或是涉及大学英语教学的每一个侧面如听力、口语、阅读、写作等方面进行研究，也有少数文献针对跨文化的问题进行过一些研究。笔者于 2013 年 4 月 19 日在 CNKI 上，以"大学英语听力""大学英语口语"等为关键词进行检索，得到相关方面的论文数量，见表 2.1。

表 2.1 大学英语相关方面研究文献的数量

关键词	大学英语听力	大学英语口语	大学英语阅读	大学英语写作	大学英语词汇	大学英语翻译	大学英语学习策略	大学英语文化	大学英语语用
论文数	671	460	389	1 148	19	5	12	2	0

从表 2.1 可以清晰地看出，就大学英语写作技巧方面进行研究的论文最多，达 1 148 篇。听力研究的文献 671 篇，口语能力培养方面的论文 460 篇，这顺应了"听说领先"的要求以及发展趋势，阅读方面的论文 389 篇，这或许是因为写作（15%）、听力（35%）、阅读（35%）仍然是大学英语四六级考试的重要组成部分。大学英语口语能力的培养与提高也引起了许多教师的关注，或许是迎合了《大学英语课程要求》对英语教学的时代要求；对大学英语学习策略的研究显然要比前面几项少得多，只有 12 篇，对词汇的研究只有 19 篇，这或许是由于对学习策略和词汇的研究并未能有效帮助学生提高学习效果。而对影响学生英语自由交流的英语文化的研究更少，折射出英语教学中师生对文化学习的重视程度远远不够。而迄今为止，对大学英语教学中语用知识的学习和学生语用能力培养的研究论文在 CNKI 上并未搜索到，尽管这并不表明真的还没有人对学生语用能力和语用知识进行研究，但 CNKI 的搜索结果至少表明从语用学方面研究语言学习，以及语用学在大学英语教学中的作用等方面还未能引起广大英语教师的充分重视。

2002 年，何自然以"语用学对学语言的启示"为题，从完整地理解话语的意思、特定场合下的语句意义、句子意义和说话人意义、说要说的话和跨文化语用策略差异方面分析了语用学对学生学习语言的启示。认为学语言不仅要懂得正确发音，掌握词汇，熟悉句子结构，更重要的是对语用语言学和社交语用学中的一些重要课题给予注意，如：解歧及解歧倾向，同音异义现象，一词多义现象，完整理解话语用意，意义的转换过程，言语行为的选择，语言的间接性以及礼貌语言，等等。学生单纯在语言方面的错误只说明他语言没有学好，但在语用语言方面，特别是社交语用方面出现失误，那就不是他的语言水平问题，而会被看成是他的人品和行为的问题了（何自然，2002：75）。2003 年，何自然与张巨文又合作撰写了"外语教学中的语用路向探索",认为外语教学中的语用路向即外语教学中的语用学方法论,包括语用行事说、语用推理说、语用文化说、语用语境说和语用效能说等构成要素,旨在培养学习者具有言有所为、言蕴所含、含则能解、文化相知、言必达效等语用能力。他们认为语用能力不等于语法能力,掌握语法知识不一定就具有了使用语言和理解语言的能力;另一方面,语用能力也不等同于交际能力。语用能力包括以下基本特征:在语用语言层面上遵守语言规则;在社交语用层面上注重文化差异;在心理认知层面上了解态度和行为的制约;在时空情景层面上讲究语境的限制。语用能力在语言的具体运用中不是抽象、孤立和空泛的,它是人们有效地使用和理解语言的保障和手段。而语法能力,顾名思义,是学习者掌握的有关语言内部结构系统的能力,严格地说,它属于语言结构理论的问题(Chomsky,1977:40)。2007年,Gabriele Kasper 在《中国外语》第06期上发表了"Pragmatics in Second Language Learning: Current Developments"一文,重点讨论了关于发展的语际语言语用学的研究:认知处理的理论,社会文化的理论,语言社会化和话语分析几个方面(Kasper,2007:17-25)。还有为数不多的教师也从语用学的角度研究过大学英语教学,不过多数仅仅涉及语用学的一些理论知识皮毛,或跨文化的知识等,但就如何真正提高学生的语用能力的建议并不多,对提高学生语用能力的实用性不强。在语用失误方面的研究论文也有几篇,但大多是关于跨文化语用失误的,与大学英语关系不是特别密切。这些现状在一定程度上导致了"培养学生的英语综合应用能力""使学生在今后学习、工作和社会交往中能用英语有效进行交际"成为一句空话,轻视学生语用能力培养和提高学生语用能力,也使"大学英语教学"在一定程度上沿着"中学英语教学"的传统模式简单重复、延伸,毫无新意。取得一个较好的大学英语四六级考试成绩成了众多大学生在英语学习方面的唯一追求。许多高校采取"免修"等多种方式对学生参加四六级考试和在四六级考试中获取好成绩加以鼓励。国内一些重点大学的学生几乎进校不久就可以轻松通过大学四六级考试,于是不少大学开始酝酿减少"大学英语教学"的学时,一些人甚至怀疑大学英语在高等教育中的地位，怀疑是否需要开设该课程。目前国内已开始对英语高考进行重大改革，减少英语高考的权重比例，大学英语教师面临新的转岗学习。

第二节 语用知识与学生的语用能力

一、语用知识简介

语用学这一术语的出现可以追溯到 20 世纪 30 年代。1938 年，美国哲学家 Morris 在《符号理论基础》(*Foundations of the Theory of Signs*)一书中首次使用了 pragmatics 这一术语。而语用学作为一门新兴的独立学科地位得以确立的标志是 1977 年《语用学刊》(*Journal of Pragmatics*)在荷兰的发行，以及 1986 年总部设在比利时的国际语用学学会（The International Pragmatics Association，简称 IPrA）的创立。Green（1996）指出，语言语用学（Linguistic Pragmatics）是涉及语言学、认知心理学、文化人类学（cultural anthropology）、哲学（包括逻辑学、语义学、行为理论）、社会学[包括人际动态学（interpersonal dynamics）]、社会规约和修辞学等领域的一门交叉学科，有些方面属于认知科学范畴。语用学是"从功能的角度研究语言"，"语用学研究语义理论不涉及的意义的方方面面"，"语用学研究语言理解所必需的语言与语境之间的关系"，"语用学研究语言使用者将语句和恰当使用该语句的语境结合起来的能力"（Levinson，1983：7，12，21，24）。Yule（1996：3）认为，语用学研究语境意义，换句话说，研究如何通过话语的明说内容传递更多的信息。语用学研究由社会各种条件所决定的人类交际中的语言使用（Mey，2003：F26）。归根结底，语用学是一门研究如何理解和使用语言，如何使用语言合适、得体的学问（何自然，陈新仁，2004：6），是关于语言使用的实用学（冉永平，2006：16）。何自然和冉永平在肯定 Levinsion（1983：24）的语用学论述得到了更多认可时认为，该定义包含了语言能力,同时也隐含了语言使用者的认知能力,更重要的是它提到了语言使用中最关键的方面——合适性或恰当性(2006:8)。所以,语用学主要研究以下六个方面(Smith & Leinonen,1992):

A. 意向性,即说话人表达意义的目的。

B. 会话原则或含意,它们调节交际双方的合作以及影响双方对意义的"磋商"。

C. 前提。

D. 交际是如何进行管理的。

E. 意义表达的恰当性。

F. 说话人和听话人选择意义。

这里的意向性中表达说话人表达意义的目的与视点研究中的观念视点十分吻合,因为与观念视点决定着语言的组织和选用,决定着其他三种视点的选择一样,"意向性"即说话人表达意义的目的决定着语用学研究的其他五个方面。语用学与语义学是互补关系而且多数意义都可以由语用学来解释或解决(侯国金,2008:27)。语义离开了具体的语境,很难确定,甚至不同语境下同一句子表达的意义压根就不同。比如:"I loved the girl"在下面句子"I loved the girl when we were deskmates"里表达了说话者过去某时候就发生过的事实:他爱这位女孩。如果放在下面的语境中:

(2) A:Do you love me?

　　B:I loved you.

上述句子表达的作用其实相当于"No, I don't."但在语用效果上显然要更好一些。其语用分析在后面相关章节中会进一步展开。

Levinson(1983)把语用学分为两大流派:欧洲大陆学派和英美学派。英美学派比较接近传统的语言学,与句子结构和语法密切相关,将语用学的研究局限在几个具体的论题之内,如指示语、会话含义、前提、言语行为和会话结构等。欧洲大陆学派对语用学的范围理解较广,它甚至包括话语分析、交际中的人类文化学以及社会语言学、心理语言学方面的部分内容。何自然和冉永平(2006:23-30)认为语用学的研究范围主要涉及：① 言谈应对社会语言学；② 语际语用学；③ 跨文化语用学；④ 语用学与翻译；⑤ 语用学与语言教学；⑥ 认知语用学。

传统语用学研究的主要理论包括：奥斯汀（Austin，1962）在《如何以言行事》(How to Do Things with Words)里提出的著名言语行为理论，包括以言指事（locutionary act），以言行事（illocutionary act）和以言成事（perlocutionary act）。塞尔（Searle，1969，1975）等人在奥斯汀研究的基础上把言语行为理论发展为间接言语行为理论。Grice（1975）提出了人们在说话中都遵守的基本原则——合作原则，包括数量准则（Quantity Maxim）、质量准则（Quality Maxim）、关系准则（Relevant Maxim）和方式准则（Manner Maxim）；每个准则都有自己的次则，以及会话含义理论；Lakoff（1973）的礼貌三原则：不要强求于人，给对方留有余地和增进相互间的友情；布朗和列文森（Brown & Levinson，1987）的礼貌与面子观，主要包括面子（face）、威胁面子的行为（face threatening acts，简称 FTA）、礼貌策略三个基本概念；利奇（Leech）的礼貌原则分六类：得体准则（Tact Maxim）、慷慨准则（Generosity Maxim）、赞誉准则（Approbation Maxim）、谦逊准则（Modest Maxim）、一致准则（Agreement Maxim）和同情准则（Sympathy Maxim），每一个准则下面有两条次则。法国的斯珀伯（Sperber）和英国的威尔逊（Wilson）在《关联性：交际与认知》一书中提出关联理论（Relevance Theory），提出了最佳关联假设、最佳关联原则及最大关联。1999年，比利时国际语用学学会秘书长 Verschueren 在《语用学新解》(Understanding Pragmatics)一书中提出语用学是对语言的一种综观（a perspective on languge）的观点，并提出语言顺应论（Theory of Adaptation）。

2011年7月3日至8日，第12届国际语用学大会在英国曼彻斯特举行。其主题是"语用学与界面研究"（Pragmatics and Its Interfaces），直接凸显了语用学研究的跨学科性和交叉性，重点探讨了礼貌研究的新进展、说话人意义研究的认知化倾向、认知语用学议题的深化、冲突性话语研究的新热点、身份及身份建构研究的强化、政治话语及商务语篇研究的语用化、语用能力研究的延续，语法语用界面研究及其他8个方面，得出了如下结论或启示：基于以上语用学研究的一些最新议题及所体现的学科多维性和交叉融合性。读者可从中略见，语用学研究的非单一性、传统议题的延续和新兴议题的出现都体现了语用学与相关学科研究之间的相互渗透与融合，以及其他语言学研究中的语用界面问题。类似信息有助于我们把握当代语用学的研究特点和发展趋势。以上信息也给我国的语用学研究带来一定的启示和新的思考。比如，如何拓展传统议题，寻求新的研究领域。我们认为，一方面，需要结合新的理论视角，或借用相邻学科的研究方法，走跨学科和交叉研究的创新之路，如认知语用学（Cognitive Pragmatics）(Schmid, 2012)、话语语用学（Discoursive Pragmatics）（Zienkowski et al., 2011）、实验语用学（Meibauer & Steinbach, 2011）以及本届会议中出现的批评语用学（Critical Pragmatics）（Garmendia, 2011）等；另一方面，在语料来源和研究范围方面，应重视社会实践和语言运用，包括社会文化、语言教学、机构性语言交际等，教学语用学（Ishihaara & Cohen, 2010）、社会语用学（Pragmatics of Society）（Andersen & Aijmer, 2011）、互动语用学（Pragmatics of Interaction）（Dhondt et al, 2009）以及日渐兴起的网络语用学（Cyberpragmatics）（Yus, 2011）等就是这方面的代表性成果。只有这样，语用学研究才能不断呈现新的生机（冉永平，2011：763-771）。

视点从文学到语言学，现在已经进入到语用学的研究领域，其研究成果可以有效地揭示礼貌研究中的意识形态、权力关系以及个人态度对礼貌语言的取效的制约与促进，极大地推动传统的礼貌研究。视点对说话人还是听话人话语意义的研究引入了大量的心理学、认知语言学和认知语用学的成果，并常常伴随着对人类认知规律的研究，体现了其集人类认知、心理、语言学习于一体的界面研究，符合当前语用学界面研究的新趋势；视点中观念视点的研究融入了大量的人际、权力关系的影响，符合"身份及身份建构研究的强化"方向；当今语用学中政治话语及商务语篇研究的语用化与视点研究中政治语篇的意识形态的研究极其吻合；另外，视点研究中的知觉视点的起点与终点的常规和非常规安排及其语用功效正是语法语用界面研究的层面，可以赋予传统语法教学新的活力，使传统语法教学又一次获得新生。此外，将大学英语教学中的素材作为视点研究的语料，成为教学语用学的一个重要成分，可以更加重视师生的教学实践和语言运用，是实现科研为教学服务的重要途径。从第12届国际语用学会的语用研究动向可以看出，视点研究不仅能对语用学的前期研究领域进行补充，为语言的语用解释开辟一个新的层面，也为英语教学中一些错误的语法现象以及虽然语法正确但没有语用效果的语言现象找到新的阐释，为过去英语教学中难以解释的语法现象找到新的诠释；视点研究更是符合当今语用学发展方向，拓宽了语用学的研究领域，使之具有强大的生命力。

通过视点研究，语言教学可以与学生语用能力的培养更好地融合起来，实现学生语用能力提高与语言能力提高的相互促进。

二、学生的语用知识与教学

何自然、冉永平（2006：27-28）认为，在语言教学方面，语用学可用来解决语言结构功能的问题，即对语言进行语用分析，解决语言结构的差异及其使用原则，即语用语言学（pragmalinguistics）。此外，语用学还可以用来解决外语教学中因文化差异而引起的一些语用失误问题，探讨语用的社会因素，即社交语用学（sociopragmatics）。在英语教学中常常会发生类似的情况，比如：

（3）教师：Excuse me, sir. Can you close the door?
　　　学生：Yes, I can.

从语言知识的掌握来看，学生对一般疑问句的回答无可厚非，但仅仅回答"Yes, I can."而没有任何作为，这的确没能实现教师的意图，出现了交流的失败，这种现象就是一种语用语言失误。类似现象在英语中并非个案。在英语教学中对反意问句的回答很是困难，比如下面的句子：

（4）A：You aren't a boy, are you? 你不是个男孩，对吗？
　　　B：No, I am. 不，我是。

许多教师用了许多方法从语法上对学生进行了解释，但始终收效甚微。不关注 A 问话的语用功效，机械地套用规则，实在算不上好的方法。如果从语用功效来进行解释，问题就会简单得多。首先，A 问话的语用功能是要确认听话者是否是个男孩，所以只要听话者按照自己的实际状况进行回答，是的，或不是的，后面补上"I am"或"I am not"，就完美地实现了上述交流。

作为第二语言的学习，英语势必随时与学习者的母语——汉语联系起来，所以翻译随处都成为需要，但由于文化的差异，直接套用往往会出现尴尬。比如：Fang Fang（芳芳牌唇膏），"芳芳"在汉语中容易与"芳香"引起关联，会使中国顾客产生美好的联想。在《现代汉语词典》中，"芳"被定义为"香"和"美好的"，故该词常常和一些美好的品德和属性联系在一起，如"美丽""香""华丽"，所以用"芳芳"作商品的广告品牌，自然会对大众产生诱惑。而"fang"在英语中定义为：长而锋利的牙齿，尤指狗和狼的牙齿（a long, sharp tooth, esp. of dogs and wolves），或者蛇的毒牙（a snake's poison tooth）。谁想使用一种会让自己变成"青面獠牙"怪物的化妆品呢？掌握英语文化中的一些禁忌语，对于提高学生语言的语用效果有极大帮助。对于西方人，年龄、收入等都属于个人隐私，一般情况下不得随便问别人。这些常见的文化差异学生现在大多能了解，也会尽量去避免类似的问题给英语人士带来的不悦。但人们还是常常把汉语中的一些思维无意识地表达出来，比如："Where are you going?"对于别人的感谢也会不由自主地回答"No"。文化的差异导致了说话者欲表达的意义与实际表达的意义大相径庭，违背了说话者的初衷，这对于学英语的学生是一个不小的打击。有时这样的交流失败甚至让学生产生怀疑，他们课堂上学的英语能用来交际吗？

在语言教学尤其是英语教学中，这方面的研究成果对口语教学、听力教学、阅读教学以及写作教学都有重要的指导作用。对语言的理解本身就意味着语用功效的好坏。成功的语言交际本身就意味着一定的语用能力。口语和听力教学中，失去了相应的语用能力，就很难开展。在学生中常常有对说话者的每一个词都能听到，能写下来，但就是不能理解的现象，这就是语言语用能力差的表现。同样一个词语，在不同的语境下，其表达意义和起到的语用效果完全不一样，比如：

（5）a. 小女人就是那个零下三度也要穿裙子吃冰激凌在寒风中流鼻涕的人；

b. 小女人就是那个在公司里很要强回去给妈妈打电话哭鼻子的人；

c. 小女人就是那个在电影院里用眼泪打湿你肩膀的人；

d. 小女人就是那个坐你自行车后面兴奋地和你讨论将来开法拉利的人；

e. 小女人就是那个摔倒了也潇洒的不要你安慰，看见了一只老鼠却尖叫着晕倒在你怀里的人；

f. 小女人就是那个嫌你肚子越来越大，还要逼你吃掉她做的所有饭菜的人；

g. 小女人就是那个说要给你打一件毛衣，却只打出一块茶杯垫的人；

h. 小女人就是那个在细雨中为等你加班淋湿了乌黑的头发的人；

i. 小女人就是那个口口声声要傍大款却与你风雨兼程不离不弃的人；

j. 小女人就是那个洗劫掉你所有工资奖金还在你的鞋底翻出私房钱对你大呼小叫的人；

k. 小女人就是那个散步的时候左手缠着她爸爸右手缠着你觉得她是天下最幸福的人。

（选自 http://www.xici.net/b681615）[②]

上面 11 个"小女人"所表达的意义不完全相同，说话者表现出的态度和观念也有别，离开了具体的语境，就不可能完全理解。英语中，同样一个单词，在不同的语境下表意也可能不尽相同。比如：

（6）a. Tom bought me the book.

b. Tom can recite the book.

---

② "小女人"的黑体为作者加注。

例（6）a中，显然"the book"指的是书，而例（6）b中"the book"指的却是书中的内容。

外语教学或学习的一个重要任务就是培养学生使用目的语（target language）的交际能力，语用能力是其中的一个核心部分。如何有效地利用语用知识去指导语言实践是目前外语教学与外语学习中应该加强和提倡的。语言能力强的人，语用能力不一定强；语言知识高深的人，不一定能在跨文化交际中游刃有余。Widdowson（1989）认为，能力包括知识和技能两个部分，前者主要指语法能力，后者相当于语用能力；语用能力可分为语用语言能力和社交语用能力，而语用语言能力以语法能力为基础，涉及语言的使用规则，不仅指正确利用语法规则遣词造句的能力，而且包括在一定语境条件下正确地使用语言形式实施某一交际功能的能力；社交语用能力主要根据一定的社会文化规则进行得体交际的能力，这就要求人们特别注意跨文化交际中的语用差异（Leech，1983）。因此，在外语教学中，我们应要求学生在使用目的语时充分考虑社会和文化语境因素，灵活恰当地将所掌握的词语、语法规则运用到恰当的交际场合，达到有效的交际目的。同时，也应要求学生在进行外语理解时，了解和运用合理的语用知识，获取话语字面意义以外的语境信息。

认知语言学认为语言是人以各种体验方式感知世界和对世界万事万物形成概念的结果。研究语言不只是描写人们的语言行为，而且是解释引起语言行为的心理结构和心理过程，揭示语言行为背后内在的、深层的规律（赵秀凤，2006：88）。诚如托玛思（Thomas）所指出的那样，在言语交际中，说话人出现发音或结构错误都是表层的错误，可以被谅解，最多被认为说不好（speaking badly），但一个能说流利外语的人出现语用失误，那就会被认为表现不好（behave badly），就会归咎于他的粗鲁或敌意（梁志坚，2002：91）。英语水平不高，可以在与英语人士的交流中慢慢提高，但一个没有礼貌的人几乎不会有人愿意与之交流，就不可能有机会在与他人的交流中提高英语水平。

在多数人看来，学英语最重要的是做到正确，其实更重要也更难的是做到得体。在特定的时间、特定的地点，对特定的人说出特定的话，这就是得体。如何做到得体，这是语用学的研究目标（郑立信，顾嘉祖，1998：5）。在中国，管一个人叫"张先生""李同志""黄书记""李总""李副总"还是"老张"，是很有讲究的，英语中也一样。在 One Upmanship 这本书里，Stephen Potter 举例，说明某位局长是如何称呼他的下属的。譬如，有一个人名为 Michael Yates：

（7）a. 他若是副局长，局长叫他 Mike（称名用昵称）；
　　 b. 他若是助理局长，局长叫他 Michael（称名不称姓）；
　　 c. 他若是段长，局长叫他 Mr. Yates（称姓加 Mr.）；
　　 d. 他若是段长助理，局长叫他 Yates（称姓不称名）；
　　 e. 他若是得力的秘书，局长叫他 Mr. Yates（称姓加 Mr.）；
　　 f. 他若是学徒工，局长叫他 Michael（称名不称姓）；
　　 g. 他若是夜班警卫，局长叫他 Mike（称名用昵称）。

（Cambridge Enclyclepedia of Language, 1987, Cambridge Univerity Press, P45）

显然，这比平时教学中简单地称男性为 Mr，女性为 Miss，Mrs，Ms. 要复杂得多，也无关正误，而是得体与不得体的问题。缺乏必要的语用知识，课堂所学的称呼语在实际生活中几乎毫无用处。

三、语用失误与语言能力

（一）语用失误与语言能力

好的语言能力，并不一定预示好的语用能力；好的语言能力并不一定表明不会出现语用失误。语用失误一直是语用学研究的一个重要方面。托玛斯（1983）认为，"pragmatic failure has occurred on any occasion on which H perceives the force of S's utterance as other than S intended s/he should perceive it." 即人们在言语交际中没有达到完美交际效果的差错，只要听话人所感知的话语意义与说话人意欲表达的或认为听话人应感知的意义不同，就产生了语用失误。何自然（1997：205）指出："语用失误不是指一般遣词造句中出现的语言使用错误，而是说话不合时宜的失误，或者说话方式不妥，表达不合习惯等导致交际不能取得预期效果的失误。"钱冠连把语用失误定义为说话人在言语交际过程使用了符号关系正确的句子，但不自觉地违反了人际规范、社会规约，或者不合时间空间，不看对象，这样性质的错误就叫语用失误（2002：195）。对语用失误的研究通常是在言语交际过程中，讲话者和听话者对一个符号关系正确的话语的言外之力的实施和理解上出现了分歧，导致交际失败。正确表达产生错误接受指的是接受者在言内行为的语义层面上好像交际受阻，但在言外之力的实施层面，又能析出交际的意图，实现信息的成功交流。语用失误既可能发生在不同文化之间的跨文化交流，也可能发生在相同文化背景下的交流中。前者通常被称为语际语用失误或跨文化语用失误，后者被称为语言语用失误。

2002年，孙亚和戴凌以"语用失误研究在中国"为题，对国内语用失误的研究成果进行了较为全面的总结。第一，国内学者的研究多局限于跨文化交际失误或语际语用失误，自然把语用失误的首位原因归结为文化差异。在跨文化交际中，由于一方（或双方）对另一方的社会文化传统缺乏了解，交际双方各持不同的文化观点参与跨文化交际，从自己的文化角度去揣度其他文化背景的人，结果两种文化观念不能相互融合，发现与自己的预期不同，就会产生文化冲突，出现不恰当的言行。第二，从二语习得的角度看，文化差异是语言使用中的干扰源，造成了负迁移，是产生语用失误的根源。吕文华、鲁健骥（1993）认为"由于学生的母语语用规则和文化因素是自幼习得的，已是他们的思维方式和行为准则"，对学习和使用外语形成干扰。第三，文化差异、母语文化因素和语用规则迁移必定反映在语言使用上。"跨文化交际的过程既涉及文化的规约也涉及语言的规约"（王得杏，1990）。第四，吕文华、鲁健骥（1993）还从教学的角度解释了语用失误的原因。"我们的教学还没做到有意识地、有计划地、充分地反映汉语语用规则和文化，这片教学中的空白地使学生的母语干扰成为可能。初级阶段的语言教学内容（语言所表达的意义和文化内涵）往往是非常简单的、粗线条的。但是，成年人要表达的思想却是复杂的、细微的。这两者之间形成了一对矛盾,是语用失误的一个根源"(孙亚,戴凌,2002:19-20)。对于如何对待语用失误与教学,孙亚和戴凌(2002:20)认为,要从根本上避免语用失误,还要结合外语教学,因为多数人是在课堂中学习外语的。就指导思想而言,应重视学生语用能力(包括跨文化交际能力)的培养,语言教学中应注意输入外语文化知识(何自然,1986,1988;洪岗,1991;张巨文,2000)。教学内容方面,"英语教材和参考书似乎需要增加反映社会交际含义的材料的比重"(黄次栋,1984);"一些语用原则必须列入教学内容"(何自然,1988);"外语教师在教学过程中要特别注意教授以下方面的内容:特定的习俗化的语言形式;汉英实现言语行为和理解言语行为的差异;英语中的禁忌话题以及有损听话人面子的言语行为;汉英文化间谈话双方的主从地位或谈话双方的社会距离的差异;汉英文化价值观念和语用原则上的差异"(洪岗,1991)。显然,语用失误对学生语言能力的提高影响较大。

(二)跨文化语用失误与语言能力

跨文化语用失误,作为语用失误的重要方面,对英语翻译的负面影响甚大,值得重视,其例子俯拾即是。如影片《魂断蓝桥》的英文名字是 *The Waterloo Bridge*,直译是"滑铁卢大桥"。但是中国人大多熟悉 1815 年拿破仑兵败的那场滑铁卢战役,知道片中的伦敦滑铁卢桥的不多,在这种认知前提下,将"滑铁卢大桥"改译为《魂断蓝桥》,符合中国文化的审美心理,同时也点明了影片浪漫爱情悲剧的主题。还有一部影片英文名是 *The Bathing Beauty*,译成了《出水芙蓉》,而非"洗澡美人",这样就大大释放了影片的审美空间,强化了叙事的张力。还有英国作家达芬妮·莫里哀的名著 *Rebecca*,音译应为"瑞贝卡",但在中国,得到广泛认同的却是《蝴蝶梦》(么孝颖,2007:28-29)。么孝颖(2007:30)把语用失误界定为表达者和接受者赋予了同一个词汇语法上正确的话语以不同的言外之力而导致的跨文化交际中断。总的来说,语用失误就是语言使用的不得体（孙亚，2001：59）。文化的差异可以直接影响语言的交流，形成语用失误。比如，传说中的"龙"（dragon）尽管客观世界中并不存在，但因有其肖像和相关描述，也同样在人脑里产生心理表征。中国人可从历朝皇帝衣服上龙的图案，从民间庆祝节日舞龙灯时龙的模型中认知龙。龙的图案和模型在人脑中产生图像的同时也赋予了这图像"权力""力量""吉祥"的突显部分，因而汉语有"龙飞凤舞""龙凤呈祥""龙腾虎跃""望子成龙"等成语。在英语文化中，龙是能喷火的怪物，在中世纪是罪恶的象征，这与圣经中的传说故事有关，同上帝作对的恶魔撒旦就被看成 the great dragon，圣徒以杀死 dragon 为业绩。从朗文词典中的第二意义"a fierce older woman, esp. one who allows too little freedom to a young girl in her charge"可以看出在母语为英语的人的大脑里龙的意象的突显部分。显然，汉语中"龙"的概念不能和英语中的"dragon"完全画上等号，否则会引起语用失误。英语和汉语中词语不等价的情况还很多，"duty"与汉语中的"职责"不等值，还有"lover"与"爱人""情人"，"politician"与"政治家"，"comrade"与"同志"，"individualism"与"个人主义"都不完全等值，直接套用或翻译定会让交流错位，形成跨文化的语用失误。再如：

（8）A：Can you help me to carry my bag to my office?
能帮我把包拿到我办公室好吗？
B：A piece of cake.
小菜一碟。

汉语中的"小菜一碟"和英语中的"a piece of cake"都可用来表示"轻松的"或"小事一桩"等意思，显然，缺乏必要的语用知识，势必导致交际的失败。汉语里的"望子成龙"如果译成"You must wish your son to be a dragon"，从语言本身来看，无论是语法还是词汇都无可厚非，但显然，在英语中是完全不能接受的，这种语言以外的语用失误不仅会影响交际的顺利进行，还对学生学习英语，而又不能很好交流是一个不小的打击。

在教学中,"Good morning, teacher Zhang""Good night, teacher John"等类似称呼经常出现,从跨文化的角度来看,这显然也是一种语用失误。跨文化语用失误大多是由文化的差异造成,所以教学中如果教师不注重相关的文化介绍,就会导致所教语言不能达到预期效果,甚至给学生造成消极的影响。

(三)语言语用失误与语言能力

许多人认为语用失误只是在跨文化交际中因不同文化背景而产生,但其实,在相同的文化背景下也可能发生语用失误,导致交际无法进行,这类语用失误跟语言学习联系更加紧密,直接涉及对语言的理解、会话含义等。从认知和语言的关系看,语言是一种认知活动,认知先于语言。就认知对象而言,"客观世界在人脑中留下的心理表征以意象、概念、脚本的形式体现,意象的突显部分不同,概念的泛化,脚本选择错误或脚本的文化心理表征有异,都可能造成语内语用失误或语际语用失误"(孙亚,2001)。就认知主体而言,人们的认知经验尽管有普遍性,但也因人而异。就认知工具而言,范畴化是人类感知世界最自动的方式,人们倾向于分类以便清楚地认识世界,但不同的人可能对同一事物做出不同的分类,甚至同一人在不同场合对同一事物作出不同的分类,就更不用说不同文化背景的人了。人类的其他认知能力如隐喻化、转喻化、概括化、具体化等所产生的认知模式自然也存在差异。总之,从认知角度来审视语用失误定会有新的发现(孙亚,戴凌 2002:21)。如下面某顾客 A 到咖啡馆去喝咖啡,服务员 B 接待他并与之发生的对话:

(9) A: Is this coffee sugared?

B: I don't think so. Does it taste as if it is?

"Is this coffee sugared?"从语法上讲,是个一般问句,其语法功能显然是表示疑问。所以 B 把 A 的话语理解为请求提供信息——A 询问 B 是否放糖了;从语境看,这里 A 明明是知道 B 并未在咖啡里放糖,所以其询问功能应该不再成立,故 A 的意思即话语的语用力(Pragmatic force)是一种"抱怨(Complain)"。可以把 A 的话语解释为:"怎么搞的,同往常一样，你又忘了放糖!"显然，A 说话的目的是想要 B 去把糖拿来，而 B 完全错误地理解了 A 的话语：我认为没放，是原味吗？导致交际失败，形成语用失误。这种语用失误在英语教学中非常普遍。比如：

（10）教师：Excuse me, can you spell the word, please?

　　　学生：Yes, I can.

以上对话在英语教学中经常出现，教师"Can you spell the word, please?"从语法上看是一个一般问句，对一般问句的回答，学生用"yes"或"no"来回答，本无可厚非。但是，这里教师的意思显然是要让学生把该单词拼写出来，所以，学生所做的不仅是回答"Yes"，关键的是要把单词拼写出来，才能实现教师话语的言后之力，该交际才能完成。这种交际的失败，严格地从语法角度很难做出合理的解释。作为一般疑问句，在语法上明确规定：能用"yes"或"no"回答的就是疑问句。在语法上，这是一个不争的事实。但在具体的语境中，类似句子却难以实现相应的交流，达不到应有的语用效果。类似的例子在英语教学中比比皆是：

（11）Teacher: Excuse me, sir, can you open the door, please?

　　　Student: Yes, I can.（其余什么都未做）

上述对话中，教师对学生的问题"can you open the door, please?"从功能上看：一是询问功能，二是请求功能。询问功能，必须满足两个条件：教师不知道学生是否有关门这个能力，教师应该知道学生自己知道他们是否有关门的能力。只有两个条件同时满足，上述询问才能得以实现。显然，对于学生是否有能力开门，教师不应该不知道结果，所以该询问功能不成立。另外，上句的询问功能还可以表达另外一层含义：你是否可以将门打开？显然，作为教师和学生这一特定的人际关系，认为是教师想问学生可不可以打开门的疑问也是不符合常理的，所以剩下的就只有一种可能：表达一种请求，相当于"Please open the door."对于这样的请求，学生有两种可能性：一是，"Certainly"或"no problem"表达肯定的答复；二是，"Sorry, I am busy."或"I'd love to, but…"表否定的回复。而这里，学生既然回答了"Yes, I can."表明了一种肯定的答复，就必然采取"开门"的行动，否则，学生的话语就没有产生相应的语力。学生上述的话语，从语法上无可厚非，但由于缺乏语用效果，导致交流失败，故在此不恰当。再如，一堂精彩的英语课结束时，教师与学生的下面对话：

（12）A: Thank you for your good cooperation.

B: You are welcome.

上述对话中，学生用"You are welcome"来回复教师的"Thank you."从语法角度看是无误的，但是在上面的语境中，显然有失偏颇。当人们在帮助了别人，别人向你道谢时，你应该说声"不用谢"（You are welcome）。而这里情形显然不完全一样：一方面，教师感谢学生在课堂上的合作，体现出自己的情怀和对学生的尊重；另一方面，学生在课堂上接受了教师的教育和教学，作为学生也应该感谢教师的辛勤付出。所以这里学生用"没关系"来回答教师的"谢谢"，很不得体。要么学生无礼，要么显示了学生未能理解上述情景。所以学生最好应该也对教师表示谢意，说："Thank you for your good lecture as well."可能更得体。

有时意思看似差不多，在交际中却产生完全不同的效果，甚至引起误会，出现尴尬。例如，一位中外合资公司的女秘书一天工作干得很出色，她的经理感到十分满意，对她说："Thanks a lot. That's a great help."秘书回答说："Never mind."她想表达的是"没关系，不用谢"之类的话，但用了英语的"Never mind"。其实"Never mind"常用于对方表示道歉，而自己不予介意的场合，是安慰对方的套语。这里，秘书显然用错了表达式，导致语言语用的失误。

英语教学中，有时为了学习句法的完整，确保语法的正确也会出现语用失误。教学中长期大量地进行完整句回答问题的操练（较常见于英语初学者）就是一例，用完整句回答询问是不符合语用规则的，因为在有些情境里把话说得过于明白是不恰当的。例如：

（13）I was sorry to hear about your Grandma.

句（13）就很好地表达了一种同情之意。但如果说得很具体，如：

（14）I was sorry to hear about your Grandma was killed by the car.

句（14）不仅在语法上不容忍，在语用上也显得很不得体。因此，在外语教学中，尤其在初级阶段，要特别注意教学方法，不要把本族语的一些说话习惯带到外语中去。并告诉学生有一些句子可以省略其某些成分，意义不受影响，同时指出省略结构所表达的特殊功能。

同样，有的对话从语法上看可谓风马牛不相及，但语用效果却很好，可以实现完美的交流。比如：

（15）Wife: Would you like a glass of water？

　　　Husband: I am smoking.

上面对话发生在一对夫妻之间，妻子的"Would you like a glass of water？"是一个提供帮助的话语，丈夫能轻松地理解该交际行为中语句所表达的命题意义，也能找到相应的回答："Yes, please."或"No, thanks."而这里丈夫的回答表面看来似乎与妻子的话语风马牛不相及，从语法角度来看，明显是错误的回答。妻子的话语意欲实现的是"询问"或"请求"功能，而丈夫表达的是"陈述"功能。从语用学理论中 Grice 的会话合作原则来看，显然是违背了合作原则，但是，丈夫对妻子话语的故意违背，却巧妙地实现了交际功能：他不要水。同时，这种灵活的回应也符合上述夫妻关系和谐的氛围。如果丈夫改用"No，thanks."这种固定的模式，倒会让读者或其他听众感觉到上述回应与和谐的夫妻关系不相协调，让人感觉好笑。或者毕恭毕敬的夫妻关系让人怀疑其是否和谐。再如：

（16）A: When will you go to have lunch with me?

　　　B: I am reading English.

　　　A: I asked when you would go to have lunch with me?

　　　B: I answered your question.

从传统英语语法教学来看，上面 B 的回答显然答非所问，表面上看其语言能力较为低下。但从语用学角度来看，B 的回答不仅没有语言问题，而且能产生很好的语用效果。B 说出该话语，要么表达：你去吧，我现在在读书,所以不去。要么表达出 B 压根就不愿意跟 A 一起去吃饭，但直接回答"我不跟你去吃饭"又显得很不礼貌，所以用"我在看英语"既可以表达出"拒绝一块儿吃饭"的原始意义，也可以避免用否定意义很强的词语，达到礼貌的效果。所以 B 不仅具有较强的语言能力，还具有较好的语用能力。相反，从A第二次重复自己的问话，表明A的语用能力有待提高，从某种意义上也算是一种语用失误。

显然，语法正确，或者生搬硬套地使用课堂上所学的英语句子，有时在实际交际中会起到相反的作用，这无疑会让学生迷惑：语法错误，当然不可接受，语法正确的句子在实际交流中也不行，到底要我怎样？上述例子用本书后面讲到的视点方面的知识：观念视点决定着话语的选择和运用，就能轻松理解。

从上面对语用失误研究的成果可以看出，在语言语用失误和语际语用失误两个方面对学生语用能力和语言能力提高的影响来看，由跨文化差异引起的语用失误固然重要，但似乎已引起人们的重视；而语言语用失误，也就是在相同文化背景下产生的语用失误更应引起人们的注意，因为它更加直接地影响到学生对英语语言的正确理解，更容易影响学生语言能力的提高。语言语用失误更明显地表现为语言能力的低下。作为语言最本质的特征就是交流，如果不能实现交流目的，也许不只是语用失误的简单问题，更是语言能力低下的表现，这种情况下学生就是完成应试任务也是不可能的。

综上所述，语言能力必须与语用能力同步发展，只有这样语言能力才能真正有所提高，学生的英语综合运用能力的培养才可能真正实现，交流才可能顺利展开。也只有在实践中证明有语用功效的语言能力，才会给学生带来成功的喜悦，才能进一步促进学生的英语学习，才能真正实现英语的交际功能。语用学的重大贡献和突破在于它摆脱了语言内部规律的束缚，将研究重心转移到现实中使用的语言上来，这对于指导我国学生学习和运用外语是非常有帮助的（张巨文，2000：127）。国外外语教学专家Wolfson（1983）曾指出："在与外国人的交往中讲本族语的人对于语言和句法错误一般都比较宽容。然而违反讲话规则往往被理解为粗鲁无礼"（韦琴红，2001：80）。语用是一个宽广的视角，可以从这个视角去看许多东西，可以看一个词语的使用、句子中的语序、句子之间语义上的联系以及篇章语段的结构等，也可以看语言交际者如何使用语言手段来达到自己的目的、表达自己的意图、维持良好的人际关系等。从这个新的视角看去，一些早已为人熟知，在传统语法、传统修辞里得到深入研究的课题都呈现出新的意义和深度,使我们感到有必要对它们重新进行审视(何兆熊,1997:6)。任何规则一旦真正使用起来,都成了某种行为。在这个意义上说,所有的规则里都有语用成分(Moris,1938,转引自 Versehueren,1999:6)。

语用学与外语教学的研究成果表明,英语作为外语的语用能力不会随着学生的英语能力(遣词造句能力)的提高而自然地提高。语用知识是要教的,培养语用能力有赖于在语言实践中运用学来的语用知识。由此看来,我们的大学英语教学任务不仅要培养学生的听、说、读、写、译的语言能力,而且还要培养学生的语用能力(何自然,1997:218)。需要调整课程设置,把语用知识纳入教学计划(韦琴红,2001:80)。学好一门外语,注重语用能力的培养至关重要(曹春春,1998:73)。

四、视点研究在当前英语教学中的体现

作为语用学的一个新兴领域,视点研究的概念尽管在大学英语教学的研究中还未明确提及,但视点研究的观念早已在大学英语的各个方面隐隐约约有所体现。本节就观念视点在大学英语教学中的体现,进行了以下几个方面的统计和比较。

首先,笔者对 2007 年 12 月到 2012 年 6 月的 11 次大学英语四级考试试题按题型进行了分类的统计。对于作文题,其写作题目和提纲的比较见表 2.2。

表 2.2 写作题目及提纲要求的比较

考试时间	写作题目	提纲要求
2012 年 12 月	Education Pays	Make comments on it (the statistics)
2012 年 06 月	Excessive packaging	我对这一现象的看法和建议

续表 2.2

考试时间	写作题目	提纲要求
2011 年 12 月	Nothing Succeeds Without a Strong Will	—
2011 年 06 月	Online Shopping	我的建议……
2010 年 12 月	How Should Parents Help Children to Be Independent	为了让孩子独立，父母应该……
2010 年 06 月	Due Attention Should be Given to Spelling	我们认为……（措施）
2009 年 12 月	Create a Green Campus	为了建设绿色校园，我们应该……
2009 年 06 月	Free Admission to Museums	你的看法
2008 年 12 月	Limiting the Use of Disposable Plastic Bags	限制使用的意义
2008 年 06 月	Recreational Activities	作为大学生，我认为……
2007 年 12 月	What Electives to Choose	以我自己为例（出于种种原因选择不同的选修课）

从具体的写作要求来看，只有 2011 年 12 月的具体提纲里未明显涉及反映态度的观念视点，但从其题目 Nothing Succeeds Without a Strong Will 明显可以看出，该文章需要表现出学生相应的价值判断和价值取向。也就是说，连续 11 次大学英语四级考试的写作里，无一例外地需要学生展示其对某对象的态度、价值判断等观念视点。观念视点决定句子的选择和组合，决定着文章意义的表达方式，决定着段落之间的衔接，决定着整篇文章观点是否统一，写作是否连贯自然，通篇文章是否能做到浑然一体。失去鲜明态度的写作，无论语言多么丰富，都是缺乏灵魂的低劣作品，都是离题的拙作。

对上述五年 11 次大学英语四级考试试题中快速阅读文章的题目和为学生设计的问题进行比较，见表 2.3。

表 2.3 快速阅读的文章题目和设计的问题

考试时间	快速阅读文章题目	为学生设计的问题
2012 年 12 月	Suffering in Silence	2. When the author revealed her condition to her employer, they_____. A) were quite sympathetic toward her B) did not give her the support she needed C) made adjustments to meet her needs D) were annoyed not to be informed earlier
2012 年 06 月	Small Schools Rising	
2011 年 12 月	Why Integrity Matters	2. What role does integrity play in personal and professional relationships? A) It helps to create team spirit. B) It facilitates communication. C) It is the basis of mutual trust. D) It inspires mutual respect. 7. According to the author, a cheater who doesn't get caught right away will_____. A) pay more dearly B) become more confident C) be widely admired D) feel somewhat lucky
2011 年 06 月	British Cuisine: the Best of Old and New	
2010 年 12 月	A Grassroots Remedy	1. What is the author's profound belief? A) People instinctively seek nature in different ways. B) People should spend most of their lives in the wild. C) People have quite different perceptions of nature. D) People must make more efforts to study nature.
2010 年 06 月	Caught in the Web	
2009 年 12 月	Colleges taking another look at the value of merit-based aid	6. What is the attitude of many private colleges toward merit aid, according to David Laird? A) They would like to see it reduced. B) They regard it as a necessary evil. C) They think it does more harm than good. D) They consider it unfair to middle-class families.

续表 2.3

考试时间	快速阅读文章题目	为学生设计的问题
2009 年 06 月	How Do You See Diversity?	6. What did Dale think of mindsets LLC's workshop? A) It was well-intentioned but poorly conducted. B) It tapped into the executives' full potential. C) It helped him make fair decisions. D) It met participants' diverse needs.
2008 年 12 月	That's enough, kids	
2008 年 06 月	Media Selection for Advertisements	
2007 年 12 月	Universities Branch Out	

由表 2.3 可知，在上述 11 次大学英语考试的快速阅读中，有 7 次考试中明确设置了有关作者或文章中某个具体人物对某对象的态度，占 63.6%；只有 4 次没有明确的相关题目。听力部分相关题目的比较见表 2.4。

表 2.4 听力部分相关题目比较

考试时间	听力的具体部分	为学生设计的问题
2012 年 12 月	Section A Section B	14. What does the woman imply about Bill? 20. What opinion did the speakers share about the film they have just seen? 30. What value is Sun School based on? 35. What does Roberts think is a better way to learn new things?
2012 年 06 月	Section B	35. What does the speaker imply about the creative process?
2011 年 12 月	Section A Section B	16. What does the woman imply? 33. Why are proverbs so important?
2011 年 06 月	Section A	12. What does the man imply?
2010 年 12 月		

续表 2.4

考试时间	听力的具体部分	为学生设计的问题
2010 年 06 月	Section A	20. What does the man think is the hardest part of the job? 22. What does the man say is important to being good at his job?
	Section B	35. What does Tom think about hiring a babysitter?
2009 年 12 月	Section A	16. What does the man imply about the woman? 18. How does the man feel about the news?
	Section B	26. What did scientists once believe according to the passage?
2009 年 06 月	Section A	11. What does the man imply about Kate? 25. What does the man think of the solution?
2008 年 12 月	Section A	17. Why does the woman decline the man's invitation? 18. What does the man imply?
	Section B	26. What is the purpose of the speaker's remarks? 31. What is Chomsky's view point on the ability to learn a language?
2008 年 06 月	Section A	18. What does the man mean?
2007 年 12 月	Section B	33. Why does the speaker advice the overseas students to buy health insurance?

从表 2.4 的统计可以看出，仅有 2010 年 12 月的大学英语四级考试的听力题中，未明显设置关于说话者或听话者对某对象的态度或看法，即未明显体现出某人的观念视点，其余每次考试都明显地设计了有关说话者的目的、隐含的意义等，甚至明显地设计为某人对某具体事物的观点，这些明显地展示出说话者所承载的观念视点。关于这五年大学英语四级考试中阅读文章所设计的问题，涉及观念视点的题目也进行了逐一的统计，见表 2.5。

表 2.5 阅读文章所设计问题的比较

考试时间	阅读文章	为学生设计的问题
2012 年 12 月	Passage two	66. What is the author's comment on the current school reform movement? A) It will give rise to more problems. B) It is not likely to be successful. C) It will have a positive impact on education. D) It demands the local authorities' support.
2012 年 06 月	Passage two	66. Why does the author plan to cancel his Facebook account? A) He is dissatisfied with its current service. B) He finds many of its users untrustworthy. C) He doesn't want his personal data abused. D) He is upset by its frequent rule changes.
2011 年 12 月	Passage two	65. What does Kim Stephenson believe? A) Money is often a symbol of a person's status. B) Money means a great deal to both men and women. C) Men and women spend money on different things. D) Men and women view money in different ways.
2011 年 06 月	Passage two	65. What is Soren Andreasen's view of the report? A) Its conclusions are based on carefully collected data. B) It is vulnerable to criticism if the statistics are closely examined. C) It will give rise to heated discussions at the Copenhagen conference. D) Its rough estimates are meant to draw the attention of world leaders.

续表 2.5

考试时间	阅读文章	为学生设计的问题
2010 年 12 月		
2010 年 06 月	Passage two	64. What does the author mean by "…you're just underlining his faults" (Line 4, Para. 3)? A) You are not taking his mistakes seriously enough. B) You are pointing out the errors he has committed. C) You are emphasizing the fact that he is not intelligent. D) You are trying to make him feel better about his faults.
2009 年 12 月	—	—
2009 年 06 月	Passage one Passage two	60. What is Natalie Hormilla's attitude toward ecofashion? A) She doesn't seem to care about it. B) She doesn't think it is sustainable. C) She is doubtful of its practical value. D) She is very much opposed to the idea. 61. What does the author think of green fashion? A) Green products will soon go mainstream. B) It has a very promising future. C) Consumers have the final say. D) It will appeal more to young people. 63. What does the author mean by "You're what you eat and drink" (Line 1, Para. 3)? 66. What is the practical value of Cerling's research? A) It helps analyze the quality of water in different regions. B) It helps the police determine where a crime is committed. C) It helps the police narrow down possibilities in detective work. D) It helps identify the drinking habits of the person under investigation.

续表 2.5

考试时间	阅读文章	为学生设计的问题
2008 年 12 月		
2008 年 06 月	Passage one	58. According to the author's understanding, what is Al Gore's view on global warning? A）It is a reality both people and politicians are unaware of. B）It is a phenomenon that causes us many inconveniences. C）It is a problem that can be solved once it is recognized. D）It is an area we actually have little knowledge about. 61. What is the message the author intends to convey? A）Global warning is more of a moral issue than a practical one. B）The ultimate solution to global warming lies in new technology. C）The debate over global warming will lead to technological breakthroughs. D）People have to give up certain material comforts to stop global warming.
2007 年 12 月	Passage two	64. Why did Rebecca want to enter this year's writing contest? A）She believed that she possessed real talent for writing. B）She was sure of winning with her mother's help. C）She wanted to share her stories with readers. D）She had won a prize in the previous contest.

表 2.5 显示，2008 年 12 月、2009 年 12 月和 2010 年 12 月的三次大学英语四级考试，其阅读题未设置明显表达作者或文章中某人对某对象

的态度、价值观的观念视点，其余都涉及此类题目。而且，多数时候类似题目出现在第二篇文章中靠后面的题目，显然，类似题目对学生的要求较高，学生仅凭文字上的理解有时很难判断出作者的价值观、态度，必须在准确把握全文的主旨大意，深刻领会了作者的价值取向或是对具体对象的态度等后，才能驾驭类似题目。这些如果在平时的教学中加以关注，学生完成类似题目就轻松得多了。

历年大学英语四级考试学生的写作中，除了语言功底不好，从视点的角度看，还表现在知觉视点的起点与终点安排的紊乱，观念视点前后的不一致，或叙述视点的胡乱转换等，存在诸多不足。此外在完型填空方面，说话者知觉视点的安排和蕴含的观念视点对学生完成题目的作用非常明显，在此不再赘述，相关问题在后面相关章节进行讨论。

在读写教材中，"What's the author's attitude toward…?"类似问题也俯拾即是，足以看出视点研究可以对教学中的阅读和课文理解起到积极的作用。学生写作时，尽管没有什么语言错误，连接词也用得到位，但总有一种读起来不顺畅的感觉，追根溯源，可能是因为违反了认知规律，出现了知觉视点的起点与终点的安排错位。有些地方，明明符合逻辑，但却是用相反的词语来表达，如"go"与"come"，在日常生活中的运用就会与它们的语法意义产生冲突。在时态上，有些句子明明是表示现在的情况，却偏要用过去的时态，如（17）"It's high time that she went home."，（18）"I didn't know you were here."，（19）"She suggests that he go home."。有些句子语法上明明正确，但就是在实际中可能不被认可，如：（20）"She is wirting novels in six months."再如，有些句子学生从中学到大学一直在学习，对其间的区别如数家珍，但一旦进入生活，似乎完全没有办法应对。比如：

（21）（a）What's the matter with you?

（b）What's wrong with you?

（c）Is anything wrong with you?

（d）What's your trouble, young man?

（e）Are you all right?

面对上述问题，很少有学生能回答出有什么不同，而从语法上也确实很难找出它们的明显差异。笔者 2011 年在美国丹佛短暂停留，收集了几个来自日常生活的类似用法的例子。一天傍晚，一位年轻的妈妈带着孩子在草地上玩，小孩不小心摔倒在地。年轻的妈妈关切地问："Are you all right, honey?" 只听孩子轻声地应道："Ok! Thank you." 另一次，在篮球场上，一位队员不小心把我推倒在地，他气喘吁吁地跑上来："Are you all right?" 我只摇了摇头，未直接作答，心里纳闷，为什么这些人都不用 "What's the matter with you?" 或其他几种问法。回国后，我立即在英语课堂上把该问提给学生："What's the difference between 'What's wrong with you?' and 'Are you all right?'"，所有学生都告诉我，没什么区别。的确，从语法角度，两者可以表达几乎相同的意思，但从美国人生活中的运用可以明显看出它们之间有区别。从语用学角度研究，也许可以得到令人信服的答案。

从语用预设来看，上面五句话语中明显存在两种不同前提。前面（a）~（d）四个句子都蕴含了一个前提：听话者有问题，受到了伤害。话语发出者关心的不是听话者是否受伤了，是否有毛病，而是受伤是否严重，是什么毛病。而句（e）中，话语发出者预设的前提是：听话者没什么问题，欲得到听话者的证实。两种句子完全不同的预设，导致了听话者接受起来效果完全不一样。从视点研究来看，前面四句所隐含的话语发出者在受害人身上所给予的希望完全是两样：前者希望的是听话人没什么大碍，后者希望的是听话人一切都好，没有受到伤害。尽管两者都是一种关切，但承载了两种不同的观念视点，听话者接受的程度不完全一样，当然对听话人的语用效果也就不尽相同。这应该是美国人几次遇到类似情况都会问 "Are you all right?" 的道理吧。我们可以进一步思考，如果上述对话发生在医院，其效果还一样吗？比如：

（22）医生：Are you all right, young man?

病人：Certainly not, or I will not come to see you.

从病人的回复，可以看出其态度并不友好。医生希望病人一切都好的这种希望不好吗？显然不是，特定的环境决定了话语的使用。到医院，尤其是到医生诊疗室的人，大多身体不适，或感觉不好。到医院来想让医生看看自己得了什么病，或得到"你没有病"的肯定答复。"有没有病或有什么病"应该由医生告诉病人，所以"你没问题吧"的话语就会违反这一常规，因而引起病人不悦，导致不友好的回复。从视点研究的角度看，显然是体现不同语境的语体的使用。语体体现了说话者或叙述者不同的观念视点。也就是说，上面说话双方的观念视点没能取得一致，导致了理解的分歧。因此，在上面语境下，用"What's the matter with you, young man?"病人或许会感到更加亲切，交际更加顺畅。

上述简单讨论的问题，在大学英语教学中可谓比比皆是，但用传统的语法条款或其他语言学知识很难做出合理的解释。而从视点研究的视角，或许可以找到合理的解读。本书三到六章将从几个方面就视点研究在大学英语教学和大学英语教材中科研素材的挖掘，视点对传统语法错误或者传统语法教学的新阐释进行具体阐述，以达到管中窥豹的效果。

第三章 从视点的紊乱看大学英语教学中的语篇或话语的连贯

连贯,是书面表达中句子排列组合的规则以及加强语言联系与衔接使之更为通畅的方法,它通常会涉及:统一的话题,合理的顺序,前后的呼应。《汉书·律历志上》:"斗纲之端连贯营室。"(宋)程大昌《演繁露·百丈》:"故劈竹为大瓣,以麻索连贯其际。"(清)李斗《扬州画舫录·新城北录上》:"道旁荒冢如奕,草深没踝,路灯如萤,连贯不绝。"《河南通志·睢县采访稿·袁可立故宅》:"至宅向南恰与南坡之袁家山脉络连贯,为尚书园宅范围中地无疑也。"吴晗《灯下集·历史的真实与艺术的真实》:"戏的困难之处是历史时间太长,人物的线索太长,无法连贯起来。"

Baker 指出,衔接和连贯都是一种建构和生成文本的关系网络:"衔接是一种建立词与词、句与句之间连接关系的表层关系网络,而连贯则是文本表层形式所依托的概念关系网络"(2000:218)。词与词之间、句与句之间,无论是在大学英语的写作教学还是口语训练中,师生的关注重点都集中于连接词的运用,如并列连接词 and, or, but, however 等,以及因果关系的词如 therefore, as a result 等,或递进关系的 what's more 等。这些连接词只能在形式上把句与句连接起来,形成表面连贯的话语或语篇,无法保证话语或语篇在深层次的连贯和统一。Brown 和 Yule 在讨论视点与自然顺序的关系时指出:重要的是保持一种前后一致的视点(1983:146),视点的一致和移动的自然有序从心理层面保证了连贯。知觉视点从话题/述题和信息结构入手解释语义连贯；时空视点涉及时态、空间位置及趋向动词等语义层面的连贯；叙述视点关注说话人/听话人关系，也涉及场合（特定场合其实总是跟特定接收对象联系在一起），因而制约着语体和风格的连贯；观念视点既通过语义手段（如用词）也常利用语气、声调等手段来体现价值判断（熊沐清，2001：26-27）。视点连贯是语篇连贯的重要前提。Ehrlich 在列举出前人曾经探讨过的事件（episode）、照应（referential）、语义连接（semantic connector linking）、时间连接（temporal linking）等语篇连贯手段后，特别指出语篇连贯还有赖于视点的连贯（王卫新，2004：85-86）。话语叙述者常常根据自己的表达目的选择不同的视点。语言的运用就是不断地进行选择，无论是有意识还是无意识，是出于语言内部还是外部的原因（Verschueren，2000：56-8）。事实上，人们话语中常常可能出现违背认知规律的叙述视点转换，在同一个句子内，同时出现承载同一视点的不同概念的冲突等"视点紊乱"现象，导致一些话语看似正确，如"She wrote novels in six months.""She was writing novels in five months.""Her father has died for six years""He knows when he slept last night"等，在实际运用中却不连贯，甚至不可接受和不可理解，而视点紊乱的研究可以给出合理的解释，并对一些错误的语法现象进行新的诠释，提高人们的语用能力。毕竟，语用思维构成了"当代思维的基本平台"（盛晓明，2000：2）。

　　本章将从视点紊乱及相关概念视点紊乱产生的原因、视点紊乱的形成机制以及视点紊乱的种种路径等方面探索话语或语篇不连贯的深层次原因，帮助人们找到话语或语篇连贯的方式和途径。

第一节　视点紊乱及相关概念

一、视点框

　　视点框是界定紊乱与否的基本单位，换句话说，视点紊乱要么出现在一个视点框内，要么出现在不同的视点框转换时。从而，视点框的概念成为一个重要因素。熊沐清认为视点在语篇中以框架形式发挥其语篇功能，这种框架便是视点框（point-of-view frame work），定义为：一定视点所支配的句子、句群、语段或语篇的深层结构，并有相应的表层形式。视点的层级性决定了视点框具有四个层级，即小句、句群、语段和语篇四级视点框。

（一）小句视点与小句视点框

在句层面上起作用的时空、观念、叙述和知觉视点共同构成小句视点框。一个小句就是一个小句视点框，它是一个信息结构。信息结构是"为显示应该怎样理解小句所表达的信息而对于语序、语调、重音等其他手段的运用"（Richards et al 1985：140）。其中的"语序、语调、重音"与知觉视点有关，小句蕴涵信息的"其他手段"则与时空视点、叙述视点有关。下面我们考察四类视点在小句层面上的协同存在。（1）But first, we should glance at some historical roots with important implication. 例中 But first 负载时空视点，指明视点将要移动的顺序，也显示动词 should glance 在此处表示委婉的建议而不是过去时间；"内包著作者的"we 揭示叙述视点，蕴涵"我们共同讨论"之意；we 又是知觉起点，表示"我们将要如何"。以上这些信息不是"语序、语调、重音"所可以表达的。we 后是知觉视点的终结部分，终点落在新信息"historical roots with important implications"短语上。该句没有明显体现观念视点。小句视点框的意义在于：框内不宜存在两个同一种类的视点。如"He often helps me a lot"一句，由于同时存在 often 和 a lot 两个评价性的观念视点，使得焦点不知落于何处，所以显得笨拙。更具语篇意义的是：小句视点框是句群、语段等高一级视点框的基础和构件，语篇连贯实质上是语篇各小句中四类视点分别的连贯序列，比如语义连贯就是各句知觉视点的连贯。

（二）超句视点与超句视点框

超句视点支配或制约两个或两个以上的小句或单句段，这个支配性视点与被支配的若干小句视点一起构成一个超句视点框。超句视点又可分为三个层次的视点：支配两个及两个以上小句的是句群视点；支配一个或多个句群视点（或支配一个语义段）的是语段视点；支配整个语篇的是全篇视点。句群视点框必然含两个或两个以上小句，而较短的段可能只有语段视点框而没有句群视点框，比如，具有过渡、转折、结论或提出问题、设定时空框架等语篇功能的单句段（one sentence paragraph）既是一个小句视点框，又是一个语段视点框，却不是句群视点框。语段视点框的表层形式是语义段（semantic paragraph）而不一定是自然段（orthographic paragraph）。比如对话中一个问句便是一个自然段，但它只有与答句一起才构成一个语义段。语段视点框的边界标志是"段"（虽然未必是自然段）的标志，较易辨认。句群视点框以知觉视点的转换为界，但没有明显的标志。视点转换意味着视点由一个视点框向另一个或另一级视点框的移动。句群和语段视点框的意义在于：连贯视点的四种特性在这种超句视点框内都有充分体现，人们对语篇连贯性的把握与分析事实上也是在这一层面进行的。这一层面具有操作性，因为一个完整语篇可能太长，不便于分析，而单独一个小句又无连贯可言，因此我们可以通过分析超句视点框内的视点来解释语篇是否连贯。一个超句视点框就是一个语篇板块（chunk），一系列连贯的语篇板块在连贯视点支配下构成一个连贯语篇。全篇视点涉及整个语篇的指向（时间、空间、对象等）和主旨（意图和语题）等，制约着整个语篇的结构、语气、语体等语篇要素，这是其意义所在。在语篇视点框内，连贯视点的四种特性要有充分体现才能保证语篇的总体连贯（熊沐清，2001：23-24）。

二、视点紊乱

紊乱（Confusion）在 *Webster's Third New International Dictionary of the English Language Unabridged*（1957/1959：477）里的定义是：an act of confusing, of mixing, pouring, blending, or heaping together in disorder with identities and distinctions blended. 在《中华现代汉语词典》（2007/2008：867）里，紊乱指杂乱，纷乱。本章研究的"视点紊乱"指在同一个视点框中出现了承载同一种类视点的两个或以上不同的概念；或在不同的视点框之间，视点的动态移动不符合知觉视点移动的规律，呈现不符合人类认知规律的视点转换，引起理解的混乱；或者在同一视点框内出现两个及以上的叙述视点或不同的视点框之间不必要的变换叙述视点导致理解不顺畅；或者在同一语篇内不同的视点框里出现相互矛盾的观念视点。"视点紊乱"常常在话语的深层次上造成话语的不连贯性，甚至相互矛盾，造成理解障碍。

第二节 视点紊乱形成的机制

一般来说，话语的表达呈线性排列，话语发出者在交际时必须选择一个起点，这个起点继而会影响听者或读者对话语的理解（Brown & Yule，1983：125），"视点紊乱"似乎没有存在的可能。但是，在话语的同一视点框内承载同一种视点的往往不止一个，如动词的时态、表时间的词语等，它们可能互不兼容；同时出现了表达叙述者对某一认识对象的喜欢和厌恶的态度，对某一对象的肯定和否定的不同观念视点，或者表达评价性的多个术语；叙述视点在同一视点框里应该只有一个观察视角，或第一人称视角，或第三人称视角，而不能同时出现几个视角，否则均会构成视点的紊乱。比如：

（2）He saw the moon now.

动词的时态形式和时间状语所承载的时空视点不统一：动词"saw"表达一种过去的概念，而"now"表达的是现在的时间，正是这种时空视点的两种差异表现，导致了听话者在理解上的混乱，这种语法错误的本质在于该视点框内出现了时空视点的紊乱。在叙述话语时，叙述视点根据话语叙述的需要可以改变，有效的视点转换不仅可以从不同的角度更好地展示叙述的内容，而且可以使语言叙述具有更好的交互性，但这种改变不得影响语篇的连贯一致。否则，随意的变换视点和无意识的视点转换都可能违背人的认知规律，从而影响视点的连贯，形成视点紊乱。比如：

（3）If we want to go home on time, we must finish his homework.

显然，上述视点框内出现了两个叙述视点：第一人称叙述视点和第三人称叙述视点，不仅在表意上产生混乱，而且行文也极不连贯自然。同样，知觉视点的起点与终点的安排不畅，常常也会导致读者或听众理解不畅，比如：

（4）Long, long ago, there was a temple. A man lived in it. He had no sons or daughters…

从语法角度看，上述句子没有问题，就每个句子而言，句句完整，但读起来总有不顺的感觉。从视点角度看，视角（staging）必然涉及发话人的观察角度，于是人们以主位（theme）来表示说话的出发点，代表已知信息，是处于句子最左边的成分；而述位则表示主位以外的发话者说的其他一切成分（Brown & Yule，1983：125）。一个单位的主题在另一个单位得到延续，这两个单位才有连贯性（徐莉娜，2010：73）。如图 3.1 所示。

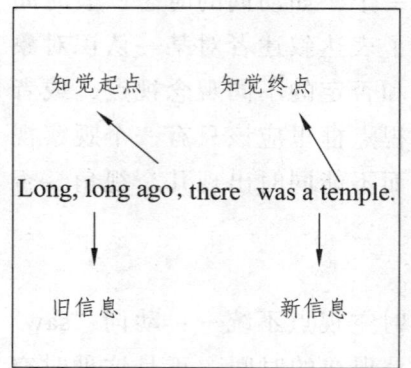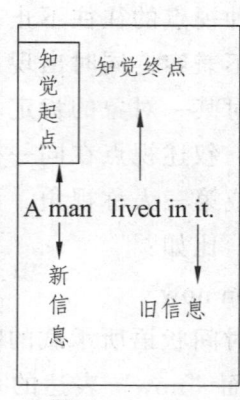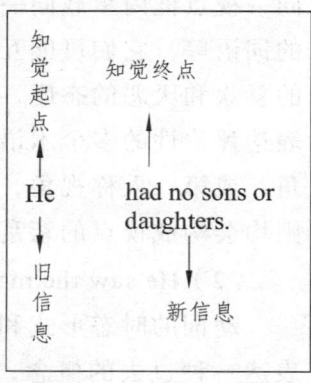

图 3.1

如图 3.1 所示，显然上述三句形成了三个相互关联的小句视点框。第一个视点框里，"long long ago"处在该句的主位上，"a temple"处于句子的术位，代表新的信息。第二个视点框中，"a man"从位置上看应该是主位，代表已知信息，但在第一小句视点框中并未出现。相反，能代替前句中出现的已知信息"temple"的"it"却出现在第二句的术位上，代表新信息。这一信息本应该出现在第三个小句视点框中的主位上，却被代替第二句中旧信息"A man"的"he"所取代，这样的视点转换完全不符合人类利用已知信息获取新信息的规律，违背了人类认知规律，形成视点紊乱，导致话语的不连贯。如果把上述句子略加修改：(5)Long, long ago, there was a temple. In it lived a man. He had no sons or daughters…，只要把第二个视点框做修改，三个小句视点框就可以形成一个流畅的大视点框，如图 3.2 所示，其视点的转换符合知觉视点的起点与终点安排，符合新、旧信息安排的一致性，符合认知规律，自然流畅，丝毫没有语无伦次的感觉。

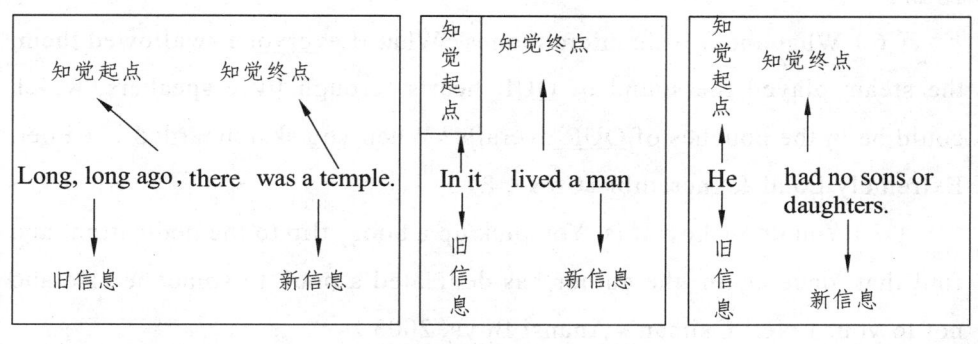

图 3.2

显然，知觉视点的恰当安排决定语言运用符合人类用已知信息获取新信息的认知规律，从而保证句群之间运行的流畅自然，达到良好的表达效果。

第三节 视点紊乱的类型

视点紊乱既可能出现在不同的视点框之间，也可能出现在同一个视点框内。前者称为框间视点紊乱，后者称为框内视点紊乱。

一、框间视点紊乱

框间视点紊乱主要指两个和以上视点框之间的叙述视点转换混乱，知觉视点在新旧信息的起始和终点安排上不符合人类的认知规律，或者各视点框的观念视点相互矛盾。框间视点紊乱通常发生在叙述视点、知觉视点和观念视点的选择和运用上。

（一）叙述视点紊乱（Confusion of Narrative Point of View）

叙述视点的语言标记主要是人称，第一人称和第三人称叙述视点出现较多。在话语中，叙述视点胡乱的转换，势必造成理解上的困难。比如：

（6）What about little microphones? What if <u>everyone</u> swallowed them, the steam played the sound of <u>OUR</u> hearts through little speakers, which could be in the pouches of <u>OUR</u> overalls? When <u>you</u> skateboarded…（Foer, Extremely Loud & Incredibly Close, P1）

（7）You know how it is. You pick up a book, flip to the dedication, and find that, once again, the author has dedicated a book to someone else and not to you.（Neil Gaiman's Anansi Boys, 2005）

在（6）中，作者首先提到了"everyone"，用的是第三人称叙述视点，紧接着，又出现了"我们的"，显然站到了第一人称角度，马上又出现了"you"，又跳跃到了第二人称叙述视点，这种叙述视点的安排不仅使文章凌乱不堪，读者阅读也颇为费力。（7）共有两句话，并形成相互联系的两个视点框。"You know how it is."形成第一个视点框，"You pick up a book, …and not to you."形成第二个视点框。作者也自始至终用的是同一人称视角，读者理解轻松自如。再如：

（8）尸典其先旧，乃其高祖，赫赫成唐，有严在帝所，溥受天命，剿伐夏后，掇厥灵师，伊小臣唯辅，咸有九州，处禹之堵。丕显穆公之孙，其配襄公之出，而成公之女，零生叔尸，是辟于齐侯之所，是小心恭齐，灵力若虎，勤劳其政事，有恭于桓武灵公之所，桓武灵公赐尸吉金铁镐，玄镂锈铝，尸用作铸其宝钟，用享于其皇祖、皇妣、皇母、皇考，用祈眉寿，灵命难老。丕显皇祖，其祚福元孙，其万年纯鲁，和协而有事，俾若钟鼓，外内阗辟，楮楮誉誉，造而偋剀，毋或丞颣，汝考寿万年，永宝其身，俾百斯男，而执斯字，肃肃义政，齐侯左右，毋疾毋已，至于世，曰："武灵成，子子孙孙永保用享。"（叔尸钟）（宋·赵明诚：《金石录》十三·二）

梁华荣（2005，113-114）对这段话的分析认为：这段铭文采用的是第三人称叙述视角，铭文中有"尸典其先旧，及其高祖""勤劳其政事""用享于其皇祖、皇妣、皇母、皇考"句，句中代词"其"均是用来指代叔尸。铭中在叙述皇祖时，有"丕显皇祖，其祚福元孙，其万年纯鲁""汝考寿万年"句，既用"其"来代皇祖，又用第二人称代词"汝"来称呼，用第二人称代词来称呼说话对方，显然是站在说话者本人角度，换言之，是第一人称视角，只不过指代叙述者的第一人称代词时隐含的；用"其"指称则是第三人称视角，短短一句话就变换了两个叙述角度。显然，上述语篇在几个相互联系的视点框之间进行转换时，频繁地改变了叙述视点，读者很难理解该文章的叙述角度，产生了视点的紊乱，理解颇为费力。

这种紊乱在英语教学中常常出现，只是人们常简单地把它定义为人称不一致，轻描淡写。如：

（9）（a）People do not speak with their hands, so large hand movements should be avoided for **your** movements may be distracting to your host. （b）**Personal contact** must be avoided at all cost. （c）It is highly inappropriate for a man to touch a woman in public. （d）When pointing at something, **don't use your index finger, use an open palm**. （e）**Gift-giving** is a very delicate issue in China. It is illegal to give gifts to government officials. （f）However, **it** has become more common place in the business world. （g）**It** is more acceptable to give gifts either in private or to a group as a whole to avoid embarrassment. (h) **The most acceptable gift** is a banquet. (i) **Quality writing pens** are also considered as favored gifts. Clocks, straw sandals, a stork or crane, handkerchiefs, anything white, blue or black. (j) **The gifts and / or colors** are associated with death should not be given. (k) You must arrive on time or early if you are the guest. (l) Do not discuss business at meals. (m) Do not start to eat or drink prior to the host. (n) As a cultural courtesy, you should taste all the dishes you are offered. (o) Never place your chopsticks straight up in your bowl. (p) You will remain your host of joss sticks which connote death by placing your sticks upright in your bowl. (q) Do not drop the chopsticks because it is considered bad luck.(r)Do not eat all of your meal.(s)If you eat all of your meal, the Chinese will assume you did not receive enough food and are still hungry. (t) Tipping is considered insulting, however the practice is becoming more common. （2013届毕业生英语专业学生毕业论文摘选，熊××，2013.4.3）

（10）**A welfare** client is supposed to cheat. Everyone expects **it**. Faced with sharing a dinner of raw pet food with the cat, **many people** in wheelchairs I know bleed the system for a few extra dollars. **They** tell the government that they are getting two hundred dollars less than their real pension so they can get a little extra welfare money. Or, **they** tell the caseworker that the landlord raised the rent by a hundred dollars.

I have opted to live a life of complete honesty. So instead, **I** go out and drum up some business and draw cartoons. I even tell welfare how much **I** make! Oh, "**I**'m tempted to get paid under the table. But even if **I** yielded to that temptation, big magazines are not going to get involved in some sticky situation. They keep **my** records, and that information goes right into the government's computer. Very high- profile."

（《新视野大学英语读写 IV》Longing for a New Welfare System，P54）

第三章　从视点的紊乱看大学英语教学中的语篇或话语的连贯

例（9）是从重庆三峡学院 2013 届英语专业学生的毕业论文中摘选的一段文章，未经修改，所以里面还存在许多语言错误，本分析只关注叙述视点的变化如何引起视点紊乱，导致语篇整体不连贯，忽略其中的语言错误。为了使上段文章叙述视点转换更加清晰，本节对相关单词做黑体处理并在每句话前加注了顺序号码。文章第（a）句"**People**… **your**… **your**…"中，显然前面用的是第三人称叙述视点，而后半部分马上转为了第二人称，这样，在同一个视点框内就同时出现了第三人称叙述视点和第二人称叙述视点，不仅在表意上呈现混乱，而且行文很不连贯。按照认知规律，要么整句都用第三人称，要么都用第二人称叙述视点，才不会出现叙述视点的紊乱。后半句的"your"如果改为"their"，就可以继续使用第三人称的叙述视点，与前半句保持叙述视点一致，而且与第（b）、（c）两句均使用的第三人称叙述视点更好地统一起来。第（d）句通过祈使句和指示代词"your"，明显表明了其第二人称的叙述视点，第（e）~（j）句，叙述者用了第三人称的叙述视点，第（k）句用指示代词"you"和"your"表明了叙述者再次把叙述视点转换到了第二人称，第（l）、（m）句用了祈使句暗示了第二人称的叙述视点，第（n）~（s）句叙述者又用指示代词"you""your"表明了第二人称叙述视点，第（t）句转换到了第三人称叙述视点。在上面一段话中，叙述者在第二人称与第三人称叙述视点之间进行了频繁的转换。作为论文，为了使论述的对象更具客观性，多数人会选择第三人称的叙述视点；而第二人称叙述视点，尤其是文中大量的祈使句更具有一种命令的口吻，带有较强的主观性，所以文中大量的第二人称叙述视点不仅造成了频繁的不必要的视点转换，而且与整篇文章作为论文的特征完全不相吻合，形成了视点紊乱。

而例（10）则不同，共两段，第一段里作者全部选用了第三人称的叙述视点，其目的是站在第三者的角度，强调了享受社会资助人群所面临情况的客观真实性，让读者更加相信，并引起社会广泛的同情。如果这里作者用第一人称叙述视点，叙述者的更多主观性跃然纸上，直接导致叙述内容的可信度降低。而第二段,作者全部改用了第一人称的叙述视点,这符合叙述者自己主观选择的需要。一是靠诚实生活是作者自己的选择,二是作者自己的经历显然自己最清楚,所以用第一人称的叙述视点更加符合常理。作者的目的在于在享受社会福利资助人群的真实生活和作为一个享受社会福利资助的个体的真实选择和实际做法之间形成一个鲜明的对比,塑造叙述者良好的主观愿望与残酷的客观现实的巨大差异所带来的无可奈何,从而为 "longing for a new welfare system" 的主题服务。因此该叙述视点从第三人称到第一人称的转换是必要的,是作者为点明主题而进行的刻意转换,保证了文章的连贯一致。

(二)知觉视点紊乱(Confusion of erceptual point of view)

知觉视点紊乱是指叙述路径违背了人的一般认知规律而出现的混乱。按照人类认知的规律,人们对客观世界的认识总是从已知的信息出发,去获取新的信息。布拉格学派关于 "新信息"(new information)和 "已知信息"(old information)的观点认为,已知信息在前,新信息在后,前一句的信息又可以成为下一句的已知信息(Brown & Yule, 1983:154)。违反认知规律胡乱安排知觉起点和终点,信息就会变得无序,影响语篇连贯一致。知觉视点的紊乱在语篇中极易出现,如:

(11) Another device for linking paragraph is the use of the demonstrative pronouns this (these), that (those). But such a method must be used with care. The writer is sometimes tempted to a vague use of the demonstrative pronouns. He assumes that the context will make plain the idea or object to which they refer.

(熊沐清,刘霞敏,1999:16)

改写后:

(12) Another device for linking paragraph is the use of the demonstrative pronouns this (these), that (those). But the writer must use such a method with care. The writer is sometimes tempted to a vague use of

the demonstrative pronouns. He assumes that the context will make plain the idea or object to which they refer.

例(11)的知觉起点是"Another device",终点落在"the use of..."部分。这种隐含在第一句中的"method",作为旧信息立刻成了下一句的起点,新信息是"must be used with care",而且很容易和"被谁"联系起来。于是下一句的"the writer"自然成为了隐含的旧信息而存在,这样的知觉视点的安排完全是按照已知的旧信息—未知的新信息的顺序,天衣无缝,连贯自然。而改写后,第一视点框里,"Another device"仍然是知觉的起点,终点在"the use of..."部分,相当于第二视点框中的"the method"。第二视点框里,出现在主位上的"the writer"并未在前句出现,也没有隐含存在,完全是一个新信息,本应出现在句子的述位上;从语法上,既然用定冠词"the",就说明是特定指某人或物,而前面又没有出现过,所以自相矛盾。而"the method"这个可以从前面句子中揣摩出来的可谓旧信息却放在了句子的右边。第三视点框里,前面视点框最后出现的新信息"method"本应该出现在表达旧信息的主位上,却继续出现在表达新信息的述位上,这种知觉视点的安排完全违背了人的认知规律,自然产生紊乱。例(11)中的第二句,作者通过用被动语态,把知觉视点的起点落在了"such a method"之上,而将知觉视点的终点落在了"must be used with care",使知觉起点和终点安排更加合理,运行更加顺畅。语态的选择归根结底受制于视点,语态只是视点的某种实现形式(熊沐清,刘霞敏,1999:15)。与例(11)相比,例(12)中"But the writer must use such a method with care"并非只是在上句中硬性地添加了一个动作的发出者"the writer",也不是把被动语态改成了主动语态的问题,而且反映了视点的投射作用(秦建栋,2007:112)。再看康拉德《黑暗之心》第三章中的一段:

(13)我给汽艇加了点速,然后向下游驶去。岸上的两千来双眼睛注视着这个溅泼着水花、震摇着前行的凶猛的河怪的举动。它用可怕的尾巴拍打着河水,向空中呼出浓浓的黑烟。

请对比：

（14）我给汽船加了点速，然后向下游驶去。岸上的两千来双眼睛注视着我们，他们以为溅泼着水花、震摇着前行的船是一只凶猛的河怪，以为它在用可怕的尾巴拍打河水，向空中呼出浓浓的黑烟。

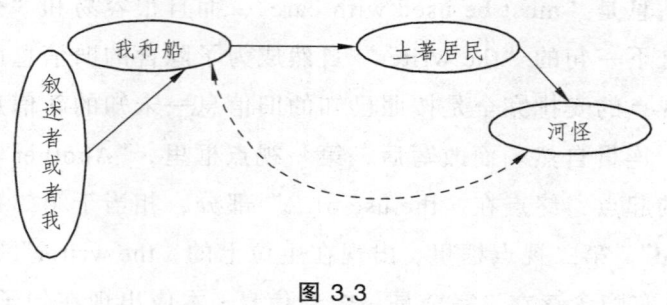

图 3.3

从知觉视点的动态移动来看，例（13）中（图 3.3）第一视点框内知觉的起点是"我及我驾驶的船"，终点是"向下游驶去"。第二个视点框内，知觉起点是"岸上的土著居民"，"岸上的"可以从前面视点框里的"向下游驶去"推导出来。而"注视着这个溅泼着水花，震摇着前行的凶猛的河怪的举动"是该视点框里的新信息，成为本知觉视点的终点。而这一终点的"河怪"恰巧又成为第三视点框的知觉起点"它"所指代的内容，最后再出现其他新的信息"用可怕的尾巴拍打着河水，向空中呼出浓浓的黑烟"，成为该视点框内的知觉终点。这样的知觉视点的移动，完全符合人们用已知信息去获取新信息的认知规律和满足新信息的渴求。而改写后的（14）（图 3.4），其知觉视点的移动就显得杂乱无章了。在第一个视点框内，"我及我乘的船"是知觉视点的起点，"向下游驶去"是知觉视点的终点。第二视点框的知觉视点的起点是"岸上的土著居民"，而终点变成了"我们"。紧接着，下一个视点框的知觉起点不是前面刚提到过的旧信息"我们"，而是在上一个视点框的起点"他们"，知觉终点是"河怪"。第一、二视点框之间的跳跃，可看作是作者有意通过土著居民的视角来看待他们眼中的"怪物"，蕴含了土著居民对轮船的畏惧。但后几个视点框间知觉视点的转换就违背了视点转换的有序特性,行文很不流畅,影响语篇的连贯,也不能把土著人对船的畏惧情感表现得那样淋漓尽致。显然转换中知觉视点紊乱是影响语篇连贯的重要因素。再如:

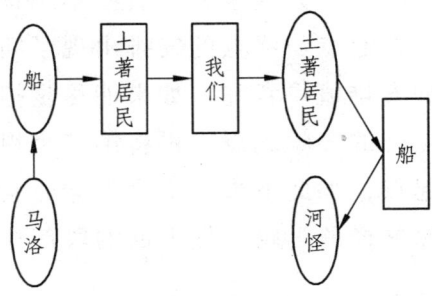

图 3.4

（15）Obviously, economic factors play an important role in the generation of new words. We can not emphasize the importance of economic reasons too much. As we were concerned, it's the cries and catastrophes that brought the prosperous into the world of the English new words. So there are many neologisms created to keep abreast of the rapid development of world economy and the coming of economic globalization. To strengthen the alliance of economy, the Europe Union made a decision to carry out the united currency euro, and in order to unify the Europe market; with the emergence of the cyber-economy, some English new words are coined. Such as cyber-ecommerce, e-mail, cyberpet, etc. Meanwhile, Europe's financial crisis lent the short-listed word "Eurogenddon" to describe an extreme European economic, political, or military crisis.

（2013届毕业生英语专业毕业论文冯×,2013.4.4）

例（15）中第一句的知觉起点是"economic factors",知觉终点落在了"play an important role in the generation of new words"之上。第二句的知觉起点是"we",终点落在"can not emphasize the importance of economic reasons too much"。第三句的起点是"as we were concerned",终点落在"it's the cries and catastrophes that brought the prosperous into the world of the English new words"。尽管上面的句子在语言上,尤其在语法上没有什么大问题,但读起来似乎有些不顺畅,究其深层原因很大程度上是知觉视点的起点与终点的安排出现了问题。特别是第二句视点的起点与终点的安排值得考究,如果能尽量把前面视点框内的知觉终点用作第二视点框的知觉起点,再将第二个视点框的终点用作第三个视点框的知觉起点,如此下去,文章就会非常通畅,而且衔接连贯,浑然一体。按照这样的思路,把上面的段落作如下修改,情形就是另一番景象:

(16) Obviously, economic factors play an important role in the generation of new words. Not too much attention can be paid to economic reasons by us. As we were concerned, it's the cries and catastrophes that brought the prosperous into the world of the English new words.

从第四个视点框到段落的结束,其视点的起点与终点安排比前面好,读起来还是比较顺畅的。所以,为了有效避免视点的紊乱,保证语篇连贯一致,除了语言本身,视点框之间的知觉视点的起点与终点的合理安排也是必要的。

大学英语教材中,为了保证语篇的上下连贯,通过倒装、直接引语或间接引语的运用,或者调整直接引语中引导语的位置等可以不断调整知觉视点的起点和终点的安排。如:

(17) While clothing serves a purely practical function, how you dress also communicates many things about your social status, state of mind and even your aspirations and dreams. An eleven-year-old girl who dresses like a college student and a forty-year-old woman who dresses like a teenager are saying something through what they wear. What you communicate through your kind of dress definitely influences others to accept the picture of yourself you are projecting: in the business world, the person who

dresses like a successful manager is most likely to be promoted into a managing position.

Also important are the ornaments a person wears: buttons, medals, jewels, etc. Such ornaments are often the means by which a person announces a variety of things about himself: his convictions（campaign buttons）, his beliefs（religious tokens）, his membership in certain groups（club pins or badges）, his past achievements（college ring or phi Beta Kappa key） and his economic status（diamonds）.

（《新视野大学英语读写教材I》二版，P93）

上面（17）有两段话，由两个小的超句视点框形成了一个整体。第一段重点表达了服饰的重要性，也就是说"重要性"成为了该段的新信息。第二段里，作者用倒装的方法，把"也重要"放到了该段第一个视点框的起点位置，成为该句知觉视点的起点，而终点落在了该段要讲述的新信息——装饰品。"这些装饰品"又立刻成了第二个视点框知觉视点的起点，终点就是后面列举的具体饰品——这些前面未出现过的新信息，这样的知觉视点起点与终点的安排完全与新旧信息在句中的运行轨迹是一致的，从而保证了前后的连贯一致。如果不通过倒装，第二段里"the ornaments"以及后面长长的定语从句就不得不成为该知觉视点的起点，而上文中出现的新信息——重要性，本段应该是旧信息，就不得不落在该句的知觉终点位置上，而紧接着的视点框的知觉视点起点又是"such ornaments"，与前面的"also important"也不是新旧信息的关系，这样新旧信息的传递与知觉视点起点与终点的安排就不一致，违背了人类的认知规律，形成知觉视点紊乱，必然影响语篇连贯。

运用知觉视点紊乱的相关分析，大学英语教学中一些语法现象也可以得到很好的解读。如：

（18）One college student tied the pliers to one string and set it in motion like a pendulum. As it swung back and forth, he walked quickly to the other string and drew it as far forward as it would reach. Then he caught the swinging string when it passed near him and tied the two ends.

Asked how he succeeded, the student explained he had just come from a physics class on pendulum motion. What he had learned in one context transferred to a completely different one.

(《新视野大学英语读写教材Ⅰ》二版，P195)

上述例子里，"asked"或者用"asking"常常让学生感到困惑。从保持视点的一致性上可以对此作出合理的解释。明显，上述例子中第一段里几个视点框里的主位都是"he"，围绕"他"进行讲述，第二段也不例外，这样中心更加突出。所以第二段中"ask"的发出者最好也是"he"，为了保证"he"的上述地位，动词"ask"只能用过去分词，来表达被动的概念才能得以实现，这样的处理，可以确保第二段在主题上的一致性，从而保证了两段话语的统一和连贯性。如果硬性地添加一个"some people asked"，就会显得突兀。

连贯的视点有两个特征，一是视点的一致性，即在一定语段内视点不宜频繁变换；二是视点移动的合理性，即视点移动应遵循一定顺序（熊沐清，刘霞敏，1999：17）。

（三）观念视点紊乱（Confusion of ideological point of view）

观念视点紊乱主要反映人们的价值观、对于对象的态度，甚至也包含叙述者的政治维度等的反复变化、不一致等。观念视点的紊乱在视点框与视点框之间的转换时极易出现，导致整个语篇的观念视点紊乱，影响读者对作者写作态度或目的的正确判断。任何句子一旦进入具体的语境成为话语，就一定隐含着叙述者的观念视点。这些态度或政治维度一旦前后不一致，就有可能形成观念视点的紊乱，从而影响话语的语力，甚至陷入尴尬境地。如：

(19) A: Are you doing anything special tonight?

B: Nothing important.

A: Would you like to go out for a dinner with me?
B: I am afraid not.

上述两轮对话形成了前后相连的两个视点框。但 B 的第二次回答似乎有些尴尬，尽管从语言本身似乎很难找出瑕疵。仔细分析，视点框间的紊乱难辞其咎。Austin（1962/1975：14-5）认为，要确保"提问"的施为行为生效，应有：a) 讲话人相信听话人知道答案。b) 讲话人不知道答案。A 对 B 提问，有两种情况：一是 A 原本就知道 B 今晚没什么重要的事情要做；二是 A 确实不知道 B 今晚是否有重要的事情要做。第一种情况下，A 实施的就不满足提问生效的条件，而隐含着一种请求，并为第二轮的直接请求作铺垫。这种情况下，B 的回答不仅仅是对上面问题的回答，也对前面隐含的请求有意或无意中间接地表明自己积极的态度，而后面的回答表明了相反的态度。在两个小句视点框中，B 出现了两种不同的态度，形成观念视点的紊乱，使 A、B 两人均感尴尬。第二种情况下，A 确实不知道 B 今晚有无重要事情要办，而且 A 也知道 B 知道该答案，则 A 完成了提问的功能。B 对该问题的回答不仅反映出其对事实的回复，也反映了对问话人的感情和态度的体现应该是积极而不是消极的。正如福勒（1996：84）引用热奈特（Genette）的话说，语言是人类交际的有力的承诺媒介。它不允许我们"说某事"而不表示对它的态度。这样，B 的两次回答同样存在着态度的变化，属于观念视点紊乱的现象。

（20）一个黄昏的早晨，有一个年轻的老头，拿着一把长长的短刀，去杀死他亲爱的仇人。

（夏绿蒂《公子小姐》第一章）

从表面看来，该段话语句句都是矛盾，简直一派胡言乱语。但如果仔细沉思，句句隐藏着作者相同的观念视点，在表面的矛盾中体现的是说话者观念整体的一致。小说主人公夏冰一次偶然的机会邂逅了他，而他正是即将上任的班主任，于是她开始漫长而苦涩的暗恋，原本美好的青春岁月因此显得苍白。岁月易逝，光阴荏苒，生活几起几落后终归平淡，而此时夏冰逐渐发现自己爱上了好朋友的男友，夏冰不禁喟然长叹，不知何去何从，当她走出教室，正午的阳光刺得她一阵眩晕，一时竟不知身在何处——

日常生活中类似现象也不少见。试想，一个刚刚从热恋中被恋人抛弃的男孩，尽管是清晨起来，但他一样会感到面前一片昏暗；尽管正值青春年少，但终因感情失意，踌躇满志，一夜愁白了少年头；本想提起一把长长的大刀刺向昔日的恋人，却始终够不着她的身体，似乎再长的刀子在他看来都还是短了些；他一心想结束生命的敌人，却怎么也抹不掉昔日深深的感情，他依然深爱着眼前的仇人。这种矛盾的心理正是说话者似乎矛盾的话语的典型写照，正是这种矛盾的形式才让说话者矛盾的心理得以显现，体现出完全一致的观念视点。

不同词汇的选择，也体现出不同的态度，从而体现出不同的观念视点。比如下面庭审记录中的一组对话：

（21）Attorney: You didn't tell us, Doctor, whether you determined that <u>the baby</u> was alive or dead, did you, Doctor?

Witness: The <u>fetus</u> had no signs of life. （下划线为作者加注）

上海外语教育出版社2007年出版的《新牛津英汉双解大词典》138页上，baby: a very young child, especially one that is newly or recently born 婴儿（尤指新生儿）；在774页上，fetus: an unborn or unhatched offspring of a mammal, in particular, an unborn human more than eight weeks after conception（尤指受孕八周后的）胎儿。从生理角度来说，baby是完全具有法律意义的人，是小孩，一旦被非法结束生命，就是违反法律的行为，需受到应有的惩罚。检察官用该词的目的，显然是意欲该控告成立，对被告持消极的态度；而胎儿还没有出生，不是完全意义上的人，在当今世界的绝大多数国家，结束胎儿的生命不算是违反法律，所以证人用"fetus"意欲表达医生的谋杀罪名不应存在，对被告持积极的态度。明显，证人与检察官对待医生的态度是截然相反的，明显体现出两者不同的观念视点，导致上述对话令听众感到不连贯。但这种不连贯并未造成视点的紊乱，而是对话双方刻意为之。但如果对上面的例子进行细微改动，如下：

（22）Attorney: You didn't tell us, Doctor, whether you determined that <u>the baby</u> was alive or dead, did you, Doctor?

Doctor: I didn't kill <u>the baby</u>, Sir.

Attorney: What about you, witness?

Witness: The <u>fetus</u> had no signs of life.

显然，被指控的医生用"the baby"一词，并不像检察官那样，想让该罪名成立，但他被检察官误导以后错误地使用"the baby"，从词语"the baby"上所承载的态度和医生本人原本具有的态度就很难协调，医生对于该指控的态度在听众心里产生矛盾的两种概念导致听众迷惑不解。尽管表面看来，比改前要连贯些。

不同视点框中语体的使用混乱，对整个话语或语篇的连贯和一致性影响较大，也会造成观念视点的紊乱。下面是笔者2011年7月在美期间与一位美国人的真实对话：

（23）Eva: What's your name?

Visitor: My name is Jun Wang. And what about you?

Eva: I am Eva.

Visitor: I thought Eva was your husband, and how should I address him?

Eva: … Pardon?

Visitor: How should I address your husband?

Eva: …

上述对话中，前面两轮对话可以视为两个相互连接的视点框，从Visitor的第二句话和后面Eva的两次无语可以视作第三、四视点框。从语体来看，前面两个视点框用的是口语，而后面视点框用的书面语，正是由于在同一个场景中出现了口语和书面语体的不必要转换，形成了观念视点的紊乱才导致了交际的失败。

大学英语教材中，大量语篇的观念视点的一致促使文章保持连贯。比如：

(24) He was born in a poor area of South London. He wore his mother's old red stockings cut down for ankle socks. His mother was temporally declared mad. Dickens might have created Charlie Chapline's childhood. But only Charlie Chaplin could have created the great comic character of "the Tramp", the little man in rags who gave his creator permanent fame.

Chaplin died on Christmas Day 1977. A few months later, a couple of almost comic body thieves stole his body from the family burial chamber and held it for money. The police recovered it with more efficiency than Mack Sennett's clumsy Keystone cops would have done, but one can't help feeling Chaplin would have regarded this strange incident as a fitting memorial – his way of having the last laugh on a world to which he had given so many.

(《新视野大学英语读写教材Ⅳ》Unit 2 Charlie Chaplin　P28，P30)

上面两段分别是文章的第一段和最后一段。文章第一段里，作者的叙述充满了对Charlie Chaplin戏剧创作能力的高度赞扬。尽管他小时候家贫，母亲多病，但戏剧方面的成就卓然，显然，作者的观念视点是积极肯定的，其观念视点尤其在"Dickens might have created Charlie Chapline's childhood. But only Charlie Chaplin could have created the great comic character of 'the Tramp'"这一句中表现尤为明显。文章最后一段，作者描述了Charlie Chaplin的尸体被盗墓贼盗出卖钱，作者认为这是对Charlie Chaplin一生创作戏剧的最好纪念方式，可以看出作者对Charlie Chaplin的艺术天赋仍然持积极肯定的态度。两段一前一后，在观念视点上完全保持一致，使文章连贯，读者读起来自然酣畅淋漓。

在学生写作中常常缺乏连贯性，不仅语言表达缺乏连贯，而且许多时候某些学生在一篇文章里会出现前后不一致的观念视点，导致视点紊乱。如：

(25)

Electronic Dictionaries Are Not Good

It is universally known that the electronic dictionary is very popular with young students. However, I think it does more harm to the English study although the students can also benefit from it .

To prove this, it is not difficult to find out the following: First, it easily makes the students completely depend on such a dictionary. They are likely to pick up the bad habit that they look up every word, once they meet with it which surely affects the reading. Second, such a dictionary includes nothing but the spelling and Chinese meaning. The students don't know how to use the words they are looking up. Last, some students use this kind of dictionary to play games. Given the facts I have outlined, I can safely arrive at the conclusion that the electronic dictionaries are not good.

On the other hand, the students can make a great progress as long as they use it properly. After all, you can correct your pronunciation with it now and then, aren't you willing to take a big and inconvenient dictionary in your pocket?

（2006级学生）

上述段落，语言比较流畅，展现出较好的语言功底。但细心分析可以发现，整篇文章的题目反映了对电子词典消极的观念视点，前面两段围绕该主题进行了阐释，观念视点一致，但第三段，作者笔锋一转，表现出对电子词典积极的看法或态度，这种积极的观念视点与整篇文章和前面两段格格不入，导致观念视点的紊乱，致使第三段不能和前面两段很好地融合在一块，很难使上面的文章意义在深层次上形成统一的整体。

（四）时空视点紊乱

时空视点紊乱在视点框之间也时有发生。空间维度的视点紊乱在语篇中出现，很容易引起语篇的不连贯，甚至导致叙述混乱，使读者读起来一塌糊涂。说明物体不同部位的情况，宜用空间顺序。空间顺序和逻辑顺序都有一定的灵活性。先说上下，再说四周，是空间顺序；先说四周，再说上下，也是空间顺序。空间顺序是以事物的方位为序说明事物的。说明形状和构造的实物说明文常使用这种顺序，按实物的空间位置或构成部分，按上下左右、前后内外、东西南北等次序，根据情况灵活安排。采用怎样的空间顺序，要根据观察和认识的过程，根据说明的目的和效果来决定。比如：

（26）在我们**云南大理**，**苍山十九峰的云弄峰下**，有一潭三尺见方、清澈见底的泉水——这就是著名的游览胜地**蝴蝶泉**。

在泉边有一棵枝繁叶茂、树伞宽大的合欢树，遮挡在泉水上空，护着清清的泉水。每年农历三四月，泉边合欢树上挂满了蝴蝶，与合欢花共舞，这时才是真正的蝴蝶泉最美丽的时期。

今年四月我来到向往已久的蝴蝶泉，这一天给我留下了难忘的美好记忆。从**大门**进去，可见**竹林道**旁高大的**徐霞客石像**；**潭的北面**，有蝴蝶陈列馆；**潭后**曲径通幽，穿过"**清溪玉液洞**"，拾级而上便是"**望海亭**"，站在**亭中向四面远眺**，洱海、苍山的美景尽收眼底。

最难忘的要数**泉边**的景观了。**大合欢树**上开满了淡黄色的小花，形态就像一只只落在树上的蝴蝶，合欢花散发着淡雅的芳香，吸引了成千上万的蝴蝶翩翩飞来，聚落树上，飘舞在树的周围，漫天飞舞，分不清是花还是蝴蝶。许多蝴蝶首尾相衔，一条条、一串串从合欢树的枝头悬垂到清波荡漾的水面，就像"蝶帘"一样。太美丽壮观了！

蝴蝶泉的树美，蝶美，水也美。泉水深有丈余，清澈见底。清清的泉水中还映出穿着五颜六色衣服的游人的身影，就像五彩的蝴蝶在泉水中轻舞，与合欢树上的花、蝶相映成趣……

蝴蝶泉一游，让我深深感到；蝴蝶泉真是名不虚传啊！

（http://zhidao.baidu.com/question/76457534.html）

从上面黑体部分可以看出上面说明的空间顺序。第一段中，叙述者从"云南大理"到"苍山"，再到"十九峰"，到"云弄峰下"，最后到了"蝴蝶泉"。显然由远及近，由大到小，空间顺序完全符合人类对空间方位的认知规律。文章第三段里，叙述者从"大门"→"竹林道"→"徐霞客石像"→"潭的北面"→"潭后"→"清溪玉液洞"→"望海亭"→"亭中"，从外到内，从北到潭后……到亭中，其顺序清晰，空间方位突出。但就全文来看，文章从第一段总的写到了"蝴蝶泉"，第二段写到了"泉边"，第四段又从"大门"开始，写到了"亭中"，第三段又写到了"泉边"，在方位上既非由远及近，也非由近及远，给读者的感觉就显得有些凌乱，也就是说空间方位的转换并非自然，形成时空视点的紊乱，影响了整篇文章的效果。为了由远及近的叙述顺序在整篇文章贯通，不妨去掉第二段，或把第二段的相关描述整合到第四段中，空间方位的转换或许就更通畅自然。

时间维度的紊乱在视点框之间时有发生，这往往会同时导致语法上的错误，这种错误在学生语言能力有限的情况下经常发生。比如：

（27） The way to Rome that is all kinds of, which way is suitable for you, and the way lead you to where. now, I want to tell a gay to you. maybe you will from here take you something that you wanted.

He was named Charlie Chaplin. He was born in a poor area of South London. his childhood is poor. because his parents' divorce, the woman who is Chaplin' mother was temporarily declared.

Chaplin quit Britain for good in 1913 when he journeyed to America with a group of performers to do his comedy act on the stage. he was a talent actor. ,he is not tall, and has tiny moustaches, huge pants or tail coat. so looks very funny, sad to say, many English people in the 1920s thought

Chaplin's tramp a bit. Chaplin had no scree voice to confirm his British nationnality.

  He was the kind of comic who used his physical senses to invent his art as he went along. this physical transformation, plus the skill with which he executed it againt and againt, is surely the secre of Chaplin's great comedy. lt is relief to konwn that life eventually gave Charlie Chaplin the stability and happiness it had earlier denied him, He was died on Christmas Day 1977.

  All roads lead Rome. you could be known well of you first. and then try your best to make the way can reach.

（2011级学生×××，2013.4.22）

  上面的文章是学生作文的原始材料，笔者未经修改，所以更能反映学生的真实状况，其语言问题本讨论暂时忽略，只就叙述中出现的时间维度的转换进行分析。文章总共有五段。从时间维度来看，该学生在第一段里用的是现在的时间，表明了叙述的角度是现在，在第一段里基本是一致的。而第二段中，第一、二句用的是过去的时间，表明动作发生在过去某个时候，第三句却用了"his childhood is poor"，叙述者又用了现在的时态形式，表明了现在的时间维度，第四句中"the woman who is Chaplin'smother was temporarily declared"定语从句里用的现在，而主句用的却是过去，这样，在由四个小句视点框形成的一个句群视点框之间，时间维度呈现了过去—现在—过去的胡乱转换，表达本都应该是过去维度的动作。这样，对读者来说，形成时间维度的视点紊乱是肯定的。第三段形成的视点框在时间维度的变化也有相似的紊乱情形。第一视点框里，作者用的是过去的时间，描述的是1913年卓别林做过的事情，第二视点框仍然是过去的时间，但第三、四、五视点框里，作者又把时间维度转换到了现在，而从意义上看，这三个视点框里所发生的动作也应该是过去的时间维度，第六和七视点框作者又回到了过去的时间维度。显然在整个第三段里，在过去、现在和过去三个时间维度的胡乱转换并非作者为表达特殊目的而设计，而是语言功底较差，对时空视点缺乏足够的驾驭能力所致，这种时空紊乱直接导致整篇文章难以理解。学生在时空视点方面出现的视点框之间的紊乱大多表明其语言能力不高。随着学习、语言能力提高，类似时空视点的紊乱就会慢慢得以解决。

当然，为了作者的写作目的而有意识地转换时间维度，以达到特定的目的，往往也可以取得良好的效果。如：

（28） He never talked about himself as an object of pity, nor did he show any envy of the more fortunate or able. What he looked for in others was a "good heart", and if he found one, the owner was good enough for him.

Now that I am older, I believe that is a proper standard by which to judge people, even though I still don't know precisely what a "good heart" is. But I know at times I don't have one myself.

Unable to engage in many activities, my father still tried to participate in some way. When a local baseball team found itself without a manager, he kept it going. He was a knowledgeable baseball fan and often took me to Ebbets Field to see the Brooklyn Dodgers play. He liked to go to dances and parties, where he could have a good time just sitting and watching.

（《新视野大学英语读写教材Ⅰ》二版，P55）

显然，上面三个超句视点框中，只有中间一个超句视点框内作者用的是现在的时间维度，其余两个用的都是过去的时间维度。通读全文"A Good Heart to Lean On"，不难发现，作者用过去的时间维度描述了父亲生前的经历：父亲总是用自己残缺的身体来帮助自己恢复那残缺的心灵，意欲让作者的心态得以平衡。作者无法清晰地知道父亲是有意还是无意为之，但自己在那时是完全没能够领会父亲的良苦用心的，也许，直到现在作者都还没有完全弄明白什么是好心的。所以在上例第二个视点框里，作者在前面用过去时间维度描述了父亲生前一直在寻找"好心肠"的人后，用现在的时间维度欲表达：我现在也老了，相信那就是判断人的恰当标准，即使自己还是不能准确地知道什么是好心肠，但有一点，作者自己知道自己没有好心肠。这正好与文章的副标题"More than I realized Dad has helped me keep my balance"遥相呼应，成为了贯穿全文的一个主线，该现在时间维度的运用是为了突出主题，能较好地与其他段落融合，形成整体的连贯。

二、框内视点紊乱

（一）时空视点紊乱（Confusion of Spatio-Temporal Point of View）

时空视点紊乱在同一个视点框内出现较多，可视为框内视点紊乱的典型。时空视点紊乱指人们观察反映客观世界所选取的时空角度或位置混乱不清，或在同一视点框内出现了承载时空视点的两个或以上的不同概念，或时空起点和移动的顺序含糊不清。如：

（29）He said he had gone to Beijing three times.

对于"has been to"与"has gone to"的区别，中国学生难以掌握，而从视点紊乱的角度进行分析就轻松多了。Bolinger（1988：5-6）认为语言植根于人的身体动作，人类有声语言的发展在最初阶段跟身体特别是和视觉感知密切相关联。认知科学和神经科学的研究表明体验经历对语言处理和理解是非常重要的，阅读与行为有关的句子时，大脑里一些相关的区域也会被激活（Gibbons，2012：107）。语言的表达就是表达说话人的感觉和感受（徐盛桓，廖巧云，2013：5）。出现例（29）中的错误，在于语言的运用与人的身体感知产生明显冲突。从人体对时空的感觉来看，"我"作为当时的观察者回忆出"He"说"他去过北京三次了"

的地方可能在方位₁,也可能在离开北京到第三个地方去的路途的任一方位₂,或者已经到了的第三个地方——方位₃,或者在从第三个地方——回原地的说话的方位₄,如图 3.5 所示。

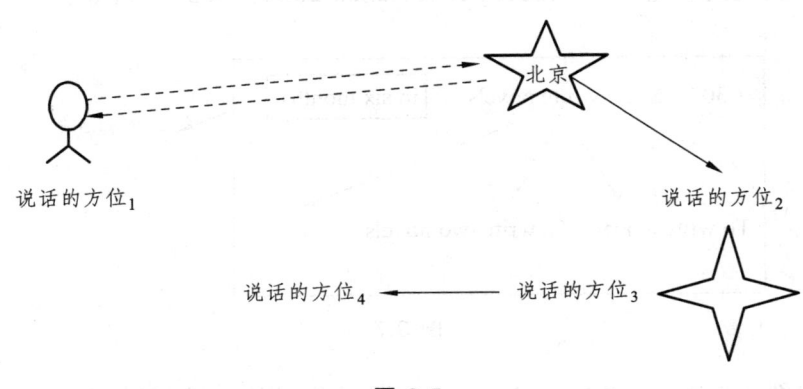

图 3.5

然而,从人体对时空方位的感知来看,"had gone"意味着说话者已经离开说话的地方—方位₁到目的地的路上——方位₂,或者已经到达目的地方位₃,或者在回来的路上的方位₄。但无论如何不在原说话的方位₁,如图 3.6 所示。

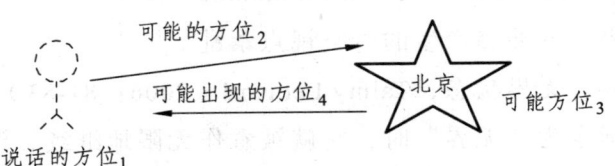

图 3.6

这样,在这个句子形成的视点框里就出现了"他"在同一时间既出现在他说话的地方,又出现在他说话以外的其他地方,在空间方位上相互矛盾。神经科学研究发现,语言的理解是一个体验的过程(Gibbons,2012:76)。"人们运用触觉系统来感知并与具体世界和真实对象互动"(Lederman & Klatzy,2001:71)。在阅读上面段落时,不仅大脑对语言进行处理,而且人的运动感觉也会同时感知。这种转换的混乱既在读者的思维上引起混乱，在人的运动感知上也是不畅的。上述语言的理解与人的体验完全冲突，人为造成人的感觉运动与语言理解的差异，或者说感觉运动的相互矛盾必然导致语言理解的紊乱。"真正的身体运动是语言产生的意义的核心"（Glenberg & Kaschak 2002：563）。再如：

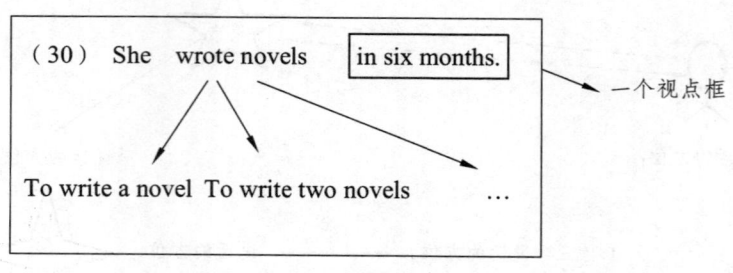

图 3.7

如图 3.7 所示，"To write novels"是无界的，她可以写两部小说，三部、四部，也能继续往下面写，属未完成体。而"in six months"是一个固定的时间段，只能与有界或完成体相协调（Taylor，2007：231）。无界限的事件发生在有限的时间范围内，这种现象在现实生活中是没有的。想象作为行动，其激发不仅通过文字而且通过对对象的理解（Hall, 2008：138）。"She wrote novels in six months" 不被认可，根源在于"有界"与"无界"的冲突产生的时空视点紊乱。

关于有界、无界状态，Talmy Leonard（2006：81-83）的研究表明，当一个量被指定为"无界"时，它就被看作无限地继续，没有固有的有限性特征；当一个量被指定为"有界"时，它就被看作是被界定为一个单一的个体单位。运用名词术语，这些定义极大地与传统语言学中"集合"和"可数"的区别相吻合。运用动词术语，它们与"未完成"和"完成"一致，这些一致接近于传统术语随不同运用而变化。无论它们的复杂性如何，这些新术语表明的概念目的在于抓住空间与时间维度之间的共性并总结归纳它们各自不同的分析。

在英语词条中，"water"和"(to) sleep"本质上被定义为无界的量，然而"sea"和"(to)dress"却是有界的。这些分类可以从这些单词在"in NP$_{\text{extent-of-time}}$"（被界定为有界）的语法建构中分别是不可接受和可接受的事实看出，例如：

(31) *matter*

　　action

　　　a. *unbounded* *We flew over water in 1 hr.

　　　*She slept in 8 hrs.

　　　b. *bounded*　　We flew over a sea in 1 hr.

　　　　　　　　　　She dressed in 8 mins.

由于具有复杂性，存在着语法成分，在构成 lexical Item 中能转换它基本的分类：有界和相反的状态（there exist grammatical elements that can, in construction with alexical item, shift its basic specification for state of boundedness to the opposite value.）。这方面在无界词条的那些表现实际上激发了"有界"的认知运作，或"节选部分"。通过这样的运作，一部分界定的无界量被界定，并被放入注意的前景之中。

matter:
$[N_{\text{bounded-quantity}} \text{ of} + [\text{——}] N_{\text{unbd}}] N_{\text{bd}}$
e.g., water: body of water

action:
$[[\text{——}] V_{\text{unbd}} + \text{for } N_{\text{extent-of-time}}] V_{\text{bd}}$
e.g., sleep: sleep for an hour

图 3.8

前面类型的反面也存在。英语名词"shrub"和"panel"本质上是一个有界的词条。但是语法成分"-ery"和"-ing"可以加在后面，成为"shrubbery"和"paneling"形式，就是无界的量了。实际上，语法成分激发了"界限剥离"的认知运作，这样，前面在界内的量现在概念上成为一个无限延伸的形式。在英语中，这些成分不是多产的。比如，它们不能用于"sea"表达"海水"的意义，也不能用"tear"来产生"泪流"的意义。

完成情形是有终点的，可持续的事件是需要时间的（Taylor，2007：237-8）。两者不能混同，否则在时空上就会导致紊乱。比如：

（32）She was writing a novel in six months.

（33）You arrive home at three thirty.

（34）She wrote the novel at three thirty.

"be writing a novel"是一个进行体，本质上有导致某种情形未完结的作用，属未完成体。而"in six months"是有终点的，或者说是有界的。可持续事件需要时间，就像"to walk home"一样是要花费时间的，可以说"she walked home for an hour"。但是"to arrive home"却在瞬间即可发生，所以（33）能被接受，而（32）和（34）明显不可，从时空视点的紊乱分析，错误原因清晰可见，而传统语法中很难找到令人信服的解释，甚至正确与否也会让众多学生头疼。类似现象在英语动词"die"中的表现尤为突出：

（35）He is dying.

该句从语法结构上是无可厚非的，结构上是典型的现在进行时态。自然，对于学生将其译成"他正在死"也不应大惊小怪，但总显得别扭。从视点的时空限制解读，问题症结显而易见。进行体表达一种未完结的情形，是一个持续体。作为持续体，既然可以持续，那么持续一天可以，持续更长时间也可以。这样上面的句子就可以添加成分为：

（36）He is dying for 3 days.

（37）He is dying for 5 weeks.

这样，不同的人"死"这个动作完结的时间就不同，这与人类对"死"的认识或体验完全不同。众所周知，"死"是一个完结性的动词，通常在瞬间结束。无论何人，无论生命力多么顽强，死都会在瞬间结束，每个人的时间不会相差太远。

（38）He has died for three years.

作为生物，包括人和动物，要么死，要么活，在"死"与"活"之间是没有任何中间地带可以调和的。也就是说两者相互否定，其间无缝衔接，没有一个隔离带。所以"死"的动作发生的时间是一个点，不可能延续。既然不能延续，也就不能用进行时态。因此对上述句子的理解，只能寻找非常规的方式：用瞬间动词表达一种即将发生的事，从而翻译成：他临终了。英语中的这种用法与中国人日常生活中说的"要死不活的"，而非"不死不活的"也是吻合的。同样，(38)"He has died for three years."这样的句子，明显形成了时空视点的紊乱，导致语法上的不认可。

（二）叙述视点紊乱（Confusion of Narrative Point of View）

叙述视点紊乱在同一视点框内不如视点框之间多，但这种紊乱对理解造成的混乱也不容忽视。比如：

(39) Everyone knows that he/she should help other people, not only your friends.

显然，"everyone"和"he/she"的运用都表明了上述话语的叙述者是站在第三者的角度，用的是第三人称叙述视点，但后面又用了"your"，表明叙述视点又转换到了第二人称，这样的转换不但笨拙，而且读者理解起来也非常困难。汉语中的类似例子也不少，比如：

(40) 风景如画的小岛上住着三代4个女人——外祖母、母亲和两个外孙女。

（《南京广播电视报》1996年3月1日）

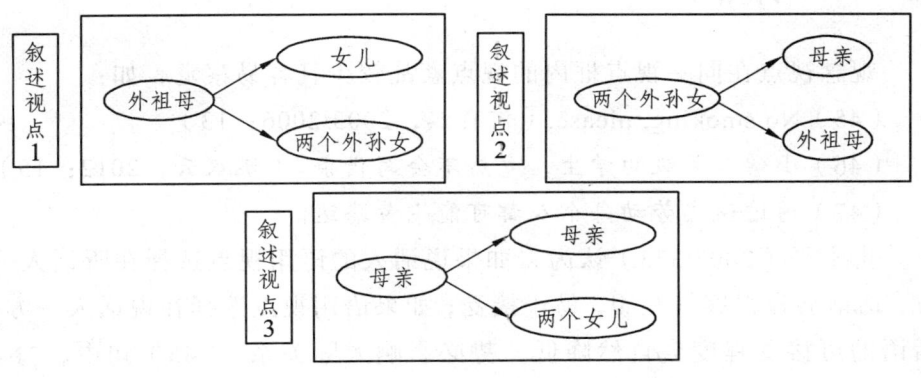

图 3.9

如图 3.9 所示，该话语的发出者可能有三个叙述视点：叙述视点 1、叙述视点 2 和叙述视点 3。三个叙述点都有可能，但站在"母亲"的视角，就会出现"母亲"和"两个女儿"，这样可能会出现指代不明或在人称指示上产生混乱；提到"外祖母"和"母亲"时，叙述者的叙述视点是两个小女孩。而提到"两个外孙女"时，叙述视点又变成了"外祖母"。然而上述两个叙述视点的并存于同一个视点框内，违反了 Langacker 最佳视角（Brown & Yule，1983：125）选择原理，形成视点紊乱，造成理解的混乱。把上述句子改为："（41）风景如画的小岛上住着三代 4 个女人——两位女孩、她们的母亲和（她们的）外祖母"。叙述者选择了"两个女孩"作为她的叙述视点；或者"（42）风景如画的小岛上住着三代四个女人，一位老妇，她的女儿以及两个外孙女"；或者"（43）一位中年妇女，她的母亲和自己的两个女儿"，句子的意思就非常清楚明了，但显然（42）和（43）两种说法需要另外添加一些成分才能表述清楚，显然不是一个最好的叙述视角。同一人在同一情景中对同一对象的认识角度通常应该保持稳定，比如，"（44）If one doesn't work hard, you will not pass the examination."这句话不能被人们接受，在于同一视点框内的笨拙转换，前面用了第三人称"one"，后面又转换成第二人称"you"，跳跃太快，称之为"视点紊乱"一点不为过。

（三）观念视点紊乱（Confusion of Ideological Point of View）

观念视点在同一视点框内的视点紊乱较少且容易察觉，如：
（45）No smoking, please.（何自然，2003/2006：13）
（46）小学二年级的学生，竟然不会写借条。（姚双云，2012：15）
（47）通过诚实劳动每个人都可能飞黄腾达。

冉永平（2007:333）认为，如果说话人的语用视点选择在听话人一方，话语会显得客气礼貌，易于接受；如果语用视点选择在说话人一方，话语的可接受程度会自然降低，势必影响人际关系。（45）句中，"No smoking"，显然语用视点在说话人一方，体现出对听话人的一种禁令，使话语的可接受度降低；而"please"表现出语用视点在听话人一方，体现出一种礼貌的请求，两者混在一块，格格不入，形成观念视点的紊乱。例（46），该话语不符合大众的语言运用观，难于接受。因为从社会公认的价值观来看，小学二年级的学生可能写不来什么，说话者应该对"小学二年级的学生不会写什么"持支持的态度，而"竟然不会写借条"表明说话者对此持极强的消极态度，在一个视点框内出现了两种完全不同的价值判断，导致的观念视点的紊乱是人们无法接受类似说法的深层次原因。例（47）中，人们对"诚实劳动"一般持积极态度，对"飞黄腾达"却持消极态度，通常情况下，飞黄腾达指官场上晋升很快，往往带有贬义，这样在同一视点框内就出现了两个完全相反的态度，导致观念视点紊乱，使读者很难理解。类似的现象如：

（48）He sometimes comes late for class every day.

"sometimes"和"every day"两个表示频率的部分承载了不同的观念视点，并相互矛盾，造成观念视点紊乱，从而影响句子的表达。

再如：

（49）The secretary ordered the manager to go out. 秘书命令经理出去。

上述句子里，"order"承载着极强的观念视点，表明了话语的主体"the secretary"对对象"the manager"的绝对权威性。通常情况下，在人们认知经验中，只有上级才有权力命令下级；并且在人们的生活体验中，秘书只是经理下属的人员，所以只有经理才能对秘书有绝对的领导权力，因此上述句子所承载的观念视点与人们在生活中体验的观念视点相违背，产生了观念视点的紊乱。除非上述句子表达一种非常规的意思，秘书对经理形成了一种隐性的权力关系，这样上面句子的观念视点也就不存在视点紊乱的问题了。但是对于秘书来说所承载的观念视点已违背了说话者自己的意愿，从而在听众心目中产生一种对自己不利的价值判断，对于秘书来说形成一种语用失误，影响自己的形象，也是可能的。

当然，在日常的英语学习中，个别观念视点紊乱的现象也有微妙的时候，似乎跟语法有关联，但又很难说出是哪里出了问题。熊沐清（2001：

24）认为，小句视点框的意义在于：框内不宜存在两个同一种类的视点，如"he often helps me a lot"一句，由于同时存在"often"和"a lot"两个评价性的观念视点，使焦点不知落于何处，所以显得笨拙。这种紊乱的现象在英语初学者中较为常见，甚至，在一个视点框内同时出现两个或两个以上表达完全相同的一个观念视点的术语，也会影响视点的连续性，形成观念视点的紊乱。又如：

（50）I think you are a good student in my opinion.

在上述句子里，"I think"和"in my opinion"两个部分都承载了叙述者"我"对"you are a good student"的观念视点，影响了知觉视点起点与终点对新旧信息的安排，可谓观念视点紊乱。观念视点的紊乱是造成话语不通畅的最重要原因之一。

第四节 结 论

不同话语，视点紊乱的情形可能不同：有时可能是其中的一种视点产生紊乱，有时可能是其中几种；视点紊乱可能发生在一个小句视点框内，也可能在超句视点框内的小句视点框之间；视点紊乱可能引起句法错误，但句法正确也可能出现视点紊乱。但凡有视点紊乱，话语就可能不连贯甚至内部自相矛盾，从而使听话人对话语难以理解和接受，甚至使话语在真实性上受到挑战，或给听众一种说话者自己不愿释放的观念视点。教学中的一些语法错误通过视点紊乱的解读可以寻求更加令人信服的解释。视点紊乱的研究可以有效帮助学生实现话语和语篇深层结构的连贯，使文章运行自然流畅，通篇实现高度融合。

（本章根据《外国语文》2013年04期，《论话语的"视点紊乱"》改编而成。）

第四章　礼貌语言功效的视点研究

　　无论国内国外，礼貌语言都是人们研究的一个重要话题。许多礼貌原则的遵守成为了中西方礼貌用语的共核。但是有时人们也有困惑的地方，明明遵守了礼貌的原则，却达不到礼貌的效果，有时明明违反了礼貌的原则，却特别有亲和力，容易接受。如两个朋友见面打招呼：（1）Here comes trouble.（Leech，1983：144）从表面上看，该句话语违反了礼貌的原则——尽量贬低自己，抬高别人。显然说话者却贬低了对话，极不礼貌。但这在日常生活中却常常出现在关系特别友好的场合，而且往往能达到一种礼貌的效果。显然，礼貌原则的遵守与否似乎不是礼貌与否的唯一标准。从认知的角度看，符合话语受众的认知期待，就可能达到礼貌的功效；否则就不礼貌。另外，不能满足听话者对说话者和所说话语的认知期待，不能形成心理趋同，即使是礼貌语言也达不到礼貌效果，有时话语的受众者认为很礼貌，有时却非常反感，觉得不礼貌。在纷繁复杂的语言环境中，礼貌语言能否达到效果，礼貌与否和礼貌的效果如何还受哪些因素制约，借助视点理论，从话语所承载的观念视点入手，探索话语发出者所选取的观念视点如何与受众保持最大一致，缩短双方心理距离，促成心理趋同而最大限度地促成礼貌语言使用的最佳效果，以及观念视点对礼貌效果形成的种种路径，是本章要探讨的主要问题。

第一节 传统的礼貌语言研究

一、礼貌语言研究的简单回顾

近年来,对礼貌语言的研究甚多。早在 20 世纪五十年代 E. Goffman (1967)就从社会学角度提出了"面子"(Face)问题。尽管礼貌语用问题有如此明显的社会现实意义,可对它的早期研究却很少,只有 Lakoff (1973)等极少数人的研究。1977 年 Leech G. 发表他的第一篇关于"语言与策略"(*Language and Tact*)的论文时,对礼貌的研究还是一个新兴的领域。直到 20 世纪 70 年代后期,Brown & Levinson 发表了很有影响的代表作《语言运用中的普遍问题:礼貌现象》(1978),沿用了 Goffman 的"面子"概念,认为避免直言不讳也是一种礼貌,该领域的研究才得以迅猛发展,礼貌才真正成为语用研究的一个主要热点。该书问世后,其中的一些太"左"或极端的提法,如礼貌的普遍性问题,就遭到了语言学界的不少攻击和批评,于是作者不得不加以修正、调整,在 1987 年再版时,改名为《礼貌——语言运用中的一些普遍性规律》。Leech (1983)在 Austin、Grice 等人研究的基础上,于 1983 年在 *Principles of Pragmatics* 一书中提出了礼貌原则,再度掀起礼貌研究热,但是其六条次则在学界遭到了众多批评和非议。诚然,礼貌是人类社会的共同现象。但礼貌原则在不同文化、语言环境社会背景、社会阶层中是不同的 (Leech, 1983: 10)。到 20 世纪 90 年代,《语用学杂志》推出了 Blum Kulka & Kasper 主编的《礼貌》专刊(1990),集中刊载了 Kasper, Gu Yueguo 和 Blum Kulka 等的几篇相当有影响的文章。Watts、Ide 和 Ehlich(1992) 编辑出版了《语言礼貌研究历史、理论与实践》专辑。该书收录了语言礼貌研究的历史、相关理论、经验研究以及非西方文化背景中的礼貌问题,可谓理论与实践相结合的综合性研究汇总。几乎在每一期《语用学杂志》中都可以找到礼貌语用研究的相应文章,比如 Yeung(1997)的《香港英汉商务信涵礼貌请求》,Escandell-Vidal(1996)的《走向礼貌的认知研究方法》。

社会语言学方面的论著也对礼貌给予了重视,如 Fasold(2000)的《社会语言学》,Wardhaugh(2000)《社会语言学引论》,Hudson(2000)的《社会语言学教程》。与其相关联的学科领域还有人类学、发展心理学、心理语言学、应用语言学、交际学和会话分析等。到目前为止虽然礼貌的研究方法和理论各不相同,但大致可分为四种基本观点(Kasper,1990):① 社会规范观;② 会话准则观;③ 会话契约观;④ 面子保全观。其中影响较大的理论在西方主要有:Leech 的礼貌原则和 Brown & Levinson 的面子观。Leech(1983)的礼貌原则是为了弥补 Grice "合作原则"的不足而提出来的,其主要目的是想减少人们交际之间的摩擦,为此要最大限度地考虑他人,最小限度地考虑自己。具体体现在它的六条准则上:策略、慷慨、赞扬、谦虚、一致和同情(每条准则都有自己相应的次则,限于篇幅,在此不再赘述)。这六条准则要求说话人对听话人始终要言听计从、不得对抗、抬举对方、自己保持低调、为对方考虑等。而且衡量礼貌的标准是听话人的损益度、听话人的自由选择空间以及间接度。这样礼貌就成了非对称状态,交际双方难得平等共享,好像礼貌是以一方所得而另一方所失为代价换来的。礼貌似乎成了一方的快乐建立在另一方的痛苦之上,这显然违背了常理。Watts(2003:xi)说过,他有一个关于礼貌的参考文献,大约有 1 200 条,而且每周还在不断增长。2005 年一本专门研究该领域的国际性杂志《礼貌研究期刊》也出版了。

语言礼貌是表层结构的,可因不同的人、不同的环境等变化而变化;同一语言在不同的话语受众者心理得到的认同也各有差异,甚至完全相反。正如熊学亮等所说,所谓礼貌,一是先要有社会文化定势,二是这种定势有一定的参值,即听话人与说话人的关系,可导致对同一礼貌言语在认同上的差异（熊学亮，刘国辉，2002：60）。G.Leech 在《外国语》2005 年 6 期上发表的 "Politeness: Is There an East-West Divide?"，对礼貌原则中的某些描述进行了解释并从礼貌的基本原则到文化的差异等方面进行了系统论述得出结论：礼貌没有东西方的差异（2005：3-31），并用"反讽"和"调侃"对他先前提出的礼貌原则以及次则进行了一定的修正。各种语言中不同社会参数和语言参数对礼貌有很大影响，但是其礼貌原则的框架为不同变量的研究提供了依据（Leech，2005：3-31）。礼貌原则（PP）与格莱斯的 CP 原则相比，是人类交际行为中遵守的一个准则。影响我们避免交际的分歧和冒犯，维持交际的一致性，这种一致是交际双方明确或隐含地打算追求相同的目标。礼貌是以目标为中心的行为的一个方面，说话者在用某一特定话语表达礼貌时运用那样的话语表达说话者的目标时，从某种程度上说，坚持了 PP，把那样的目标与听话者进行了交流。同时，Leech 也认为，礼貌不是"真"的一致和不一致的问题，在交流中它与避免分歧和培养一致有关，特别是通过表达或隐含的意思（Leech，2005：8）。Leech 还提出了两种礼貌层级：绝对礼貌和相对礼貌。绝对礼貌就是一种离开语境外的礼貌层级。比如：没有具体的语境，我们可以判断出"Can you help me?"作为一个请求比"Help me."要更加礼貌，但没有"Could you possibly help me?"礼貌。原因是：其他是平等的，一个请求对听话者提供的选择越多，它就越礼貌。同样的，"Thank you very much"就要比"Thanks"礼貌些，因为它强化了感激的程度，这种层级是没有方向性的，礼貌的层级是从词法形式和话语的语义解读来说的（Leech，2005：8-9）。

　　Brown & Levinson（1978/1987）的面子观则是目前西方最有影响的礼貌模式。它是在"韦伯交际观"和"戈夫曼面子概念"基础之上提出来的，认为社会成员一般都存在两种"面子"需要：消极面子（自我决定的需要，即不要他人干扰）和积极面子（认可、赞赏的需要，即满足他人需求）。他们认为许多言语行为在本质上都具有面子威胁性，因此礼貌就是要减轻这种面子威胁，给对方面子。于是我们的言行就需要补救策略,它们依次是:① 公开面子威胁行为策略;② 积极礼貌策略;③ 消极礼貌策略; ④ 非公开面子威胁行为策略; ⑤ 不实施面子威胁行为策略。其中非公开面子威胁行为策略是最为礼貌的策略手段,如暗示、同义反复、指称换位等。而东方文化里有影响的礼貌理论应首选顾曰国先生的研究,他在荷兰主办的《语用学杂志》上发表了《现代汉语中的礼貌现象》(1990),在《外语教学与研究》1992年第4期上发表了《礼貌、语用与文化》(1992)。他深刻阐述了汉语礼貌特征——尊人贬己、谦虚恭敬、态度热情和言行优雅,在国内外产生了极大影响和共鸣。其中的"尊人贬己"是指谓自己或与己相关的事物时,要"贬"、要"谦"。"谦虚恭敬"主要表现在"尊人贬己"。"态度热情"指待人热情、关心、体贴、好客,如宴席上的劝食。"言行优雅"指出言高雅、文质彬彬,多用委婉语,少直言。这可算得上是对汉语礼貌现象的高度概括和总结了(刘国辉,2005:22)。

二、礼貌的语用探索

Leech(2005:10-14)对礼貌的语用探索认为,语用学的出发点主要是在语言里:解释交际行为。通过这样的研究,我们避免了在抽象的"面子"或"文化"中迷失。最基本的问题是:通过说××,说话者意思或传达的什么。假定礼貌原则是有用的不是因为它通过单词"politeness"解释了我们的意思,而是因为它解释了某种语用现象,尤其是下面的:

(a)间接性。间接性明显违背了格莱斯的合作原则的次则,因为说话者的话语似乎提供的信息不足,欠清晰,不真实,不相关。比如,"I wonder if you'd mind carrying this tray?"是一个间接的请求,相当于"Carry this tray"。间接不论如何都不会被礼貌激发,但经常出现。所以,说话者的间接可以解释为一种尝试为听话者提供更乐意的选择,更多的选择自由。

（b）礼貌的不对称性。礼貌的常常出现在对话中体现说话者和听话者相反的策略。当对听话者传达了一种好的评价是礼貌时，表达说话者同样的评价就是不礼貌的。反之亦然，表达说话者的一种不好的评价是礼貌时，对听话者表达同样的评价就是不礼貌的。说话者和听话者的礼貌价值观是相反的，强化那些价值会增强绝对礼貌或不礼貌的层级。这种不对称在汉语和日语中都有体现。如：

（2）敝姓王，您贵姓？

（My surname is Wang, your surname？）

（Namae wa）Buraun desu. O-namae wa?

（My name is Brown. And your name？）

（c）建立在礼貌原则基础上的省略结构的解读。说话者与听话者之间的不对称也表现在省略话语中。比如，英语中"Good luck!与 Bad luck!"相比，希望某个人好运是礼貌的，但不得希望他/她倒霉。但是，"Bad luck"的解读却是"对你的霉运我表示遗憾"。为什么会产生这样的差异呢？Leech 的回答是因为礼貌原则，对于不礼貌说话者倾向于礼貌的解读。

（d）礼貌的较量。礼貌导致对于我们的行为方式，一些人认为这种说法是不合理的。比如，在某些文化里（以汉语为例）为礼貌话语出现的顺序：邀请→拒绝→邀请→拒绝→邀请→接受。

Leech 举了如下例子：

（3）（A 已经在 B 家里几小时了，差不多该吃饭的时候了。）

A: *Nǐ jīnwǎn jiù zài wǒménjiā chīdūn biànfàn（ba）.*

You tonight just at our home eat a casual dinner.

（How about you staying and taking potluck with us tonight？）

B: *Bù（le），bù（le），tài máfan（le）.*

No, no, too much trouble.

（No, no, please don't bother.）

A: *Máfan shénme? Suíbiàn chǎo jǐge cài, henkuài（de）.*

Trouble what? Casually fry a few dishes, very soon.

（What trouble? I'll just fry a few dishes and it'll soon be done.）

B: *Wǒ háishì huíqù（ba）, fǎnzhèng yěhái bù'è. Yǐhòu zàilái dǎrǎo nǐmén.*

I still go back, anyway also still not hungry. Later again come trouble you.

（I'd better go home today. Anyway I'm still not hungry. I'll trouble you next time.）

A: *（Aiya）, dōu zài zhè'er（le）. Fǎnzhèng wǒmen yěyào chī（de）, jiù suíbiàn chīdiǎn（ba）.*

Already be here. Anyway we also eat, just potluck eat a little bit.

（Come on! Since you've already been here, just take potluck with us. We ourselves will have to have something to eat anyway.）

B: *nà... nà..., wǒ jiù búkèqi（la）.*

Well... well..., I just not polite.

（Well... well..., then I'll bother you this time.）

[Note: The elements in parentheses are tone softening or strengthening markers.]

A：你今晚就在我们家吃顿便饭吧。

B：不了，不了，太麻烦了。

A：麻烦什么？随便炒几个菜，很快的。

B：我还是回去吧，反正也还不饿。以后再来打扰你们。

A：哎呀，都在这儿了。反正我们也要吃的，就随便吃点吧。

B：那……那……，我就不客气啦。

（e）礼貌的层级。绝对礼貌有不同的层级，经常出现在话语的间接程度上。比如，在英语中（4）:

（4）a）*Will you stand over there?*

b）*Would you stand over there?*

c) *Would you mind standing over there?*

d) *Would you mind standing over there for a second?*

e) *I wonder if you'd mind just standing over there for a second?*

在汉语、日语和韩语中,类似的系列也可以得以建构,如(5):

(5) a)(*Nǐ*) *zhàndào nàbiān qù.*(你)站到那边去。((You) stand over there.)

b) *Qǐng*(*nǐ*) *zhàndào nàbiān qù.* 请(你)站到那边去。((You) please stand over there.)

c)(*Nǐ*) *kěyǐ zhàndào nàbiān qù ma?*(你)可以站到那边去吗?

d) *Qǐng nǐzài nà'er zhàn yīhuǐ'er, xíngma?* 请你在那儿站一会儿,行吗?

e) *Nín néng zài nà'er shāozhàn yīxiàma? Xièxie!* 您能在那儿稍站一下吗?谢谢!

日语(6):

(6) a) *Soko ni tatte kureru?* ('Please stand over there?')

b) *Soko ni tatte kurenai?*

c) *Soko ni tatte kudasaimasu ka?*

d) *Soko ni tatte kudasaimasen ka?*

e) *Chotto soko ni tatte kudasaimasen ka?*

韩语(7):

a) *Geogi seo isseo.*('Stand over there')

b) *Geogi jom seo isseo.*('Stand over there a little')

c) *Geogi seo isseoyo.*

d) *Geogi jom seo gyesyeo jusigessseubnikka.*

e) *Sillyejiman geogi jom seo gyesyeo jusigessseubnikka*

Leech 从东西方文化的差异及语用层面研究了礼貌语言的原则、层级等影响礼貌语言的取效问题,但并未专门就承载人们意识形态、价值观念等的观念视点是如何对礼貌语言产生制约和促进进行相关研究,这将是本章第四节和第五节要重点探讨的问题。

第二节 心理趋同

人与人、人与物之间的空间距离决定了他们之间总有一定的心理距离,其交际,无论是言语的还是非言语的总会对该距离产生影响,或者拉近,或者疏远。说话人往往使自己的言语风格趋同他们喜欢的人或希望赢得其好感的人的言语风格,或趋异于他们不喜欢的人的言语风格(粟进英,李经伟,2010:39)。前者产生礼貌的效果,后者导致不礼貌的结局。在内部群体成员之间产生的交际,或是愿意协商一个共同群体身份的人们之间的交际,交际者就会采取强化内部群体共性(commonalities)的策略,这些策略的社会功能有助于激发我们对内部群体成员的积极情感,并产生对用于对照的外部群体的消极情感(Meyerhoff, 2006:72-73)。言语趋同与身份言语趋同是改变说话人身份的标志,体现了说话人与受话人身份的相似。在说话人使用的不同的言语适应策略中,言语趋同是使用频率最高,也是研究最多的一种交际策略,并被认为是言语适应理论的核心(Giles, 1973; Bell, 1984)。为了获得另一群体或社会身份的人的认同、赞同、接受和喜欢,同时为了提高交际效率,交际者会选择改变自己的言语风格或语体,转而使用受话人的言语风格或语体,即言语趋同,说话人身份随着说话人言语风格的改变而改变。在众多的言语趋同策略与身份研究中,Nikolas Coupland 的研究具有一定的代表性。Coupland(Hudson, 2000:164-166)的语言使用调查选择在威尔士首府加的夫市进行,其假设是:我们的言语风格趋同于受话人的言语风格,以此希望受话人更喜欢我们、接受我们。Coupland 的研究对象是加的夫市中心一家旅行社里名叫 Sue 的助理,Sue 是 Coupland 理想的研究人选。她的职业性质决定了她要跟各种不同社会阶层的人交往,并且交往时涉及大量的言语活动；Sue 本人是加的夫人，可以根据顾客的语码来随意转换自己的语码，从而让顾客对她产生好感，以此招徕生意。Coupland 的研究发现，Sue 的语码选择在很大程度上受其顾客语码选择的影响，顾客的语言越标准规范，Sue 的语言也越标准规范，反之亦然。同时，Coupland 的研究还发现，其受试者并不是从头至尾都趋同顾客的语言，她只是选择了部分语言特征来趋同。Coupland 的研究结果证实了其假设：交际者借助于言语趋同来缩短社会距离，表示团结，或一种享有共同身份的感觉，把言语趋同作为维护/同等（solidarity）的一种策略（粟进英，李经伟，2010：40）。一是语言的趋同会缩短人与人之间的心理距离，二是空间距离的缩短在一定程度上也可能产生一定的心理趋同。本章重点讨论如何恰当运用语言促成交际双方的心理趋同，以促进礼貌效果的生成。

心理距离（psychological distance）是个体对另一个体或群体亲近、接纳或难以相处的主观感受程度，表现为在感情、态度和行为上的疏密程度，疏者心理距离远，密者心理距离近（林崇德等，2003：1397）。简单地说，心理距离是交际双方对彼此在心理上的接受程度，接受程度越高，彼此心理距离就越小；相反，心理距离就越大。社会距离、空间距离、时间距离，最终都可以通过心理距离对交际双方产生作用。礼貌现象总会使人们已有的心理距离缩小，取得心理趋同的效应。比如，在异国他乡，碰见了一个素不相识的中国人，但是，相较于其他国家，同属中国人的两者之间的空间距离相对较小，自然可以形成一个新的群体——在异国他乡的两个中国人，这就很容易拉近两者的心理距离。一句"我们都是中国人"或许就能使两者心心相映。出门在外，人们还有一句经常挂在嘴边的话：老乡见老乡，两眼泪汪汪。这都是由相对较小的空间距离引起的缩短心理距离的例子，类似的语言尽管与礼貌与否毫无相干，但常能缩短双方的心理距离，达到礼貌的语用功效。

趋同（convergence）：种类不同的动物或植物由于习惯或环境的相似而引起的相似性质的发展或获得（王同亿，1990：1128）。在 *Longman Dictionary of the English Lanugage*（1984：319）中，convergence 指：the act of converging, especially moving towards union or uniformity（趋同的行为，尤其是朝着一致移动）。笔者综合上述定义认为，心理趋同是交际双方在心理上对彼此的认可，尽量减少分歧、求同存异的过程。Leech 礼貌原则中的"尽力缩小与他人的分歧，尽力放大与他人的一致"（Leech，1983：81），明确提出了交际双方寻求一致的原则，不过他强调的主要是语言上的一致。礼貌不是真的和谐和分歧的问题，它与避免分歧、培养和谐有关（Leech，2005：8）。避免分歧，培养和谐不能仅从语言使用的现象去研究，而应该透过现象探索话语所承载的意识形态、价值观念、宗教信仰、政治维度等个人的观念视点如何对话语的受众心理产生积极的影响，从而悄无声息地获取对方的心理趋同，促进礼貌语言使用效果的最大化。

第三节　观念视点含义的再讨论

观念视点（ideological point of view）的"观念"不是哲学上所指的客观事物在人脑中的反映形式，而是涉及价值观和信仰体系，反映人们对于对象的态度（熊沐清，2001：22）。Fowler 举例说，托尔斯泰作品中的基督教精神、劳伦斯对性的推崇、奥威尔对极权主义的谴责等都体现了观念视点（1986：130）。他从交际功能角度出发扩大了观念视点的范围，认为它还涉及对象的数量、性状、程度等方面的评价。观念视点体现于每个句及句以上的语言单位中，因为中性的价值观也是一种观念（熊沐清，2001：22）。Fowler 指出，主要有两种方式或语言形式体现观念视点。一是情态，包括情态助动词、情态副词或句子副词（如 certainly，probably）、评价性形容词及副词（如 lucky）、有关认识、预言和评价的动词（如 seem, dislike）以及全称句（如莎士比亚剧中的 Forloan oft loses itself and friend）。二是语体，包括个人语体、社会语体和功能语体（1986：132ff）。

观念视点涵盖了话语叙述者的世界观、价值取向、信仰（包括宗教信仰、政治维度）等意识形态。所以，叙述者在视点的选择上，不只是叙述的先后、关注的角度、焦点的突显与弱化等，而是叙述者对待对象世界的观点和反映以及为之所选择的表现方式的总和。在会话交流中，任何话语必然承载着说话者对话语受众态度的观念视点。与话语的受众者的观念视点一致，就容易被其接受，并被认为是礼貌的，否则相反。在语言外，听话者更关注说话者的态度，而不是仅仅表面上遵守礼貌规则的话语本身，所谓"听话听音""话不投机半句多"就是这个道理。对于关系不友好的人群，话语越礼貌，听话者越认为说话人的讽刺意味越强，而对友好的人群，说话者越礼貌反而会越疏远两者之间的距离，相反，越随意的话语越能被听话者接受。所以代表说话者态度的观念视点在礼貌语言的取效方面有较大的影响或制约。观念视点以时空视点、叙述视点和知觉视点为载体并隐含地在话语中表现出来。

第四节 观念视点对礼貌语言取效的制约与促进

观念视点涉及人们的意识形态、价值观、政治维度以及人们对具体事物的态度和人际权力关系等诸方面。从人们隐藏的意识形态和价值判断、浅藏在表层之下的人际—权力关系方面的政治维度以及常见的个人对具体人或事物的具体态度三个层面分析话语发出者的观念视点是如何实现话语受众的心理趋同，最终影响礼貌语言的取效，可以对 Leech 提到的 "bad luck" 什么时候是礼貌的，什么时候是不礼貌的以及礼貌的内在原因作出合理的解释。

一、意识形态与礼貌语言的取效

Kristeva（1989：287）认为，任何话语都含有一种意识形态，任何意识形态都会存在于话语中。意识形态不仅对某一群体的内部的社会实践活动有调节作用，而且对不同群体以外的社会交往也有调节作用（Van Dijk, 1997: 26-27）。意识形态是社会生活中意义、符号和价值的产生过程（Eagleton, 1991: 1）。Leech（2005: 6）认为，在意识形态中，东方更崇尚集体主义；而西方更注重个人主义。每一个体都有权利和意愿被尊重和被迁就，有权断言那些权力和所想，除非这些权利和意愿太过干涉他人。这些概念不太适合东方人（Leech, 2005: 7）。所以中西方在礼貌的表现上不尽相同。比如：

（8）A: 您在哪里工作，每个月能挣多少钱啦？

B: 两三千吧。

（9）A: Could you mind telling me where you work, and how much you earn one month?

B: It's none of your business.

上面两句话 A 的意义完全一样，但得到的答复却迥异。从语言形式上看，（9）句的问话比（8）句的问话要礼貌得多，但两种回答的礼貌效果却完全相反。（9）句中 A 的话语符合 Leech 的礼貌原则，但却得不到话语受众的认可，而（8）句看似一般的语言却能得到话语受众的积极回复，获得礼貌的语用功效。形成上述礼貌和不礼貌的根源不在于对礼貌原则的遵守与否，而在于交际双方在观念视点上的差异。中国人的集体意识比较强，在话语中总会有意无意地表现出对他人的关心。例（8）A 的问话本质不在于真的想知道 B 工作的地方和挣钱的多少，而在于 B 现在的工作环境好不好，生活是否有保障，体现出 A 对 B 极大的关心，这种话语往往出自于年长者、关系特好的朋友之间。A 的这种隐含的意识形态与生活在同样汉语文化中的 B 潜在的意识形态是相通的，所以 B 极易用相同的思维方式对 A 的问话进行解读，从而接受这种隐含在话语中的关心，形成心理趋同。这种礼貌功效更多地来自听话者对问话者意识形态的认可，或者说问话人的意识形态符合听话人对意识形态的认知期待，故类似对话常常出现在汉语的寒暄语中，尤其是长辈对晚辈，上级对下级，并被认为是礼貌的。而在个人至上的西方社会，个人的年龄、工作、工资等被看作是神圣不可侵犯的个人隐私。在例（9）句中 A 和 B 同生活在西方社会里，对这一意识形态也是相通的，所以无论 A 的话语在语言上多么礼貌，但由于不符合 B 的认知期待，承载了对 B 的这种意识形态的不尊重，使 B 对 A 产生反感，从而疏远了与 A 的心理距离，导致 B 的回答也非常不礼貌。人需要认同，价值观念是人们认同的核心内容（袁贵仁，2009：135）。所以，在英语中，人们常常寻找一些公共的话题来作为见面时的搭讪语和寒暄语。比如：

（10）A: What cold weather!

B: Oh, it is really cold today.

A: This is Richard Green, and you?

B: Tom, a student from Harvard University.

A: Wonderful.

B: Thanks.

"What cold weather!"并非 A 的独自感叹，而是发出了想与 B 会话交流的信号或跟 B 进行友好的招呼，这种方式承载了 A 对 B 的友好态度，对 B 是否回应也无任何强迫性，留有更大的余地，更是对 B 所持意识形态的尊重。同样，B 的回应并不只是对 A 的说法的赞同，而是是对 A 的友好招呼的回应，相当于"Good morning!"，和汉语中"你吃饭了吗？"等作用。这种礼貌现象从语言形式上看，似乎与前面提到的任何礼貌原则没有关联，但是却能产生礼貌的良好功效。实际生活中类似例子的礼貌效应的本质来源于两者意识形态的相一致，来自话语完全符合受众的认知期待，形成心理趋同并延续后面的对话。

再如，在青海，某酒楼公然打出"满洲大酒楼"的名号。无论是有意还是无意，无论是为了吸引眼球还是另有目的，该名号都可能隐含了该酒楼主人的意识形态：对伪满时代的推崇。而话语的受众者，作为中国人不会忘记二战时期日本军国主义在中国尤其是东北所犯下的罪行和历史。所以这种历史决定了人们的意识形态：对日本帝国主义在中国犯下的滔天罪行的刻骨铭心以及对日本侵略者的憎恨。该酒楼的名称所隐含的意识形态与它的受众在意识形态上相反，隐藏了对话语受众意识形态的不尊重，极大地疏远与话语受众的心理距离，引起强烈的愤慨，定是不礼貌的。

近两天，新闻媒体频频报道日本首相安倍晋三高呼"天皇万岁！"的场景。这立刻引起了中国和韩国等人民的强烈抗议。从语言本身来看，与20世纪50~60年代中国人高呼"毛主席万岁！"似乎没有两样。"毛主席万岁！"在20世纪的特殊时代，代表了人民群众对革命领袖格外敬爱的意识形态，这一意识形态丝毫没有也不会对任何其他国家或他们的人民产生危害，所以并未引起他国的强烈不满。然而安倍晋三的口号却隐藏了一种意识形态："天皇万岁！"是20世纪日本军国主义的口号，代表了严重的日本军国主义特征，早已与日本帝国主义侵略亚洲人民并给亚洲人民带来深重灾难紧密地联系起来。所以安倍晋三在呼喊该口号时，在意识形态上反映出了他崇拜当年日本军国主义的意识形态，这会让亚洲和其他曾经遭受过日本帝国主义侵略的国家和人民不得不警醒日本政府和日本未来又有可能走向军事侵略他国老路的迹象。作为首相，这种意识和迹象东亚人民是坚决不能容忍和必须警醒的。这种意识形态引起的说话者与听话者的心理距离的疏远是难以想象的，无论他用什么礼貌的语言，都不可能被接受，只能是不礼貌的。

意识形态可以从根本上决定语言的礼貌与否，对听话者意识形态的不尊重是最大的不礼貌。若忽略听话者的意识形态，无论语言在遵守礼貌原则方面做得多好，都不会产生任何礼貌的语用功效。

二、政治维度与礼貌语言的效应

熊沐清、陈意德（2000：16）在引述福勒（1991：51）的话时说，叙述者总是自觉不自觉地影响着接受者，这种影响从社会学角度看便是一种政治维度，主要通过观念视点来体现。作为人类最基本的一种言语行为，现代社会学研究发现叙述是一种社会行为，其产生和接收具有非自律性，体现出政治维度或指向性，因为它本质上反映着人际—权力关系（Brooks & Warren，1972：224）。在言语交际活动中，这种人际—权力关系常常会悄无声息地隐含在话语中，对听话人产生直接的影响，其影响力不亚于礼貌语言本身。比如，领导与秘书的以下对话：

（11）A（领导）：小李，麻烦你把我的办公室整理一下，好吗？
　　　　B：好呢，来了。

上述对话中，从语言形式上看，A 的话语符合 Leech 的礼貌原则——尽量尊人的次则，似乎给听话者一定选择的空间。但领导与下属的绝对权力关系决定了领导的话语无论礼貌与否均能实现其言语行为，表现在，听话者几乎没有选择的自由。但是该领导通过"麻烦"二字把自己与听话者之间的绝对权力关系隐藏起来，并用商量的口吻"好吗"，表现出一种平等的人际—权力关系。该话语满足了话语的受众者作为下属渴望平等的欲望，最大程度地拉近了交际双方的心理距离，体现了领导的平易近人，所以 B 心悦诚服，表现得非常积极。这种礼貌效应绝不仅仅是语言本身带来的。同样上面的对话如果发生在职位高低相反的两人之间，情形就可能不同了，比如：

（12）A（科长）：尊敬的领导，麻烦你把我的办公室整理一下，好吗？
　　　B（局长）：（看了一眼 A）我说过，自己的事要学会自己做，
　　　　　　　　看来官架子还不小啊。

显然，(12)中 A 的话语与(11)例中 A 说话的内容和方式一样，而且还在前面添加了"尊敬的领导"，在语言上显得更加礼貌，符合传统礼貌研究，如 Leech，Goffman 等人的礼貌原则。但是 B 的回答与前面"小李"的回答完全不同，这并非礼貌语言惹的祸。"局长"与"科长"之间的上下级关系决定了 A 的话语不合时宜，形成不礼貌的效果。再如：

（13）蒋介石蹲在山上一担水也不挑，现在他却把手伸得老长老长地要桃子。他说，此桃子的所有权属于我蒋介石，我是地主，你们是农奴，我不准你们摘。

（毛泽东《抗日战争胜利后的时局和我们的方针》）

（13）中，叙述者用"我是地主，你们是农奴"，把蒋介石与读者的关系表现为地主与农奴的关系，这种赤裸裸的剥削与被剥削的关系，把说话者和听话者搁在了完全对立的两极，形成了无限大的心理空间，势必引起听众的极大愤慨，用"……我蒋介石……""我是……""你们是……""我不准你们……"这一系列术语，把蒋介石与人民之间的这种权力关系：领导与服从，表现得淋漓尽致，极大地疏远了蒋介石与人民之间的心理距离，该话语不可能与人民形成心理趋同，所以对于人民来说是不礼貌的。而叙述者通过上面的叙述，完全是站在听话者的角度并融入到听话者的人群之中，较好地拉近了与听话者的心理距离，达到团结听话者的目的，故该话语对听话者来说极易接受，其话语是礼貌的。

三、个人的具体态度对礼貌语言取效的影响

语言礼貌，或遵守礼貌的各项原则，却不被话语的受众接受，变成虚假的礼貌，达不到礼貌的语用效果。Leech（1983：142-145）的反讽和调侃原则，作为其先前提出的礼貌原则和次则的修正，但似乎又从某种程度上对前面提出的种种礼貌原则进行了否定：人们的话语是否遵守礼貌原则并非与实际有无礼貌效果有必然关联，换句话说，礼貌的语言也可能带来不礼貌的效果，如反讽；不礼貌的语言反而可以取得礼貌的功效，如调侃。由此看来，能否成为礼貌语言的根本不仅仅在说话者话语本身，还在于说话者说话时的真实态度。所以说话者的观念视点成为话语礼貌与否的关键因素。如：

（14）That's all I wanted.（Leech，1983：144）

该话语所表达的真实意义是"那不是我所想的"。一方面，话语的发出者如果跟受众之间的关系友好，即在话语中承载了一种积极的态度，话语的受众也能感觉到他的这种态度，话语受众就能按照话语发出者所

期待的方式去理解，话语发出者不愿直接说出事实伤害对方的友好意图就能与话语的受众形成心理趋同，达到礼貌的语用效果；另一方面，如果交际双方的关系不很友好，话语的发出者和受众就会以另一种方式去解读该句，表现为极大的讽刺，与礼貌现象背道而驰，产生如此差距，话语发出者隐含在话语中的态度是礼貌与否的关键。

有的时候，尽管违背了礼貌原则的某一条，但由于所承载的观念视点与话语受众的观念视点相似，得到了积极的认可，同样能形成礼貌效应。比如：

（15）A：您好，张教授！

B：你好，俊辉。

Haiman（1985：290）认为，在任何文化里，双方距离越近，话语越简单、简约、简慢，反之，就越复杂、冗长、迂回、恭敬。从语言形式上看，A的问候比B更礼貌，但B的回答更加简单，可以明显看出话语的发出者跟受众的关系更加亲近，更容易被话语的受众接受，所以从语用效果上看，A的礼貌效果并不如B。因为B的问候语言隐含着对对方喜欢和亲近的程度，缩短了心理距离。在上下级关系中，上级对下级的称呼越正式，说明两者之间的关系越疏远，心理距离越远；反之，上级说话越随和，体现的心理距离越近，下级越容易接受，越容易在下级心目中形成礼貌的功效，因为类似话语所承载的观念视点促成了心理趋同，成为该话语礼貌的基石。

Leech的调侃原则，其实也是说话者在话语中所隐含的友好态度而不是语言本身形成礼貌的。比如前面引言提到的例子：（16）Here comes trouble（Leech，1983：144）."trouble"从语言形式上是有损对方面子的，无论是Goffman的"面子观"，还是Leech的"礼貌原则"，都是有损听话者面子的，故不礼貌。这种话语只有在友好的氛围和玩笑场合才能使用，所以这一话语的使用本身就隐含了对对方的友好态度，隐含了听话者与说话者之间的密切关系，符合听话者的认知期待，容易与听话者形成心理趋同，故常常被认为是礼貌的"调侃"用语。

如果同样的话语用非常严肃的语调，在非常严肃的场合，或对关系不好的人说此话，就另当别论了。再如：

（17）A：Sorry, I have failed the exam once again.
　　　B：Bad luck.

对于 A 的话语，B 的话语究竟是礼貌还是不礼貌的，从语言本身显然难下定论。礼貌与否完全取决于两人的关系。

一种情况是两人关系非常要好，这时，在 A 的心目中，B 对他考试的失败肯定是同情的，绝不会嘲笑，更不会幸灾乐祸。所以对"Bad luck"的理解只能是：你也太倒霉了，你太不走运了。故该话语寄予了 B 对他的同情，甚至会期待 B 采取什么样的方式来安慰他，如看看电影，一块儿吃吃饭。也许这正是 A 说该话语的期待。正常情况下，B 在说出"Bad luck."以后，一般还会继续其他话语的，比如："没事，你下次一定会走好运的"；或者，"走，我跟你去散步"；或者，"我请你吃饭如何"，等等。这样，A 与 B 在心理距离上拉近了不少，形成心理趋同，自然属于礼貌语言。因此上述句子可以翻译成："你真倒霉"。

另一种情况是两人的关系不好，甚至敌对，这时，A 的话语肯定不是专门对 B 说的，而且一旦意识到 B 的存在，A 一定在心里有一种认知期待：这下要遭 B 嘲笑、挖苦啦。这样，"Bad luck."正好迎合了这种消极的期待，其话语被理解成一种嘲笑甚至咒骂也不稀奇。即使 B 并未含有该意义，但也很难保证 A 不会有这样的认知期待，所以该话语成为极不礼貌的语言，甚至引发吵架和打架也是有可能的。翻译成汉语，也许"该你倒霉！"更能反映出听话者的认知期待，而不管说话者是否含有上面的意思。日常生活中，类似的现象常会发生，"我又没说什么，你怎么这么生气呀？"或者"他说你就不生气，咋我一说，你就暴跳如雷呢？"这些现象说明，尽管语言本身可以有礼貌与不礼貌之分，但是礼貌语言能否产生礼貌的效应，看似不礼貌的语言是否一定不会对听话者产生亲和力或礼貌的功效，还取决于人们说话时的观念视点。

第五节 观念视点、心理趋同与
礼貌语言良好取效的路径探微

话语无不承载着叙述者的观念视点。"积极"观念视点指能促进交际双方心理趋同形成礼貌效应的观念视点。Anna Siewierska 认为，认知可及性是以听话人为中心的，而视点和移情是以说话人为中心的，即"说话人"邀请听话人从某个他选的角度考虑情景或事件（Siewierska A., 2008：200-201）。其实，话语的发出者选择受众能接受或可接受的视点，通过承载恰当的观念视点与话语受众的认知可及性达到最大的一致，才能取悦话语受众者，达到礼貌的效果。

Fowler（1986：130ff）认为，主要有两种方式或语言形式体现观念视点。一是情态助动词、情态副词或句子副词（如 certainly, probably, surely, perhaps），评价性形容词及副词（如 lucky, luckily, fortunate, regrettably），有关认识、预言和评价的动词（如 seem, believe, guess, approve, dislike）以及全称句。二是语体，包括个人语体、社会语体和功能语体。如：

(18) I saw Mick Short.
    vs. I saw that awful Mick Short.
(19) He is a freedom fighter.
    vs. He is a terrorist.
(20) the Far East
    vs. South East Asia.

观念视点在话语中的表现并非如此简单，任何话语或词语，只要有了具体的语境，出自于特殊的人，或面向特别的听众，就一定会或多或少地带有说话者的观念视点。话语发出者只要能有意无意地表现出跟受众相似的观念视点，想方设法拉近与受众的心理距离，形成心理趋同，语言中的礼貌现象就能得以维系，再平淡的语言也可以透出相应的礼貌的语用功效。

一、指别语的礼貌运用

（一）人称指别语的礼貌运用

人们在生活中通过使用指示词（deictic word）和其他手段，使话语与一定的人物、事物、空间、时间发生直接联系。能起指示作用的词主要有：人称代词、指示代词、指示形容词、指示副词、关系代词、定冠词、表示"来""去"意思的动词等（Lyons，1977：636-656）。

1. 第一人称的运用

话语发出者常常有意或无意地运用人称指别语，使受众者轻松地融入说话人的范畴，形成最小的心理距离，达到礼貌的语用效果。人称指示语可分为三类，在特定的情况下，说话人对人称指示词的特定选择表明了说话人对听话人的态度、情感和相互关系。用第一人称复数代替第二人称来指听话人，正式场合多出自长者、领导之口，非正式场合则为顾客、父母所乐于使用。如：

（21）a. What are we supposed to do?
　　　b. What are you supposed to do? （朱荔芳，2003：34）

"移情"源自德语"einfühlung"一词，它于19世纪后期最早出现在德国的美学研究中，指人们在欣赏物体时将感情移入该物体，这就是审美中的移情。20世纪初，Lipps（1903，1905）将移情借用到心理研究中，用来分析视错觉（optical illusion），后来也用于探讨人类认识的渐进过程（Davis，1996：5）。20世纪初，Titchener（1903，1905）将"einfühlung"译成了英语的"empathy"，沿用至今（Davis，1996：5）。虽然存在多个定义，比如有的强调感情反映，有的突出移情的认知过程与认知角色；有的强调移情的过程，也有的重视移情的结果，比如语境效果；还有的则从宏观的角度关注移情能力；也有的从微观角度探讨具有移情功能的语言形式;另有学者将移情视为一种"他化同情"(other-oriented sympathy)。然而,移情是一种主动的情感移入,多体现为换位思考,而同情是一种被动的情感移入,是对他人的遭遇所产生的感情共鸣,多体现为对他人的感受。在人际交往中,移情主要体现的是交际双方之间的情感及心理趋同,然而有学者仍将情感或心理方面的趋异视为一种移情现象(冉永平,2007:334)。移情可通过语言形式的选择来实现,比如"我们""我们教师""我妈妈""咱们""咱爸/咱妈"等人称指示语。交际中它们的使用与功能并非完全受制于语法约定或表现为显性的语义照应信息,比如根据语义规则,如果说话人是单数,就应选择"我"而非"我们"或"咱们";如果说话人指示的对象单指听话人,也不能使用"我们",而只能选择"你/你们",如(22a);不然就会出现指示"异常",比如"我们"就可单指听话人一方,如(22b)。

(22)a. 你们是研究生,你们应学会如何写学术论文。(教师对学生)
　　　b. 我们是研究生,我们应学会如何写学术论文。(教师对学生)
(23)崔永元:李老师,您看您自己是一个聋哑人,也在教这样的聋哑人学生,这些人和健全人有什么不同,他们思考问题的方式、看问题的方法有什么不同?

李冬雨:我们聋哑人朋友们,看事情,看表面比较多。我们比较相信自己的眼睛,凡是什么事,亲眼看完了,别人再说,不相信。虽然我们看到的是表面的现象,但是对表面现象,比如说两人打架了,我们看到的两个人就是打架,你说没打,我们不相信,解释不通。

(《实话实说》节目"倾听",1996年5月16日)

按照语义对应关系,说话人只能使用(22a)而非(22b),因为"你们"只能指示听话人,而不包括说话人,但在现实交际中(22b)却十分常见,说话人(教师)从听话人的视角出发,将自己移位到听话人(学生)一方。这是日常交际中常见的语言语用移情现象,指示语的类似用法可体现所在话语的亲和力,从而提高其语用上的可接受性和劝说力。例(23)中,按照问答之间的信息需求关系,并根据提问者所使用的人称指示语"这些人"和"他们",对方就应该直接提供有关聋哑人学生和普通人之间的区别，并继续使用人称指示语"他们"，甚至"聋哑学生"，因为他是一位教师而不是学生，但他却进行了情感的自我移位，选择了"我们聋哑人朋友们"和"我们"，这显然是一种涉及说话人语用站位的移情说法，体现了应答者和所指对象之间的心理及情感趋同，这是人际关系顺应的具体表现；同时根据适应论，类似词语的选择也体现了应答者和所指对象之间的趋同性群体特征（冉永平，2007：335），良好的趋同性可以产生较好的礼貌功效。

人称指示语的选择存在语用视角差异，其语言语用移情功能主要在于体现交际主体之间的情感或心理的近似与趋同。在父母对子女、长辈对晚辈等的言谈中，最容易出现语用移情的人称指示语。例如：

（24）妈妈对三岁女儿说："我们该上幼儿园了。"

（25）"Tom, what are we supposed to do ?"（父亲提醒儿子该做老师布置的家庭作业了）

类似的第一人称指示语属于不包括说话人的移情指示语，涉及说话人的语用视点转移，意在提高所在话语的可接受性与劝说性。总的来说，以上人称指示语的交际功能说明，语言选择受制于社交世界中人际关系的适应与顺应，语用移情体现了人际关系中情感或心理的趋同（冉永平，2007：335）。例（24）中，说话者说的"我们"其实就是指她三岁的女儿，绝不包括她自己，无论在指称还是单复数形式上都与实指有本质的差异，该句在语义上等同于"你该上幼儿园了"，但显然，说话者完全站在了听话者的角度，旨在获得语用移情作用。例（25）也一样，这里的"我们"其实只指听话者 Tom，也就是说话者的儿子，通过移情，父亲较好地提醒儿子应该做教师布置的家庭作业，这种提醒显然要比说"Tom, please go to finish your homework"效果好得多。不过，这种用法的确常常用在长辈对晚辈、上级对下级以示关心和呵护，所以常常可以较好地拉近彼此的心理距离，形成心理趋同，被认为是礼貌的语言。

教师在向学生布置作业时常常使用与例（25）类似的句子，比如，"Boys and Girls, what are we supposed to do?"，尽管这里的"we"实质上指的学生，相当于"you"，但是，教师对人称指别语的这种刻意使用，也有缩短教师与学生的心理距离，拉近师生关系的语用效果，显得更加礼貌。而若教师用"What are you supposed to do?"，则在空间上形成了你—我的距离，容易传达出一种事不关己的态度，学生听起来必然没有那种亲切感，从而导致心理距离疏远，礼貌的语用效果显得更差。比如：

（26）"Sandy, why don't you sit down and eat your breakfast? It isn't healthy to eat standing up."
"I know, Mom, but I don't have time to sit down and eat."
"Did you finish your homework, dear?"
"Yes."
"Did you brush your teeth?"
"Mom, I haven't finished eating breakfast yet. I'll brush my teeth when I'm done."
"Sandy, why are you wearing that old T-shirt? It's disgusting."
"Mom, please stop."

（《新视野大学英语读写教材I》二版，"Deep Concern"，P29）

上面的对话是母亲与女儿在家里的一段对话，母亲对女儿的问话中，几乎每句都直接用了"you"来指称女儿，在语义上完全反映了指称对象的本质，但似乎在自己与女儿之间就存在一定的空间距离，明显带有对女儿站着吃饭的一种责备，压根儿就谈不上礼貌。尽管后面也有对女儿的关心：是否刷牙，但女儿似乎并无感激之情。至于后面问女儿为什么要穿那件旧T恤时，通过"you"明显地表达了责备，听话者对这种责备完全能领悟，表现在自己对母亲的回答中"我知道，妈妈。但我没有时间坐下来吃饭了。"和"妈妈，别说啦。"显然，女儿对母亲对自己的关心一点儿感激之情都没有，原因可能就出现在"你""我"的语用距离上。当然，该对话的类似问句中大多采用了第二人称，与整篇文章的主题——代沟及代沟的形成极其吻合，从另一个角度也证实了"you"在语用移情上不如"we"表达效果好，很难产生心理趋同，尽管语言本身说不上礼貌或不礼貌，但语用效果却成为了不礼貌。如果把上面母亲的问话稍加修改：

（27）"Sandy, why don't we sit down and eat our breakfast? It isn't healthy to eat standing up."

显然，上述问话中，尽管说话者口里的"we"并非实质性地包含了自己，但似乎表面看来已经与听话者站在了一起，导致该话语原来具有的责备口吻不仅仅是针对听话者，而且是针对听话者和说话者自己在内的人群，听话者接受起来就容易得多了，所以显得相对礼貌些，或许女儿听到类似的话，也不会像上面（26）那样。

在英语中类似情况比比皆是。下面是美国第44（56届）任总统当地时间1月20日上午12：05（北京时间21日凌晨1：05）的就职演说：

（28）My fellow citizens:

（1）③I stand here today humbled by the task before **US**④, grateful for the trust **you** have bestowed, mindful of the sacrifices borne by **OUR** ancestors. I thank President Bush for his service to **OUR** nation, as well as the generosity and cooperation he has shown throughout this transition.

（2）Forty-four Americans have now taken the presidential oath. The words have been spoken during rising tides of prosperity and the still waters of peace. Yet, every so often the oath is taken amidst gathering clouds and raging storms. At these moments, America has carried on not simply because of the skill or vision of those in high office, but because **We the People** have remained faithful to the ideals of **OUR** forbearers, and true to **OUR** founding documents.

（3）So it has been. So it must be with this generation of Americans.

（4）That **WE** are in the midst of crisis is now well understood. **OUR** nation is at war, against a far-reaching network of violence and hatred.

---

③ 该序号是笔者为了后文分析而在原文基础上添加的，并用斜体以区分文中其他例子序号。
④ 黑体为笔者加注，为了让演说辞中人称代词的使用情况更加醒目。

OUR economy is badly weakened, a consequence of greed and irresponsibility on the part of some, but also **OUR** collective failure to make hard choices and prepare the nation for a new age. Homes have been lost; jobs shed; businesses shuttered. OUR health care is too costly; **OUR** schools fail too many; and each day brings further evidence that the ways **WE** use energy strengthen OUR adversaries and threaten OUR planet.

(5) These are the indicators of crisis, subject to data and statistics. Less measurable but no less profound is a sapping of confidence across **OUR** land – a nagging fear that America's decline is inevitable, and that the next generation must lower its sights.

(6) Today I say to you that the challenges **WE** face are real. **They** are serious and **they** are many. They will not be met easily or in a short span of time. But know this, America – **they** will be met.

(7) On this day, **WE** gather because WE have chosen hope over fear, unity of purpose over conflict and discord.

(8) On this day, **WE** come to proclaim an end to the petty grievances and false promises, the recriminations and worn out dogmas, that for far too long have strangled **OUR** politics.

(9) **WE** remain a young nation, but in the words of Scripture, the time has come to set aside childish things. The time has come to reaffirm **OUR** enduring spirit; to choose **OUR** better history; to carry forward that precious gift, that noble idea, passed on from generation to generation: the God-given promise that all are equal, all are free, and all deserve a chance to pursue their full measure of happiness.

(10) In reaffirming the greatness of **OUR** nation, **WE** understand that greatness is never a given. It must be earned. **OUR** journey has never been one of short-cuts or settling for less. It has not been the path for the faint-hearted – for those who prefer leisure over work, or seek only the

pleasures of riches and fame. Rather, it has been the risk-takers, the doers, the makers of things – some celebrated but more often men and women obscure in their labor, who have carried **US** up the long, rugged path towards prosperity and freedom.

(11) For **US, they** packed up their few worldly possessions and traveled across oceans in search of a new life.

(12) For **US, they** toiled in sweatshops and settled the West; endured the lash of the whip and plowed the hard earth.

(13) For **US, they** fought and died, in places like Concord and Gettysburg; Normandy and Khe Sanh.

(14) Time and again these men and women struggled and sacrificed and worked till **their** hands were raw so that **WE** might live a better life. **They** saw America as bigger than the sum of **OUR** individual ambitions; greater than all the differences of birth or wealth or faction.

(15) This is the journey **WE** continue today. **WE** remain the most prosperous, powerful nation on Earth. **OUR** workers are no less productive than when this crisis began. **OUR** minds are no less inventive, **OUR** goods and services no less needed than they were last week or last month or last year. **OUR** capacity remains undiminished. But **OUR** time of standing pat, of protecting narrow interests and putting off unpleasant decisions – that time has surely passed. Starting today, **WE** must pick **OURSELVES** up, dust **OURSELVES** off, and begin again the work of remaking America.

(16) For everywhere **WE** look, there is work to be done. The state of the economy calls for action, bold and swift, and **WE** will act – not only to create new jobs, but to lay a new foundation for growth. **WE** will build the roads and bridges, the electric grids and digital lines that feed **OUR** commerce and bind **US** together. **WE** will restore science to its rightful place, and wield technology's wonders to raise health care's quality and lower its cost. **WE** will harness the sun and the winds and the soil to fuel

OUR cars and run OUR factories. And WE will transform OUR schools and colleges and universities to meet the demands of a new age. All this WE can do. And all this WE will do.

(17) Now, there are some who question the scale of OUR ambitions – who suggest that OUR system cannot tolerate too many big plans. Their memories are short. For they have forgotten what this country has already done; what free men and women can achieve when imagination is joined to common purpose, and necessity to courage.

(18) What the cynics fail to understand is that the ground has shifted beneath them – that the stale political arguments that have consumed US for so long no longer apply. The question WE ask today is not whether OUR government is too big or too small, but whether it works – whether it helps families find jobs at a decent wage, care they can afford, a retirement that is dignified. Where the answer is yes, WE intend to move forward. Where the answer is no, programs will end. And those of US who manage the public's dollars will be held to account – to spend wisely, reform bad habits, and do OUR business in the light of day – because only then can WE restore the vital trust between a people and their government.

(19) Nor is the question before US whether the market is a force for good or ill. Its power to generate wealth and expand freedom is unmatched, but this crisis has reminded US that without a watchful eye, the market can spin out of control – and that a nation cannot prosper long when it favors only the prosperous. The success of OUR economy has always depended not just on the size of OUR Gross Domestic Product, but on the reach of OUR prosperity; on OUR ability to extend opportunity to every willing heart – not out of charity, but because it is the surest route to OUR common good.

(20) As for OUR common defense, WE reject as false the choice between OUR safety and OUR ideals. OUR Founding Fathers, faced with

perils **WE** can scarcely imagine, drafted a charter to assure the rule of law and the rights of man, a charter expanded by the blood of generations. Those ideals still light the world, and **WE** will not give them up for expedience's sake. And so to all other peoples and governments who are watching today, from the grandest capitals to the small village where **MY** father was born: know that America is a friend of each nation and every man, woman, and child who seeks a future of peace and dignity, and that WE are ready to lead once more.

(21) Recall that earlier generations faced down fascism not just with missiles and tanks, but with sturdy alliances and enduring convictions. They understood that **OUR** power alone cannot protect **US**, nor does it entitle **US** to do as **WE** please. Instead, they knew that **OUR** power grows through its prudent use; **OUR** security emanates from the justness of **OUR** cause, the force of **OUR** example, the tempering qualities of humility and restraint.

(22) **WE** are the keepers of this legacy. Guided by these principles once more, **WE** can meet those new threats that demand even greater effort – even greater cooperation and understanding between nations. **WE** will begin to responsibly leave Iraq to its people, and forge a hard-earned peace in Afghanistan. With old friends and former foes, **WE** will work tirelessly to lessen the nuclear threat, and roll back the specter of a warming planet. **WE** will not apologize for **OUR** way of life, nor will WE waver in its defense, and for those who seek to advance **their** aims by inducing terror and slaughtering innocents, **WE** say to you now that **OUR** spirit is stronger and cannot be broken; **you** cannot outlast US, and WE will defeat you.

(23) For **WE** know that **OUR** patchwork heritage is a strength, not a weakness. WE are a nation of Christians and Muslims, Jews and Hindus – and non-believers. We are shaped by every language and culture, drawn from every end of this Earth; and because **WE** have tasted the bitter swill of civil war and segregation, and emerged from that dark chapter stronger

and more united, **WE** cannot help but believe that the old hatreds shall someday pass; that the lines of tribe shall soon dissolve; that as the world grows smaller, **OUR** common humanity shall reveal itself; and that America must play its role in ushering in a new era of peace.

(24) To the Muslim world, **WE** seek a new way forward, based on mutual interest and mutual respect. To those leaders around the globe who seek to sow conflict, or blame their society's ills on the West – know that your people will judge you on what you can build, not what you destroy. To those who cling to power through corruption and deceit and the silencing of dissent, know that you are on the wrong side of history; but that **WE** will extend a hand if you are willing to unclench your fist.

(25) To the people of poor nations, **WE** pledge to work alongside you to make your farms flourish and let clean waters flow; to nourish starved bodies and feed hungry minds. And to those nations like **OURS** that enjoy relative plenty, **WE** say **WE** can no longer afford indifference to suffering outside **OUR** borders; nor can **WE** consume the world's resources without regard to effect. For the world has changed, and **WE** must change with it.

(26) As **WE** consider the road that unfolds before **US**, **WE** remember with humble gratitude those brave Americans who, at this very hour, patrol far-off deserts and distant mountains. They have something to tell **US** today, just as the fallen heroes who lie in Arlington whisper through the ages. **WE** honor **them** not only because **they** are guardians of **OUR** liberty, but because **they** embody the spirit of service; a willingness to find meaning in something greater than themselves. And yet, at this moment – a moment that will define a generation – it is precisely this spirit that must inhabit **US** all.

(27) For as much as government can do and must do, it is ultimately the faith and determination of the American people upon which this nation relies. It is the kindness to take in a stranger when the levees break, the selflessness of workers who would rather cut their hours than see a friend lose their job which sees **US** through **OUR** darkest hours. It is the

firefighter's courage to storm a stairway filled with smoke, but also a parent's willingness to nurture a child, that finally decides **OUR** fate.

（28）**OUR** challenges may be new. The instruments with which **WE** meet them may be new. But those values upon which **OUR** success depends – hard work and honesty, courage and fair play, tolerance and curiosity, loyalty and patriotism – these things are old. These things are true. They have been the quiet force of progress throughout **OUR** history. What is demanded then is a return to these truths. What is required of **US** now is a new era of responsibility – a recognition, on the part of every American, that **WE** have duties to **OURSEVELS**, **OUR** nation, and the world, duties that WE do not grudgingly accept but rather seize gladly, firm in the knowledge that there is nothing so satisfying to the spirit, so defining of **OUR** character, than giving **OUR** all to a difficult task.

（29）This is the price and the promise of citizenship.

（30）This is the source of **OUR** confidence – the knowledge that God calls on US to shape an uncertain destiny.

（31）This is the meaning of **OUR** liberty and **OUR** creed – why men and women and children of every race and every faith can join in celebration across this magnificent mall, and why a man whose father less than sixty years ago might not have been served at a local restaurant can now stand before you to take a most sacred oath.

（32）So let **US** mark this day with remembrance, of who **WE** are and how far WE have traveled. In the year of America's birth, in the coldest of months, a small band of patriots huddled by dying campfires on the shores of an icy river. The capital was abandoned. The enemy was advancing. The snow was stained with blood. At a moment when the outcome of **OUR** revolution was most in doubt, the father of **OUR** nation ordered these words be read to the people:

（33）"Let it be told to the future world...that in the depth of winter, when nothing but hope and virtue could survive...that the city and the country, alarmed at one common danger, came forth to meet [it]."

（34）America. In the face of **OUR** common dangers, in this winter of **OUR** hardship, let **US** remember these timeless words. With hope and virtue, let US brave once more the icy currents, and endure what storms may come. Let it be said by **OUR** children's children that when **WE** were tested **WE** refused to let this journey end, that **WE** did not turn back nor did WE falter; and with eyes fixed on the horizon and God's grace upon **US**, **WE** carried forth that great gift of freedom and delivered it safely to future generations.

整个就职演说辞共 2 402 个单词，其中代表第一人称复数的"we""**OUR**""us"和"ourselves"共使用了 153 次，占总单词数的 6.37%。"I"或者"my"第一人称单数用了 4 次，主要出现在开始及演讲的第一段，如 My fellow citizens, I stand here today..., I thank President Bush for，用以强调总统个人对广大选民和前任总统的感激之情。第三人称复数"they"用了 19 次，其中 10 次指的是那些为美国做出巨大贡献，甚至付出生命代价的革命先烈，这是所有美国人都应该记住的群体，演说者号召所有美国民众要记住那些共同的先烈，从而更好地团结所有的民众；3 次指美国人过去，现在或将来会遇到的挑战。第二人称"you"出现了 7 次。

显然，总统先生大量使用"我们""我们的"或"我们自己的"，随时把自己与美国人民捆绑在一起，成为美国人民中的一员，其目的是取得美国人民的信任，产生感情上的趋同，其指别代词的刻意和频繁使用，产生了良好的移情作用，鲜明地体现了自己的观念视点。把各种人称在文中进行突显，可以看出总统演说词中"we""our""us""ourselves"的强势使用以及它们的使用为总统演讲赢得的功效。文中第三人称复数的运用，把那些为美国做出过贡献甚至牺牲生命的革命先烈融为一体，从而把自己和所有美国人又放进了同一个团体，体现了说话者与听众在意识形态方面的共同取向，达到感情上趋同的目的，从而更好地将自己与听众紧紧团结起来。在大学英语教材中也不乏类似的例子，如：

（29）Think "we" instead of "you". "We have chores to do before we leave the house, how can we take care of what needs to be done?" Any way you can get across the message, "we're in this together" can help bridge gaps that conflicts might otherwise create.

(《新视野大学英语读写教材Ⅰ》二版，P44)

（29）的中文意思是：为了消除不同年龄之间的代沟，作者建议站在"我们"而不是"你们"的角度思考问题。"在离家前我们有些家务要做，我们怎样才能关照好需要做的？"无论怎样你能够明白："我们一起在这儿"能帮助消除可能引起冲突的代沟。

显然，用我们而不是你们，能有效地拉近说话者与听话者的心理距离，使说话者与听话者融到一起，能站在听话者的角度思考问题，这样能有效地提高听话者对话语的接受程度，产生良好的移情作用。

移情可以有效地拉近人们的心理距离，产生礼貌的语用效果。而离情的恰当运用也可能产生同样的效果。人际交往中的离情就是交际双方或多方之间的情感及心理趋异，体现为情感或心理上的排他性，甚至对立（冉永平，2007：334）。例如，以下是记者在街边采访一位乞讨小女孩的电视对话，该女孩被疑受人控制行乞。

（30）记者（微笑着问）："小妹妹，想喝可乐吗？"

乞讨女："想，阿姨。"（记者递过去一瓶可乐）

记者："他是你家谁呀？"

乞讨女："不关人家的事，不告诉谁！"

(南方电视台节目《今日一线》，2007年2月5日)

为顺利完成采访，获取相关信息并揭露事实真相，记者通过"小妹妹""你家"等词语的选择，意在满足对方的心理需要，拉近与对方的心理距离。这就是语言的一种语用移情表现；对方回应中"阿姨"一词的出现体现了该移情的语境效果。当记者继续追问小女孩身边那位男子是谁时,小女孩却表现出一种情感及心理上的排他性,出现了"不关人家的事,也不告诉谁",而不是"不关你的事,也不告诉你",这凸显了说话人与记者之间的情感及心理对立,是特定语境中语言的语用离情表现(冉永平,2007:334)。这种语用离情恰好能避免用"不关你的事,也不告诉你"这样较为不礼貌的话语,因此达到了一种相对礼貌的效果。Kamio 的信息领地理论和 Kuno 的讨论相互关联。后者关注的是听话人/说话人与一条信息中某一个指称对象之间的"心理距离"(Fauconnier,1994),而前者关注的是听话人/说话人与一条信息(而不是与该信息中某一个指称对象)之间的心理距离。一个似乎不难得出的结论是:如果说话人与一条信息之间的心理距离较大,那么说话人与该条信息中出现的某个指称对象之间的心理距离也应该相应地较大;相反,如果说话人与一条信息的心理距离较近,那么说话人与该条信息中出现的某个指称对象之间的心理距离也应该相应地较近(Kamio 1997:166)。

2. 第二人称在礼貌中的运用

尽管多数时候,第二人称指示代词的运用,可能会产生咄咄逼人的命令口吻,让听话者难以接受,导致观念视点方面的非礼貌运用,但也不尽然。将第一人称代词视角转换成第二人称代词视角,会模糊说话人的身份,增加礼貌性(张宁,2009:41-42)。

(31)a. 林志成:工程管理不是人做的,上面的将你看成一头牛,下面的将你看做一条狗。

(夏衍《上海屋檐下》)

(31)a 是"林志成"对自己所从事的工作的抱怨,所以他实际说的是:

(31)b. 林志成:工程管理不是人做的,上面的将我看成一头牛,下面的将我看做一条狗。

张宁分析认为:(31)b 严重威胁说话人自身的面子(self-face)(Chen,2001:960),自我礼貌程度极低。相反,(31)a 对自身面子的损害程度低，自我礼貌程度相对高。这种效果是如何实现的呢？我们不妨作如下分析："上面的将我看成一头牛，下面的将我看成一条狗。"这条信息在说话人"林志成"（我）的信息领地内。(31)b 选择"我"为观察视角，也就是说话人与该信息之间的心理距离为 a；(31)a 选择"你"为观察视角，这时说话人与该信息之间的心理距离为 b，而 b>a，说明（31）a 比（31）b 离说话人的心理距离更远，表达更为间接。由于这条信息对说话人的自我礼貌构成威胁，因此根据上述讨论，间接性增大有助于增强不礼貌言语的礼貌程度，说话人离不礼貌话语的距离越远，可能受到损害的程度越小，所以（31）a 中模糊代词呈现的说话人身份使得说话人的自我礼貌程度相对提高。这从前面距离的相似性的分析也可以得到一样的解释："上面看成一头牛，下面看成一条狗"的话语显然对于说话者来说是一种伤害，从空间距离来看，第二人称的"你"肯定要比第一人称的"我"大些，所以对于说话者来说伤害就要远些。离伤害越远，人的感觉越好。将第一人称代词视角转换成第三人称代词视角，也可以通过模糊说话人自己的身份达到自我礼貌的目的。

3. 第三人称的礼貌运用

第三人称的运用，有时也能像第二人称一样，产生礼貌的效应。比如：

（32）"老金，你以后成了咱们的领导，咱们先说好，你可别在咱们这些弟兄面前摆牛；你啥时摆牛，咱啥时给你顶回去！"

其他几个人说："对，对，给他顶回去！到咱们县上，给他吃'四菜一汤'！"

金全礼说："鸡巴一个副专员，牛还能牛到哪里去？到县上不让吃饭，他照样得下馆子！"

大家哄笑："对，对，摆牛让他下馆子！"

（刘震云《官场》）

（32）中的"老金"就是"金全礼"，他刚刚得到消息要从县上升官当地区副专员了，他的老同事在拿这件事跟他说笑，金全礼附和大伙的说笑，并表示谦虚地说了一句：（33）a. 金全礼说："鸡巴一个副专员，牛还能牛到哪里去？到县上不让吃饭，他照样得下馆子！"这句话自我礼貌程度不高，因为它实际上是在贬损（dispraise）自己。另外，由于这句话说的是金全礼自己，所以实际说的是：

（33）b. 金全礼说："鸡巴一个副专员，牛还能牛到哪里去？到县上不让吃饭，我照样得下馆子！"

（34）a. 其他几个人说："对，对，给你顶回去！到咱们县上，给你吃'四菜一汤'！"

（34）b. 大家哄笑："对，对，摆牛让你下馆子！"

张宁（2009：42）对此分析，我们继续以（32）为例。如果说"给金全礼顶回去""让金全礼吃'四菜一汤'""摆牛让金全礼下馆子"，那么对金全礼是不礼貌的，因为虽然是开玩笑，但毕竟有威胁的意味在里面。（34）a 和（34）b 与（33）相比，听话人"金全礼"与他所听到的信息之间的心理距离是不同的。这条信息在说话人（我）的领地内，（33）中听话人的视角是"他"，与该信息的心理距离为 b；（34）a 和（34）b 的视角是"你"，心理距离为 a。而 b>a，说明（32）中"金全礼"离这条信息的心理距离更远，或者说，（32）更为间接地表达了威胁语气，所以（32）比（34）a 和（34）b 的礼貌性更高。

显然，运用第三人称指示代词，其目的在于有意使空间距离加大，使听话人离对自己不利的因素更远些，这样反而能导致心理距离拉近，形成一些相对礼貌的运用。再如：

（35）Parent: Someone's eaten the icing off the cake.
　　　Child: It wasn't me.

（熊学亮，刘国辉，2002：60）

（36）Parent: You've eaten the icing off the cake.
　　　Child: It wasn't me.

说话者与第二人称和第三人称的距离可以表示为图 4.1：

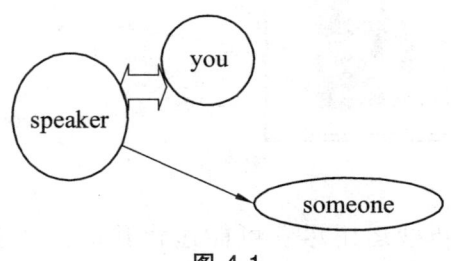

图 4.1

如图 4.1 所示，从空间距离而言，一般只有在空间距离很近时才会用第二人称"you"，相对较远的用第三人称。即使三者的空间距离一样，人们也常常会刻意地缩短"你""我"的距离以便产生一个"第三人称"的更大距离。上面例（35）句里，"父/母亲"刻意把第二人称换用了第三人称"someone"，拉大了空间距离，使话语受众离表责备、遗憾的话语更远，对话语受众形成的心理压力更小，体现了话语的发出者对受众的关心和保护；另一方面，由于用了第三人称"someone"而不是第二人称的"you"，使自己的话语也变得相对温和，留有回旋余地：即使不是自己儿子吃的，他也可以辩称"我又没说你"。话语发出者真正的用意是减少对话语受众的伤害，这样的观念视点符合话语受众的认知期待，心理距离反而更近，容易形成心理趋同。这种指示代词的刻意运用正是说话者相应观念视点的一种选择。

（二）地点指别语的礼貌运用

地点指别语以"go"与"come"，"here"和"there"等最为明显。如图 4.2 所示：

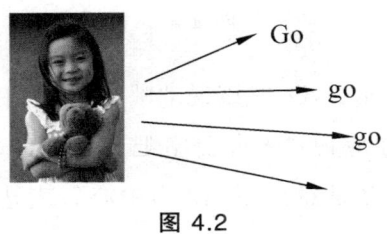

图 4.2

图 4.3

地点指别语的巧妙运用尽管可能违背其语义的基本表达法,并悖离其语法意义,但常常会让受众者产生亲近感,反而会增强表达效果。比如:

(37) A1: When will I go to see you?

A2: When will I come to see you?

两句话语,从语法上说 A1 是正确的,而 A2 的说话是错误的,但从礼貌效果来说,显然 A2 句要好于 A1 句。其主要区别就在于"go"与"come"的不同运用。认知语言学的体验哲学观也可以证明,既然人们在实际体验中更愿意接受 A2,那也说明 A2 的礼貌效应要比 A1 好,所以在语法上也变得可以接受。上述两个动词的这种特殊运用,在现实生活中随处可见。再如:

(38) A1: Excuse me, is it convenient for me to come to talk about the plan?

A2: Certainly, please come here.

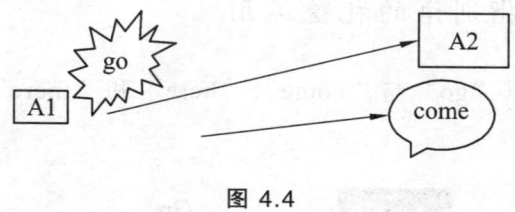

图 4.4

显然,如图 4.4 所示,A1 本该说"喂,方便到您那儿去谈谈关于计划的事吗?",而 A2 才应说"来办公室吧",但 A1 却用了相反的指别方位的动词"come",显然是意欲以 A2 为中心,表达对 A2 的尊重,或至少是表达自己谦虚的处世作风。人类对客观世界的认知，最先是从自我认识开始的，所以以自我为中心存在于人们的意识领域中非常自然，但 A1 却选择了以对方为中心，其用意在听话者看来是非常醒目的。从人际权力关系来看，A2 可能处于比 A1 更高的领导职位，或者，即使两人的级别差不多，A1 想通过该方式来表达对 A2 的尊重，以显示自己的礼貌，达到更好的人际关系。显然，在英语教学中，从语法的角度看，两个动词的类似用法是无法解释的，而有了视点的理论，其解释更容易让人接受。

现实生活中，无论是汉语还是英语中的例子都不少。

（39）一个新的生命来到人世。

（40）他去了（死）。

（41）There comes the bus.

（42）It's a pity, the bus has gone away.

显然，上述句子中的动词已经失去了其本身在语法方面的意思。"一个新的生命来到人世"在多数情况下，对绝大多数人来说都是好事，用的动词是"来"，而表达死这种不好或伤心意思时用的是"去"了。当人们看到久候的车终于到了，多数人表达欣喜若狂的情感时用的是"There comes the bus。"而不是"There goes the bus。"这与动作移动的方向似乎关联性不强，但表达一种好的情感。而看见车走了，人们是伤心和失望的负面感受，动词恰恰用的是"has gone away"。从上面的分析可以看出，"come"与"go"不仅在语法上存在着移动方向的固定模式，在语用方面也常常承载着说话人的具体感情或对对象的态度，也就是说隐含了说话者的观念视点，用哪个动词，不用哪个动词，完全受制于观念视点，而并非只是动词本身的语法意义。这样"I'm coming"经常出现在口语中，对受众者来说显得更加礼貌，这样的解读就并不费解了。

表地点指别语的动词还有"bring"和"take"，在英语教学中，大多只从两个动词的方向性差异进行区别,但有时就会出现自我矛盾的地方，比如：（45）Please take an umbrella with you.（请把雨伞带在身上），这里的"take"就谈不上明显的方向。再看下面两个例子：

（46）Student: Sir, I will bring my exercise-book here tomorrow.

Teacher: Sure.

（47）Teacher: Excuse me, Tom. This is your homework, please take it away.

Tom: Hm.

在上面两例中，学生用的是"bring"，显然是以他与教师说话的地方为中心，空间距离近，投射出较近的心理距离，从而产生相对礼貌的功效。即使说话者离教师所处的地方较远，听话者也更愿意听到"带来"而不是"带去"。而例（47）中，教师用了"please take it away"，由于"take"表达了一种从近及远的空间方位的变化，可以隐隐约约地看出教师对学生汤姆的作业表现不太满意，所以用"take it away"表达了一种心理距离的疏远，不是很有礼貌。

另外，地点指别语 this, that, here, there 等也可在礼貌语言的语用功效中产生相应的作用。侯国金认为（2002：52）离自己近就说 this（近指 proximal reference），离自己远就说 that（远指 distal deixis），世界上的绝大多数语言都这样。Lyons 说："this 指在特定语用区域编码时间离说话人近的物体，that 指在特定语用区域编码时间离说话人远的物体。"一般说来，看得见的实体，就说 this，否则就说 that。我们分别称之为"心理（距离）近指示"（psycho-proximal deixis）和"心理（距离）远指示"（psycho-distal deixis）。例如：

（48）I found an old letter with my handwriting and read aloud: "Dear Uncle Arthur, I am writing this to you as I sit under the hair dryer at the beauty salon", F. A. Bedford.

Lyons 认为："从 that 向 this 转移以便传达同感/神入（empathy），从 this 向 that 转移则表示情感距离。"因此他把这叫"同感/神入指示"（empathetic deixis）。

Brown & Levinson 都认为，方位指示词不是简单的空间距离，而是可以表达心态、情感等。在讨论表示礼貌的言语策略时他们也注意到了人们自觉或不自觉地使用指示语来缩短自己和受话人之间的心理距离，或者说是感情距离，以表示友好、亲近和礼貌。下面两例的 this 比 that 传达了更多的介入和同感。

（49）This/ that was a lovely party.

因此，可以这样说，I like（all）this 表示高兴或满意，I don't like（all）that 表示不太高兴、不满意、完全不高兴或不满意。

利用 this 和 that 在心理距离方面的差异，能使说话者与受众心理距离接近，自然就属于礼貌的，反之，就不礼貌。所以在介绍人时，人们常用 This is××，而不用 That is××，显然是为了对介绍人形成一种较近的心理距离，以达到礼貌的效果。同样，我们可以设想下面的情景，说话人 A 与 B、C、D 关系均好，唯独跟 E 关系不好，出现下面的对话并非不可能：

（50）A: This is B.

　　　A: B, this is C.

　　　C: This is D.

　　　A（whispering）: B, C, D, that is E.

显然，A 介绍 B、C 和 D 时都用了"this is…"，从空间位置来看，B、C 和 D 很难在距离上与 A 完全一致，但从语义上来看，用了"This is B."，就不能再用"B, this is C"和"this is D"，而应该用"that is C"和"that is D"。所以 A 的用意显然是在语用距离上的相等，用较近的语用距离来促成较小的心理距离，达到礼貌的效果。"That is E."并非说话者不知道英语中介绍人的方法，而是对 E 的一种刻意转换，用"that is E"表明了说话者对 E 的一种主观态度，而且跟 B、C、D 三者之间小声地说话的方式，也表明了说话者在感情上与 E 较为疏远，是一种不太礼貌的方式。

（三）社会指别语的礼貌效应

社会指别语标志叙述视点，也可能暗含观念视点。它包括两类：一类是人称代词和物主代词（如 I, you, he, mine, yourself），在叙述视点方面，前面已经研究过；另一类包括姓名、头衔、称谓、绰号等（如 Mick, Mr. Short, Dad, the hapless owl），这一类指别语往往与话语途述者的观念视点密切相关。它们常常隐含话语叙述者对叙述对象和话语受众的态度。通过"移情"或"离情"产生好的语用效果。不仅移情能产生良好的礼貌效应，离情有时也能在一定程度上缓和气氛，形成相对的礼貌效应。冉永平认为，指示语的语用离情功能在于体现说话人和所指对象之间在情感或心理方面的离异，从而制造双方之间的社交距离。当类似人称指示语在一定语境中出现后，就能显现交际主体之间的情感趋异，尤其是说话人对所指对象的排他性，从而疏远交际主体之间的人际关系。类似情况的出现也是说话人根据语境需要所进行的一种语言选择，是顺应人际关系的需要，只不过其语境效果与语用移情的效果相反。从适应论的角度来说，这也是说话人蓄意体现其与指称对象之间的情感距离、表达不满的重要语言手段或策略之一（冉永平，2007：335-6）。比如：

(51) A: Hi, my father's wife.
　　　B: Hi, my son.

A 的话语并没有违背 Leech 礼貌原则的任何次则，表面上无礼貌或不礼貌之说。但事实上，说话者 A 用妈妈称呼，与听话者之间的空间和心理距离更短，而把妈妈说成是爸爸的妻子，是说话者有意将与听话者的距离拉大，形成一定的空间距离，故意创造出一种离情的效应。其效果可以从两个方面进行分析：一是 B 只是 A 的继母，在 A 看来他们的关系比较疏远，这样的称呼显然要比直呼其名礼貌得多；二是，A 与 B 就是亲母子，这时，上面的离情反而能创造出一种和谐的氛围，更加亲近的关系，从另一个角度产生一定的礼貌效应，这与 Leech 的调侃多少有些类似。而这里 B 的回答，用的是第一人称，显然欲拉近与 A 的空间距离，从而产生更近的心理距离，以达到拉拢 A 的目的，形成心理趋同，自然增加了话语的可接受度，属于一种礼貌的现象。尤其是 B 如果为 A 的继母，这种用意就显得更加突出。所以其指别语承载的观念视点都指向一种积极或相对积极的态度，增强了礼貌的效应。

语言与社会之间存在密切关系，而身份是一个重要的社会范畴，语言与身份也密不可分，两者之间的关系是动态的，彼此通过双向建构而成。每个个体的身份都是多元的。由某些社会范畴，如种族、民族、籍贯、职业、性别、年龄等决定的身份特征具有相对稳定性，稳定的身份特征让交际者的行为表现可以被他人预测，这一可预测性确保了他人对个体行为的反馈，因而，身份并不是绝对的游离不定，难以捕捉，而是相对稳定的、可以预测的。另外一些身份特征则是可变的、多变的，个体对自己身份的认同、个体对群体身份的认同、他人对个体身份的认可等涉及相关个体和他人的情感态度，而且这些身份在社会实践活动中随着交际语境的变化而变化，具有可变性和多重性。言语交际是身份建构的社会过程，也是展现身份的途径和手段。不同会话语境中说话人会改变自己的说话方式，说话人改变其言语风格的动机是为了获得听话人的好感，得到听话人较高的评价（粟进英，李经伟，2010：38-39）。比如：

（52）儿子：李经理，吃饭啦。

父亲：你叫谁呢？

儿子：叫您呀。

父亲：好吧。

上述例子中，儿子用"李经理"来称呼自己的爸爸，显然把这种原本非常亲近的父子关系变成了一般人的关系，拉大了原本具有的心理距离；另外，尽管儿子用的是第二人称，但用的是"您"而不是你，表面看来更加礼貌，但透过这种礼貌，似乎两者的距离被有意拉大，在情感上显得更加生分，所以儿子对父亲的极度不满，通过这种方式表达出来，显然要比直接说出要礼貌得多。从这个例子来看，有时在语言上礼貌，并不一定就能获得相应的语用效果。日常生活中，往往越礼貌，人们会认为关系越疏远，在语用上失去礼貌的效应。比如下面的对话：

（53）A：局长，我下班啦。

B：再见。哦，你以后没有其他人的时候就别"局长""局长"的啦。

A：那我叫你什么呢？

B：就叫我名字，叫志军也可以。

A：好吧。

现实生活中，不少领导都喜欢自己的下属随时称呼自己"某某局长""张科""李局""黄工"，但上面A是B的下属，B却要让A对自己直呼其名，显然用意在于要刻意地拉近与A的距离，尤其是心理距离，以产生比一般人关系要好的特殊用意。

Giles 等提出了言语适应理论（speech accommodation theory）。该理论是以听话人或听众为中心，即说话人是根据听话人或听众的言语风格来选择自己的谈话方式。言语适应理论最初只关注言语行为，预测听话人对诸如言语趋同、言语趋异、语言保持等言语策略的社会评估（Coupland & Giles, 1988）。比如：

（54）"Well, you'd better have a receipt for it, by God. You have to report any donations or gifts."

（55）"I got a cigarette from somebody on the street the other day. Do I have to report that?"

（《新视野大学英语读写教材 IV》，P55）

上面两句话语中，说话者明显是根据听话人的身份来决定话语方式和态度，两者的社会身份差异非常明显，其话语产生的言语趋异非常清晰。例（54）说话者是一个社会福利工作者，听话者是一个享受社会福利资助的人，在当时的美国社会，这一关系决定了在享受社会福利资助的人面前，社会福利工作者们总是高高在上，一幅上级领导的派头。所以其话语完全是一种命令的口吻，用的是"你应该""你必须"等术语。而例（55），说话者是一个享受社会福利资助的人，由于残疾不得不长期坐在轮椅上，饱受当时社会福利体制弊病之苦，对当时的社会福利体制和社会福利工作者们极度反感，但迫于对当时的社会福利资助和社会福利工作者们的依赖，又不能不面对他们，所以其话语充满了嘲讽的意味，体现出不十分友好的态度。所以说话者的话语采取什么样的态度，运用什么样的语言风格，承载什么样的观念视点，取决于听话者。再如：

（56）"Could I please sit beside you at the dinner?" he asked. "I'd love it if you'd describe a little of what you are."

(《新视野大学英语读写教材》IV，P71）

在上面的例子中，说话者是一个盲人，听话人是一个受公司委派去陪伴一个重要的中国商人旅行的员工。由于听话者只是说话者在旅行中碰到的一个匈牙利人，这种比较陌生的人际关系决定了说话者对听话者的请求一定是非常委婉的，礼貌层级很高。为了获取帮助，说话者对听话者的信心是不足的，所以说话者采取的说话方式和态度必须是产生言语趋同的效果，因此第一个请求"Could I please sit beside you at the dinner?"不仅使用了过去式"could"来表达委婉的请求，还同时用了"please"来增强委婉的效果。第二句，说话者对听话者是否会答应自己的请求完全没有把握，用"Thank you"显得唐突和先入为主，所以说话者选用了"I'd love it if you'd describe a little what you see"，给听话者留下了足够选择的空间。为了减轻听话者的压力，说话者还专门添加了"a little"，表明自己对对方并非要求很多，而只是一点点。这些说话的方式和采取的态度完全是由听话者以及说话者与听话者的关系决定的，换句话说，说话者的观念视点决定了该话语的组织方式，而该观念视点又是由决定身份的社会指别来实现的。

综上所述，指别语的不同和另类的使用，往往是说话者为了体现特别的观念视点的特殊表现形式。

二、语态的使用

在英语教学中，人们更注重主动语态与被动语态之间逻辑上的主谓与动宾关系，判断用主动语态与被动语态的标准就在于主语与谓语动词之间的逻辑关系。甚至在中学教学中还专门设计了主动语态与被动语态的相互转变。人们能通过语法上机械的转变弄懂主动语态与被动语态的逻辑关系以及基本的表达方式。对于被动语态的用法，薄冰主编的《高级英语语法》（上册）有以下描述：

英语的被动语态常用于下列几种情况：

1）当我们不知道动作的执行者时，如：

（57）Printing was introduced into Europe from China.
　　　印刷是由中国传入欧洲的。

（58）Look! There's nothing here. Everything has been taken away.
　　　看！这里什么也没有。一切都被拿走了。

2）当我们不必提出动作的执行者时，如：

（59）I was born in 1960.
　　　我生于1960年。

（60）Such things are not done twice.
　　　这种事不可再做。

3）当我们强调或侧重动作的承受者时，如：

（61）She is liked by everybody.
　　　她为人人所喜欢。（强调 she）

（62）A good time was had by all.
　　　大家都玩得痛快。（侧重 a good time）

4）当我们出于礼貌避免说出动作的执行者时，如：

（63）Where can you be reached?

哪里可以和你接头？（避免说出"我"）

（64）You'll be contacted.

我们会和你联系的。（避免说出"我们"）

5）当我们出于行文的需要时，如：

（65）The film was directed by Xie Jin.

该影片由谢晋导演。（上文谈的是该影片）

（66）Helen was sent to the school by her parents when she was nine.

海伦9岁时被父母送到这座学校。（上文谈的是海伦）

6）有些动词习惯上常用被动语态，如：

（67）It's done!（可简化为 Done!）

成啦！（现在一般时被动式在表动作已完成）

（68）He is said to be a good teacher.

他被认为是一个好教师。

（69）The line of flags was slung between two trees.

一列国旗挂在两树之间。

（70）He was born in 1919.

他生于1919年。

（71）She is reputed to be the best singer in Europe.

她被誉为欧洲最佳歌手。

被动语态便于论述客观事实，故常用于科技文章、新闻报道、书刊介绍以及景物描写中。

（薄冰，1990：344-345）

上述被动语态中，唯有4）部分谈到的"礼貌的运用"涉及语言的语用问题，尤其是涉及本书的观念视点问题。但是主动语态与被动语态除了语法上的区别，语用效果一样吗？

中国人侧重通过自身主体来认识自然,形成了以本体为中心来观察、分析、推理和研究事物的思维方式;而西方人则在认识事物的过程中,以自然为本体,以事物本身为主体,注重对自然客体的观察和研究。习惯于本体思维方式的中国人,在描述或记录动作或事件发生或演变过程时,观察或叙述的视点往往落在动作的发出者上,并以动作的发出者作为句子的主语,因此汉语中主动语态句使用频繁;而习惯于客体思维方式的西方人却常把观察或叙述的视点放在行为、动作的结果或承受者上,并以此作为句子的主语,因此英语中被动语态句的使用相当广泛。由此可以看出中西思维在知觉视点选择上的差异,中国人在处理认知或语言表达时,动作发出者往往是信息的起点;而西方人在处理认知或语言表达选择知觉视点时往往把信息起点放在行为、动作的结果或承受者上。从视点角度来看,主动语态和被动语态无论是知觉的起点与终点的安排,还是隐藏在句子背后的观念视点显然是不一样的。如:

(72) Mr. Billings cannot be deterred from his plan.

(人们)不能阻止比林斯先生实行他的计划。

(73) It would be astonishing if that loss were not keenly felt.

如果(人们)不强烈地感到损失,那倒是奇怪了。

例(72)的知觉视点选择中,英语的表达把动作阻止"deter"的承受者比林斯先生作为信息的起点;而中文的表达往往把"阻止"的发出者作为知觉视点的起点。例(73)的知觉视点的运用中,英语把信息的起点放在动作的结果上,为了句子的平衡,用 it 代表 if 所引导的句子作了信息的出发点;然而中文翻译时常以动作的发出者(汉语重意合,动作发出者有时可省略)作为信息的起点(彭正银,2010:106)。

动词主动和被动语态的使用,不仅反映了主语与动词之间的逻辑关系,更重要的是能表达话语叙述者对叙述对象或受众者的态度。比如:

(74) A: You once again beat your wife.

B: It's my own business.

（75）A: Your wife was beaten once again.

　　　B: It's a pity.

两种不同语态表明了叙述者的不同态度。前者隐含了叙述者对"you"经常打老婆这一行为的厌恶，从而对话语受众者"你"也隐含了同样厌恶的态度，甚至有些许责备的意味。正是这种隐含的态度让话语的受众感到不悦，所以回答也很不礼貌。而后者表达了说话者对"your wife"遭遇的深深同情，并未流露出对话语受众的厌恶之情和责备口吻，没有违背受众的认知期待，故其回应的语言也相对礼貌一些。

另外，被动语态的运用可以有效回避动作发出者的出现，蕴含着说话者的态度。比如：

（76）老师，张小军刚才打我的。

（77）老师，我又挨打啦。

例（76）中，说话者运用了主动语态，直接把打人的"张小军"提出来，一方面是表达了说话者对该人的愤怒；另一方面，也隐性地表达了说话者对该动作发出者打人习惯的憎恨，除此以外，更重要的是体现了说话者并不太畏惧张小军。而例（77）中，说话者改用了被动语态，一是想说，说话者作为一个弱势群体的身份，意欲获取教师的同情；二是想说，该事件的责任人不在我；更重要的是，打人的人可能非常强悍，说话者挨了打，还不太敢告他的状，害怕遭到报复，但不说又怕听话者更加肆无忌惮，所以这种无奈成了说话者态度的鲜明表征。

英语中，被动语态被用以体现观念视点的例子也不少。如：

（78）When I was a very small boy I was made to learn by heart certain of the fables of La Fontaine, and the moral of each was carefully explained to me. Among those I learnt was The Ant and the Grasshopper which is devised to bring home to the young the useful lesson that in an world industry is rewarded and giddiness punished.（The Ant and the Grasshopper by S.Maugham）

这里一连串的被动语态既揭示了叙述者在当时情境中的被动、无奈，又暗示了他对那种道德灌输不以为然的态度,体现出作者的观念视点。辛斌(1996:22-25)在《语言、权力与意识形态:批评语言学》一文中,对分别取自英国《独立报》(*The Independent*)的"Israeli troops 'under orders' not to shoot Jewish settlers(March 11,1994)"和美国《国际先驱论坛报》(*The International Herald Tribune*,以下简称"论坛报")的"Israelis Had No-Shoot Order on Settlers(March 11,1994)"的两篇报道,对同一天(1994年3月11日)有关希伯伦(Hebron)惨案的报道中被动的用法进行了对比。

辛斌认为,两篇报道使用被动结构的次数相差无几,但论坛报省略的9个施事短语中有8个指以方,而独立报省略的12个只有6个指以方。这说明前者比后者更倾向于回避提及作为施事的以方。通过上文论述可见,被动语态的使用受观念视点的制约。

三、语气的运用

语气是礼貌原则研究中不可缺少的因素,同样的内容语气不同,语用效果可能是礼貌的,也可能是不礼貌的。这里的语气有两种理解,一是指说话者说话时声调的高低、语调的升降、声音的大小等;另一方面,语气指的是陈述语气、祈使语气和虚拟语气三种不同的表达形式。

(一)语音、语调等语气因素的影响

说话者说话时的语音、语调是说话者传达内容的一个重要方面,对所表达的意义有重要作用。比如:

(80)我告诉你了那件事。

如果说话者用的是升调,那他表达的是一种否定概念,意即我没有告诉你那件事。或是一种疑问,表达"我告诉你了那件事了吗?"如果说话者用的是降调,则表达陈述一种事实,或许说话者意欲推脱自己的责

任，即"我已经告诉你了，没有办好事你自己负责"。所以上述语气的恰当运用可以有效避免说话者更加直接的陈述，以免引起听话者的不悦。不同语音、语调在日常交际中的作用，随处可见。如：

（81）A: We'll all miss Bill and Agatha, won't we?

B: Well, we'll all miss Bill.

如果按照一般的语音语调去说，B 的回答确实只肯定了想念 Bill 一个人。但这只是一般的情况，只是这个回答可能含有的多种含义之一。除这种情况之外，应该还有其他情况。比如，在特定的语境中，B 说这话时，也可能会对 Bill 一词特别加以重读、拖长，并辅以降升调和某些非言语行为（如瞪大眼睛望着 A，或听了 A 的话满脸的不高兴），这样 B 的含义可能会走向其反面，即更想念 Agatha 而不是想念 Bill。这种运用含有嘲讽的意味。

这里，B 如果按照普通的语音、语调去回答 A，那他确实通过故意违反合作原则中"量"的原则而恪守了礼貌原则中的"一致"原则，从而既给 A 也给 Agatha 留了面子。但如果 B 按照上面列举的第二种情况回答，虽然表达形式完全没变，但无论是对 A 还是对 Bill 都不能算是礼貌的了。我们还知道，每个音的长度都有其相对的稳定性，但我们说话时，如果故意特别拖长某个音素，则可能会使该音素所在的单词词义乃至整个句子的句义都走向反面，从而产生赞许、挖苦、责备、戏谑等感情色彩。如：

（82）Oh, you got up so early.

单独看，这似乎是一句赞扬话，但如果在一定的语境中，说话人重读并拖长 early 的元音，那么它的含义就多了。它可以是赞扬，也可以是挖苦，还可以是惊奇，究竟是哪一种含义，还得看说话场合及说话人的意图。因此，我们在考察这句话时，不能简单地只从表面去断定它礼貌与否，还要与具体语境中说话者所使用的语气联系起来：一是，通过拖长"early"表达了说话人的强调，表达"你起得太早了"的意义，突出自己对听话人的赞赏之情；二是，说话人通过上述语气，表达了一种惊奇，即听话者起得出奇的早，大有让人不相信的感觉；三是，一种友好的责备，暗含"你以后不要这样早就起床了，这样不好"的意味；四是，听话者与说话者的关系并非友好，听话者起床太迟了，说话者的话语显然具有讽刺意味，表达"你也起得太迟啦"。或许还有更多的理解方式。这样的例子在我们的日常生活中可谓屡见不鲜，俯拾皆是。再如：

（83）A: 小强是我们班最聪明的人。

B: 他很聪明。

这里，B如果不拖长"聪"字的音，辅以降调回答，而且不在A的话语基础上再增加任何对小强的积极评价，那么B可能是在附和A，而内心可能并不认为小强很聪明，只是碍于A的面子不便说出来罢了。这样的话，B通过故意违反合作原则中"质"的原则而恪守了礼貌原则中的"慷慨"原则，从而不让A直接听到自己发出的听上去好像很吝啬的言词。但如果B回答时，将"聪"字特别拖长，并使用升调，那么B虽然同样是表示不赞成A对小强的评价，认为小强并不聪明，但这时他的回答无论对A还是对小强都是不礼貌的，因为对A来说，B违背了慷慨原则，对不在场的小强来说，B违背了赞誉原则。语气不仅能决定一句话是否礼貌，而且还可以影响话语的礼貌级别。一句话并非只有一个礼貌级别，同一句话语气不同，其礼貌级别也可能不同。

我们看下面这组句子：

（84）Lend me your bike.

（85）I want you to lend me your bike.

（86）Will you lend me your bike?

（87）Can you lend me your bike?

（88）Would you mind lending me your bike?

（89）Could you possibly lend me your bike?

就一般情况而言（即陈述句、祈使句念降调，表示请求的疑问句念升调），在这个连续体中，由（84）至（89）其礼貌级别确实是在逐级递增。但这只是考虑了语调的一种情况。得出这种结论是由于没有考虑到同一句子的其他语调也是允许存在的。我们都不会否认，上面（84）~（89）中每一个句子都可以用几种不同的语调说出来。例如（84）是一个祈使句，如果用降调去读，那确实是表示命令，其礼貌级别要比句（85）读降调、句（86）～（89）读升调时低。但是有时候，升调还可用在祈使句中，表示婉转、客气、求情、规劝等意思（王佐良，丁往道，1987）。因此，句（84）如果我们读成"Lend me your bike?"（侯维瑞，1993）那么，它所达到的效果，即它这时的礼貌级别并不亚于（85）。因为实际上它这时的含义已相当于"Lend me your bike, will you?"同样句（89）如果用降调处理而且 possibly 一词特别重读，那么，其礼貌级别肯定要低于用升调说出来的"Lend me your bike."而显得并不礼貌。（朱健平，1999：106-107）在朱健平对于语气对礼貌效果影响的研究中，他重点从说话的语气和语调对话语的礼貌进行了分析，其实，无论是话语的语音还是语调，都一定会承载着说话者的观点、态度等观念视点，所以前人研究的语气对礼貌的效果以及层级都与说话人的观念视点有关。

（二）陈述、祈使和虚拟语气对礼貌语言的影响

祈使和虚拟语气通常承载的观念视点较为明显。下面（90）中祈使句的礼貌等级从 1）到 10）越来越高，因为他们所承载的人际——权力等级越来越弱。

（90）1）I order you to stand over there.

2）Stand over there.

3）Please stand over there.

4）Will you stand over there?

5）Will you please stand over there?

6）Would you stand over there?

7）Would you please stand over there?

8）Would you mind standing over there?

9）Would you mind standing over there for a second?

10）I wonder if you'd mind just standing over there for a second?

句1）通过"order"一词，明显地表达一种命令，无任何礼貌而言，只是体现出一种绝对的人际—权力或上下级关系，这种句子通常情况下用得比较少，除非表达命令、强调，或者对听话者的一种隐性的不满。如：

（91）A: Stand over there.
　　　B: Why?
　　　A: I order you to stand over there.

例（90）中，2）是常见的祈使句，尽管没有明显表达命令色彩的字眼，但其命令色彩相当浓厚。一般也只适用于绝对的上下级、父母与孩子等关系，或者说话者与听话者之间关系特别友好，说话非常随便时。例3）在形式上说话者通过"please"表达了一种礼貌，相对于例1）和2）要礼貌些，显然表现出的权力比前面两个更逊一筹。从例4）到例10），礼貌层级越来越高，权力关系越来越弱。尤其是例9）和10），两句在后面还增添了"for a second"，特别表达了"stand"的时间只是很短的时间，听话者接受起来更加容易。所以礼貌层级比前面都高，而权力关系更弱。

虚拟语气在表示委婉的拒绝、责备以及良好的祝愿等方面是说话者巧妙运用自己的观念视点达到自己目的的绝好范例，本书第六章将要进行探讨，在此不再赘述。

陈述语气也会表达说话者的权力等级关系，无一例外地表达出说话者的态度，从而产生礼貌或非礼貌的语用效果。所以观念视点无处不在，无时不有。或许只有词典里纯粹的单词不会也不可能代表词典编撰者们的态度，无法承载相应的观念视点，也无礼貌或不礼貌之说。

四、词语的选择

（一）褒贬词语承载的观念视点

无论是汉语，还是英语，词语都有极强的负载观念视点的能力，尤其是褒义词和贬义词，常常明显表达出话语发出者对受众或具体对象的态度。

第四章 礼貌语言功效的视点研究

（92）高大 英俊 美丽 优雅 活泼 时尚 聪明 能干 健康 勤劳 阳光 好学 俏丽 忠心 善良 坚强 独立 团结 优美 义气 智慧 大度 豁达 开朗 富有 专心 勤劳 乐观 可爱 热心 孝顺 妩媚 丽人 矜持 佳丽 柔美 婉丽 娉婷 婉顺 娇柔 可爱 温柔 体贴 贤惠 贤慧 才干 人才 沉鱼落雁 闭月羞花 袅娜 赞美 赞赏 回眸一笑百媚生 端庄优雅 大家闺秀 优雅大方 婀娜多姿 秀外慧中 慧质兰心 清新单纯 面若桃花 天生丽质 如琬似花 宛如天仙 仙女下凡 气质非凡 秀而不媚 长相骏雅 身付异秉 才思敏捷 过目不忘 十年寒窗 博学多才 见多识广 才高八斗 学富五车 文武双全 雄韬伟略 谈吐不凡 谈笑风声 高谈阔论 运筹帷幄 言简意赅 完美无缺 一针见血 远见卓识 义正词严 一气呵成 大显神通 出口成章 出类拔萃 出神入化 万古流芳 一本正经 一箭双雕 长篇大论 功德无量 力排众议 力挽狂澜 气贯长虹 气势磅礴 气吞山河 坚韧不拔 身体力行 空前绝后 视死如归 英姿焕发 奉公守法 艰苦奋斗 忠贞不渝 舍己为人 大公无私 一尘不染 一鸣惊人 叱咤风云 排山倒海 惊涛骇浪 雷霆万钧 惊心动魄 横扫千军 惊天动地 文从字顺 十全十美 无懈可击 无与伦比

这些显然是承载积极观念视点的褒义词，体现的是一种积极的观念视点。类似词语常常用在说话者或叙述者喜爱的对象。

（93）歹毒 毒辣 丑陋 弱智 愚笨 愚蠢 阴暗 贬斥 否定 憎恨 轻蔑 责骂 叛逆 汉奸 低能 恶心 阴险 白痴 变态 三八 腐败 呆板 呆滞 土气 无能 懒惰 慵懒 庸才 废物 风骚 下贱 病夫 脆弱 俗气 小气 贫穷 贫贱 花心 悲观 市井 小人 幼稚 手下败将 自以为是 处心积虑 口是心非 阴险狡诈 鼠目寸光 贼眉鼠眼 恶贯满盈 勾心斗角 爱慕虚荣 财迷心窍 好吃懒做 离经叛道 掩耳盗铃 口是心非 朝三暮四 狐假虎威

这些词显然是带有消极态度的贬义词，只能用在说话者不喜欢的人物或对象上。而且汉语中的褒义词和贬义词往往是成对出现。如英雄和狗熊，政治家和政客，自由和散漫。褒义词只能用在说话者喜爱的人或物上，表现出积极的观念视点；而贬义词只能用在说话者憎恨或不喜欢的人或物上，呈现的是一种消极的观念视点，观念视点的不同呈现非常明显。英语也不例外，如 politician 和 statesman，modest 和 humble 等，这些词语常常明确表达出叙述人的价值判断，其语言形式比较复杂，可由形容词、副词、动词、名词等多种词类表示出来。如：

（94）（a）I saw that awful Mick Short.
（b）He is a freedom fighter.

上述（a）句中"awful"显然表达了说话者对于 Mick Short 厌恶的态度，定会引起 Mick Short 或其朋友的不悦，明显属于贬义词。相反，"a freedom fighter"，说话者的赞美之情溢于言表，属典型的褒义词，常用于跟"he"关系密切的人说此话，所以是有礼貌的。再如：

（95）他的父亲恶贯满盈。
（96）雷锋同志视死如归。

显然，例（95）中，说话者对"他的父亲"用"恶贯满盈"来形容，显然表明了说话者对"他的父亲"极端消极的评价，明显承载着说话者消极的观念视点；甚至说话者对"他"的消极态度也隐含其中，试想，如果说话者跟"他"的关系友好，就可能不会运用上面极端贬义的词语来表达了。而（96）中，雷锋作为中国当代的楷模，显然是人们学习的正面形象，说话者表达了敬佩之情，其态度跃然纸上。

（二）中性词语对观念视点的承载

即使字面上无明显表现说话者褒贬态度的中性词汇，也无一不带有说话者的观念视点，只是隐藏的层度有所不同。

再如：

（97） a. 你爸爸是杀人犯。
b. 我听别人说你爸爸是杀人犯。
c. 听说，你爸爸情急之下杀了人。
d. 据说，你爸爸过失杀了人。
e. 据说，你爸爸防卫过当误杀了人。
f. 据说，你爸爸杀了那个恶棍。
g. 据说，你爸爸为民除了一害。

礼貌层级 ↓

Kamio(1997:166)认为，如果说话人与一条信息之间的心理距离较大，那么说话人与该条信息中出现的某个指称对象之间的心理距离也应该相应地较大；相反，如果说话人与一条信息的心理距离较近，那么说话人与该条信息中出现的某个指称对象之间的心理距离也应该相应地较近。(97)句 a 表明了说话者对"你爸爸是杀人犯"这一论述肯定的方式，隐含着说话者对该事件的消极评价甚至是愤怒的个人情感，所以说话者跟该信息的心理距离很大，从而也反映出说话者跟该信息中"你"的心理距离也很大，隐含着说话者对"你"和"你的爸爸"两者都是消极的态度，承载消极的观念视点；而 b 中，说话者用了"我听说"的术语，隐藏了说话者本身对该话语的态度，在一定程度上缩小了与该信息的心理距离，所以跟该信息中"你"的心理距离也缩短，容易被话语的受众者接受，尽管其评价仍然是消极的态度，承载说话者消极的观念视点，但话语的锋芒有了较大的收敛，而且从另一方面可以看出说话者对自己表述的严谨性，体现了对自己高度负责的积极的观念视点。c 句，尽管说话者对于听话者爸爸杀人本身还是持消极的态度，但通过"情急之下"表达了兴许谅解之意，说明听话者父亲杀人并非恶贯满盈，而是一时冲动，多少含有同情的意味，也隐含了说话者与听话者的关系相对较好，至少不是很敌对的。d 句中，说话者用了"过失"，表达了其对听话者父亲杀人的行为性质的定性，以及"虽有罪"但并非"罪有应得"的情感，暗含了说话者对听话者以及其父亲错误行为的心理谅解。e 句中，说话者把前面的"过失杀人"改为了"防卫过当误杀"，不仅肯定了听话者父亲杀人的动机，也深深地表达了对被杀人的消极态度，对听者和其父亲的态度明显倾向于消极与积极之间，对"防卫"明显持积极肯定态度，只是"防卫过当误杀"略带消极评价，所以说话者对听话者和其父亲承载的观念视点既有积极的，也略有消极的。而 f 句中，说话者通过对被杀害者消极的评价，在一定程度上肯定了听话者的父亲，尽管从法律上讲听话者的父亲可能还是犯法的，毕竟杀了人，但从道义上讲，杀了一个恶贯满盈的坏蛋，人民拍手称快，所以说话者的评价明显是积极的。g 句中，尽管说话者并未用"大快人心"这样的褒义词，但心里的喜悦之情溢于言表，用"为民除了一害"，不仅在法律上，也在道义上对听话者父亲的所作所为加以肯定，完全是一种积极的态度，体现了积极的观念视点；同时也隐含了说话者跟听话者的关系非常紧密，所以对听话者和听话者父亲的态度也是积极的。从 a 句到 g 句，说话者对听话者的礼貌层级越来越高。日常生活中，所谓"看到秃头，别说月亮"的说法，其实也说明了同样的道理。

显然，无论是褒义词还是贬义词，或者是一些通用的中性词，只要在具体的话语或语境中，都会表现出说话者的观念视点，越积极的观念视点越容易被听话者接受，而对听话者越礼貌，而越消极的观念视点听话者越难以接受，故礼貌程度越低，表现出不礼貌或不太礼貌的语用功效。

五、时态的运用

（一）过去时的礼貌效应

从语法上看，表达过去的符号"-ed"指发生在现在交际之前的某个时候（occurring at a time before that of the present communication）（Talmy，2006：75）。其实过去时的用法很难掌握，因为它除了用于表述过去发生的事情或存在的状态以外，还可以指现在的或将来的时间，可以表达只存在于想象中永远都不可能发生的事情，或用在虚拟语气中表达一种非真实性，甚至执行与时间根本无关的委婉语气的语用功能（赵莉，黄娟，2004：60），还常常可以产生礼貌效应。Palmer 把过去时的本质属性归结为距离性（remoteness）、真实性和心理距离三种，包括时间距离、真实性距离和心理距离三种，认为距离性是过去时各项的共核部分（core component）（Palmer，1974）。时间距离也即过去时态的动作发生的语法意义，而动词过去时表达的真实性和心理距离主要涉及虚拟语气的用法，是本书第六章主要讨论的内容。英语教学中提到"Could you help me?"与"Can you help me?"的区别时，师生都能从礼貌的层级去理解它们的差异，而不是它们所发生的时间，这方面表现较为明显的是过去时。Palmer 援引 Martin Joos（1964）的观点，指出："过去时的非真实性用法与过去时表示过去时间的用法在本质上是一样的，即过去时是'距离性'时态，表示时间方面或真实性方面的距离"（It has been suggested that the use of unreality and the past time use of the past tense are essentially the same—that the past tense is the "remote" tense remote in time or reality. There is some attractiveness in this idea, for tense could then be seen to have but a single use.）（F. R. Palmer，1974：48）。Declerck 进一步用两个章节（Remoteness from reality, i. e. nonfactuality; Tentativeness）来讨论英语过去时的真实性距离和心理距离问题。认为从过去时的时间距离到真实性距离再到心理距离，这种移位现象恰巧说明了叙事视点的移动和转换，也反映了过去时的隐喻认知过程：时间距离映射到现实距离表虚拟，然后进一步映射到心理距离，用来表示礼貌委婉（Declerck，1991：76-80）。

过去时的礼貌功能和委婉语气一般用于表达意愿和心情的动词，例如：

（98）I wondered if you would look after my dog while I go shopping.（请求）

（99）Would it be convenient for you to come on Wednesday?（建议）

（100）You could be a little more careful.（劝告）

由时间距离衍生的某种心理距离使得请求不那么迫切，建议不那么唐突，劝告不那么生硬。也正是心理距离传递说话人的谦逊态度或不强求的态度。因此，过去时的礼貌功能和委婉语气实质上表达着一种人际意义。同时，人际意义也涉及受话人一方的观念视点。语用学研究表明，在人际话语交流的过程中，话语表达形式的间接性与礼貌程度有关联，因为表达得愈间接，受话方可供选择的程度就愈大，话语愈间接，其言外之力就愈弱。从语言心理的角度看，间接表达和暗示可以维持"受损者"的心理平衡,促使他们心甘情愿地去做某事(秦建栋,2007:110)。

动词的时态除了能表达动作发生的时间,有时也可承载说话者的某种观念视点。比如:

(101) 1) Will you stand over there?

2) Would you stand over there?

(Leech, 2005: 13)

用动词的过去时态形式"would"取代"will"来表达现在的情况,把动作向过去推移一个时间段,形成一定的时间距离,由该时间距离形成交际双方相对较大的空间距离,从而能减轻话语受众的心理压力或话语对受众者产生的不利影响,这符合人类"趋利避害"的心理,故在一定程度上缩短了交际双方的心理距离,从而在听话者方面形成积极的认知态度,因此(101)例中2)句比1)句在交际中要礼貌些。类似的话语还有"Could you help me?"等。

许多语法学家都一致认为,一般过去时可以执行一种特殊的功能,即表达更为客气、更为委婉的语气。如张道真在《实用英语语法》中说:"一般过去时有时可用来表一般现在时,使语气变得更委婉一些。"章振邦在《新编英语语法教程》中是这样阐述的:"有时,一般现在时可用在一些特殊的句型中表示现在时间和将来时间,这主要用于下列情况:第一种情况是表示婉转语气……"。Leech(1978)在 *The Meaning and the English Verbs* 中谈及过去时态时也表达了同样的观点:"……过去时的运用,在日常交谈的某些语境下,指现在,特别是说话者或听话者现在的感受或想法,……过去时的效果是使请求更间接,因此更礼貌(…the use of the Past Tense, in some contexts of everyday conversation, to REFER TO THE PRESENT, in particular, to the present feeling or thoughts of the speaker or hearer…the effect of the Past Tense is to make the request indirect, and therefore more polite.)"

人与人之间所谓的礼貌、客气之所以存在，通常是因为人们之间的关系存在一定的距离，这种距离不是时间上的，而是心理上的，即 remoteness in psychology，但心理距离是由时间距离衍生出来的。通过选择过去时态，说话者可以给听话者留有很大的选择余地，从而使请求、命令的口气更委婉，也更有礼貌。语用学研究成果表明，话语表达的间接性与礼貌程度成正比关系，话语表达得愈间接，礼貌程度愈高，因为表达得愈间接，受话者可供选择的程度就愈高。过去时表达的是一种假设意义，与现实有很大的距离，因此语气间接、柔和，试探性强，有很强的感染力，给会话双方都留有进退余地。在下面的几组例子中，(b)要比(a)更委婉，更有礼貌。

(102)(a) Excuse me, I want to ask you something.
　　　(b) Excuse me, I wanted to ask you something.
(103)(a) Can you help me?
　　　(b) Could you help me?
(104)(a) Will you help me?
　　　(b) Would you help me?

有些学者认为，距离性是过去时的本质特性，是过去时各个义项的共核部分，过去时的三种用法并无本质区别，甚至可以视为一种用法。但是，正如经典范畴理论不能很好地解释一词多义现象一样，这种方法同样不适用于解释语法范畴——过去时的多义现象。因为用过去时来表达时间上的距离与真实性和心理上的距离虽然有联系，但并不完全等同，即不能把过去时简单视为只有一种意义的时态（赵莉，黄娟，2004：62）。

（二）进行时的礼貌效应

有时一些貌似进行时态的语法形式也可以在一定程度上降低一些贬义词使用的贬义语力，在一定程度上反映出礼貌。比如：

(105) I'm not being bitter.

(《新视野大学英语读写教材 IV》二版，P55)

I'm not being bitter.= I am not feeling angry on purpose.

再如：

(106) You're bing stupid.（You're doing stupid things.）

(《新视野大学英语读写教材 IV》教师用书，P62)

在英语中，表示状态的词语是没有进行时态的。除了上述参考书中，也很难做出更深刻的解释，也很少有教师对此作进一步的研究。从观念视点的制约或影响进行分析，或许能得到合理的解释。"bitter"，在上海外语教育出版社 2007 年出版的《新牛津英汉双解大词典》第 206 页上解释为：adj. 1.having a sharp, pungent taste or smell; not sweet（辛辣的，苦的）. 2. feeling or showing anger, hurt, or resentment because of bad experiences or a sense of unjust treatment（愤怒的，委屈的，受伤害的，怨恨的）; 3. painful or unpleasant to accept or contemplate（令人痛苦的，难以接受的）。上述例（105）中 bitter 选用了"愤怒的"意思。如果说话者用"I am not angry."，这是形容词的最常规用法，听话者第一个反应就是：你明明在生气，怎么又没有生气，似乎传达了一种"睁眼说瞎话"的意味，这对于说话者来说，无疑是自损。而该文里，作为一个享受社会福利资助的残疾人，由于自己非常诚实，但并未能受到社会福利工作者的另眼相看，且还是被瞧不起，故说话者对该人群的态度不是很好，甚至愤怒。但说话者并非认为是自己的错。所以上面的自损绝非说话者为了对对方礼貌而考虑的有意为之，也不符合整篇文章的观念视点。为了改变这一状况，说话者选用了"I'm not being bitter."，一种违反常规的方式，引起听话者或读者的特殊关注，得出一种特殊的解读：我不是要故意生气的，使话语中的字面意义得到更加有利于说话者的新解读。例（106）更加明显。"You are stupid."，"stupid"

的本意决定了该句是一个带有很强消极意义的句子，注定对听话者极为不礼貌，从而也降低了说话者自己的身份，影响了说话者自己与听话者的关系，自然产生敌意。而"stupid"的表意本身是一个消极的概念，又很难用"not clever"来表达原词意思。为了解决上述尴尬，叙述者用"You are being stupid."这种与"You are stupid."不同的句式，表达了"你在干傻事"的意味，尽管说话者还是没有离开对听话者"愚蠢的"评价，但其否定评价的等级降低了许多。它表达的并非听话者本质上就愚蠢，而只是表达了听话者在做傻事。现实生活中，即使再聪明的人也有干傻事的时候，这样就把原来对听话者本人的评价转换成了对听话者所做某事的评价，尽管仍然有对听话者消极评价的意味，但层级上低了许多，增加了听话者对类似话语的接受度，从而在一定程度上减缓了贬义词的语力。毕竟说话者说此话的目的并非要伤害听话者，而是在某种程度上指出听话者所做某事的本质，以利听话者改进，达到更好的语用效果。所以上述句子中说话者用"I'm not being bitter"而不是"I'm not angry"完全是受说话者观念视点的制约，其表达形式不过是说话者观念视点的一个体现。

第六节 反讽与调侃的礼貌功效

Leech认为，"反讽（irony）"维持礼貌在表面，而深层次的是冒犯。而"调侃（banter）"表面是冒犯，但更深层次旨在维持礼让。如下面两个例子：

（107）1）(A has got up very late)

B (A's father): You got up so early! It's still dark outside.

2) (A shows off her new shoes)

B (A's close friend) with a smile: Stinky beauty! [=Showy!]) (2005: 21)

反讽的运用，大多存在两种情况：a）听话人与说话人的关系要好；b）听话人与说话人的关系不友好。上述例1）中，A 与 B 的父子/女关系决定了说话人与听话人的关系是亲密的，其话语的随和，甚至些许讽刺都可能被认为是友好的。这会给原本亲密的关系更加拉近心理距离，从而形成礼貌的效果。恰恰相反，如果父亲说"你起得太迟了，天大亮了！"，这种对事实的直接陈述显然有一种极强的责备意味，给听话者一点余地都未留。听话者选择余地越小，说话者话语的礼貌性越差。如果上述话语发生在很不友好的两人之间，可能会有两种情况：一是听话者没能悟出说话者的真实意义，这样在听话者看来就是一种表扬，属礼貌用语；二是听话者一下就将说话者的嘲讽的味道解读出来，这样在听话者一方产生厌恶情绪，使原本不近的心理距离更加疏远，导致不礼貌，甚至可能引发吵架，但这种话语比起"你也起得太迟了嘛"来说，对听话者面子的损害相对要小些，所以比起直接的陈述，礼貌的层级还是相对高一点。所以，对"你也起得太迟了嘛"的回复更有可能是："我起得早或迟关你屁事！"所以反讽产生礼貌的直接效果就是近者更近，而远者虽然更远，但仍比直接陈述的间接程度要高一些。再如：

（108）A：听说你这次考了第一名啊。

B：（难为情地）不好意思，我下次一定会考好的。

显然，B 这次考试考得出奇的差，A 说出"你这次考了第一名啊"实质上意思是"你这次怎么考得这么差"，所以前面的说法含有讽刺意味。正是这种讽刺方式避免了其真实意思的直接表达，避免了话语对听话者产生更大的伤害。而 B 也心领神会，表达了对 A 礼貌表达方式的认可，当然这种讽刺必须建立在交际双方关系比较友好的前提下，否则会产生完全相反的结果。

而调侃不同，大多只适用于关系友好的氛围。比如上面例（107）中2），A 吹嘘自己的新鞋，一般不会在不友好的人面前，所以这决定了说话者与听话者的关系一般较好。他所期待的回答也自然是一种恭维，"臭美"自然也满足了他的期待，所以仍然可以维持较近的心理距离，从而达到礼貌的效应。

综上所述，无论是调侃还是反讽，它们都是建立在说话双方一定关系的基础之上的。反讽可以避免说话者直接说出非常不友好或直接批评的话语，调侃可以透过表面不友好的话语展示出两者非常友好的关系和彼此之间的友好态度。所以调侃和反讽都是展现观念视点极好的手法，恰当运用可达到礼貌或相对礼貌的语用功效。

不同文化、不同民族在价值观、意识形态、政治维度等方面有诸多不同，个人对具体人物或其他对象的具体态度也不尽一样。说话者不同的观念视点，直接影响话语受众的认知期待，导致心理距离的缩短或疏远，从而促进或制约礼貌语言的语用效果。不管是否符合传统研究的礼貌原则，只要能促进交际双方心理距离的缩短，或形成相对较近的心理距离，就能产生礼貌的语用效果。第五章将专门就虚拟语气对心理距离产生的语用阐释进行研究，揭示虚拟语气在视点方面产生的强大语用功用。

第五章 虚拟语气的视点研究

第一节 引 言

语气（mood）是一种动词形式，用以表示说话者的意图或态度。英语中的语气有下列3种：1）直陈语气（indicative mood），表示所说的话是事实，如：France lies on the windward side of Europe. 法国位于欧洲向风的一面。2）祈使语气（imperative mood），表示所说的话是请求或命令，如：Make yourself at home. 请随便，不要客气。3）虚拟语气（subjunctive mood），表示所说的话只是一种主观的愿望、假想和建议等，如：If there were no gravity, we should not be able to walk. 假若没有引力，我们就不能行走（薄冰，1990：543）。

从初中英语教学到高中，一直到大学英语教学，虚拟语气都是重要的语法现象，也是学生学习的难点之一，但是作为教学的重点多放在虚拟语气的语法表现形式上。大学英语教材，无论是读写教材，还是视听说教材，随处可见类似虚拟语气的句子。如，（1）He should have hired a better attorney, though.《新视野大学英语读写教材 IV》二版，P3），（2）if he'd been able to speak with an educated accent in those early short comedies, it's doubtful if he would have achieved world fame.（《新视野大学英语读写教材 IV》二版，P29），（3）I wonder what she'd think if she suddenly broke her hip and had to crawl to work.（《新视野大学英语读写教材 IV》二版，P55），（4）Many experts think Vietnam is going too far by requiring that all mobile phones be expensive digital models, when it is desperate for any phones, period. (《新视野大学英语读写教材 IV》二版，P81),(5)I think they must have known each of our personslities and picked the opposite. (《新视野大学英语读写教材 IV》二版，P125）上述例子只是众多虚拟语气使用中的几个例子。

许多学者（Harsh, Wayne, 1968; Quirk, R. et al., 1985：155；李学平，1963：3；雷志敏，2003：134-140；易仲良，1988：9-10；丁往道，1979：58—61；向明友，2007：84-89 等）对虚拟语气的语法特征、表现形式以及虚拟语气的教学等方面进行过大量的研究。李学平(1963：3)、Huddleston & Pullum（2002/2006：148）等认为，虚拟语气的基本特征是：动词所指述的动作是"不确实的"或"不真实的"。笔者认为，虚拟语气只表达说话者的一种意愿，并非直接指向真实或不真实，所以用"不确实"或"不真实"来作为虚拟语气的基本特征有失偏颇。

语言的生命在于运用，离开了运用，语言就可能失去魅力。正如福勒所言，"语言学家应该始终注意言论在其社会和人际环境中的功能"(转引自 Fowler R., 1986/1996：50）。丁往道在谈到虚拟语气中的假想条件句时认为，假想条件句是表示某种态度或看法，带有假想的味道，所以就显得比较婉转和含蓄（丁往道，1979：60）。人们选用虚拟语气手段，一方面保留其命题句的形式，另一方面再通过限定成分的变异和情态助动词的添加来缓和语气。人们运用虚拟语气，多数情况是因为使用者的语用目的。说话人对话语的态度决定了话语的表达方式，听话人对说话人以及对话语本身的态度决定其对话语的理解方式。交际双方的态度直接导致心理距离的拉近或疏远，而心理距离远近又是交际能否得以延续的先决条件。从这个意义上说，虚拟语气能间接表示否定概念，能进行委婉地责备、批评或提出建议，来体现出说话者强烈的观念视点，也可以通过改变某个动作的时空视点，将时间向前推移以疏远话语双方的时间和空间距离，达到表达良好的态度、愿望等目的，从而极大地缩小话语双方的心理距离。因此，笔者认为，缩小交际双方的心理距离是虚拟语气在语用功能上的基本特征。基于此，本章将从虚拟语气是如何通过动词的形式变异改变时空视点、如何通过否定意义的委婉表达、批评和责备口吻的弱化以及良好愿望的表达等方面体现说话者强烈的观念视点，探索虚拟语气是如何缩小双方心理距离，最大限度地保持与听话者的观念视点一致，最大限度地发挥语言的礼貌功效，避免语言冲突的语用功效。

第二节 心理距离与语用功效

心理距离（psychological distance）是个体对另一个体或群体亲近、接纳或难以相处的主观感受程度，表现为在感情、态度和行为上的疏密程度，疏者心理距离远，密者心理距离近（林崇德等，2003：1397）。简单地说，心理距离是交际双方对彼此在心理上的接受程度，接受程度越高，彼此心理距离就越小，相反，心理距离就越大。社会距离、空间距离、时间距离，最终都可以通过心理距离对交际双方产生作用，空间距离、时间距离和社会距离的大小并不一定与心理距离成正比例关系，有时较大的空间距离可以拉近心理距离，而小的空间距离也同样能疏远双方的心理距离。

在人际交往中，交际双方需要展示绝对权威的现象是比较少见的。比如军队军官对下级下达命令，监狱里狱警对犯人的管理，法庭法官对嫌疑人的审判等，说话者对于听话者有着绝对的权威性，无需考虑话语在受众心理上的可接受性。但在现实生活中，多数人际交往的双方是处于相对平等的或者交际双方渴望以平等的地位进行交流。即便是上下级关系，交际双方在交流时也无不考虑彼此对话语的可接受性。对话语的接受性越强，交际成功的可能性越大。所谓"话不投机半句多"就是这个道理。接受性的强弱直接与交际双方的心理距离相联系。然而，心理距离的远近受交际双方的认知语境的制约，呈现出很大的可变性和不稳定性。因此，为了使言语交际达到较好的语用效果，说话人总要显现出自己积极的态度,运用恰当的方式,尽量避免使用"否定词"或表示"否定概念"的词语;在不得不表示责备和批评时,应尽最大努力弱化其批评、责备的意味,使话语可接受性达到最高的程度。虚拟语气与直接陈述语气和祈使语气本质的差别就在于,它可以运用自己动词的曲折变化,即改变自身动词的时空视点,隐含否定和情态动词的巧妙使用,使话语变得相对委婉,接受性更强。侯国金"语用象似论"(2007)一文,把"话语—距离象似性原则"概括为两个准则:1)时间、人际、心理的(实际或虚拟而感知的)距离象似于空间距离。而空间和时间的距离又投射于其他空间,构成隐喻性思维和表达式。2)各类指别语都可以用语用距离(真实和/或虚拟的距离)来考察。近则用近指,远则用远指。假如指近为远或相反,要么是语言失误或语用失误,要么是语用策略,以表亲近或疏远的语用目的。指别词语都在某种程度上象似于人称距离、空间距离、时间距离、人际距离、语篇距离(侯国金,2007:69)。人称指别涉及礼貌策略(侯国金,2004)。通过各种语用途径,较好地实现话语—距离象似性,就能较好地缩短交际双方的心理距离,使话语交际得以成功展开。

正如 N. Wilson(威尔逊,1959)提出的,Quine(奎因)对其加以运用,Davidson(戴维森,1990)又对其加以进一步完善的信念沟通原则(Principle of Charity):如果解释人与说话人之间在信念系统上有较大差异,解释人准确地理解说话人是不可能的(王寅,2007:106)。也就是说,说话人和听话人在信念系统上的差异是话语得到正确理解的巨大障碍,要使听话人对话语按照说话人的意图去解读,就必须双方保持信念系统上的一致,要做到这一点,本质上就要求说话和听话双方有相同或相近的观念视点,能保持彼此间最小的心理距离。心理距离越小,双方沟通就越容易。语言相同或相通,是因为有共同的体验和认识,语言相异,是因为有不同的体验或认识(王寅,2007:110)。只有共同的体验和认识,共同的信念或共同的意识形态所表现出来的相同观念视点,才能使话语更易被听话者接受,其礼貌的语用效果更好。

共同的体验和认识往往可以促使交际双方用相同或相近的思维方式

对某话语以相同或相近的方式进行解读和认知，能更好地符合彼此的认知期待，避免分歧，最大程度地缩短两者之间的心理距离，产生较好的语用功效，达到良好的沟通效果。所谓"话不投机半句多，酒逢知己千杯少""不是一家人，不进一家门""物以类聚，人以群分"都是鲜明的佐证。

第三节 语气否定意义和责备的表达与观念视点的体现

一、虚拟语气概述

虚拟语气的基本形式有 7 种：1）动词原形，用于一切人称和数，如：If that be so, we shall take action at once. 若情况是那样，我们就立刻采取行动。2）动词的过去式，用于一切人称和数，be 的过去式用 were，如：John would do it if you asked him. 假如你请求约翰，他会做的。3）had+ 过去分词，用于一切人称和数，如：We would have called a cab if Harold hadn't offered us a ride home. 假若哈罗德没说驾车送我们回家，我们就会叫出租汽车了。4）时态助动词 should + 动词原形，用于一切人称和数，如：They suggest that we should meet at the station. 他们建议我们在车站会面。5）时态助动词 should+ have + 过去分词，用于一切人称和数，如：You should have seen his face! 你真该看看他那副面孔！6）时态助动词 should（第一人称）或 would（第二、三人称）或动词原形，如：If I were you, I should take his advice. 我如是你，就会听他的忠告。7）时态助动词 should（第一人称）或 would（第二、三人称）+have+过去分词，如：If father hadn't sent me, I shouldn't have come. 如不是父亲派我来，我是不会来的（薄冰，1990：544-545）。薄冰的语法书在 20 世纪对英语教学的影响是公认的，从上面虚拟语气的 7 种基本形式可以看出，其中2）3）5）6）7）五种形式隐藏了否定的概念，薄冰从与现在事实相反的非真实条件句、与过去事实相反的非真实条件句、与将来事实可能相反的非真实条件句（薄冰，1998：358-381）（薄冰 何政安，2002：357-360）这三种情况分别论述了主句和从句谓语动词用什么形式。徐广联将虚拟条件句分成与现在事实相反、与过去事实相反和与将来时间相反三种情况（徐广联，1997：472-473）。徐广联（2005：645-646）还专门进行了"否定"事实或概念的运用。其巧妙的运用不但表达了"否定"的概念，而且还带有一种良好的愿望，表达相对好的感情色彩。正如吴强认为，虚拟语气的使用，并非都会表达一种否定的概念，虚拟条件句绝不是简单表达一个相反的事实而已，说话者一般都是借这个虚拟情况委婉表达一个言外之意，达到一个特定的交流目的，带有某种感情色彩。英语虚拟语气可以表达非常丰富的语用意义，如表达愿望、后悔、惋惜、抱怨、安慰、建议、命令、请求、警告、惊奇、惶惑、怀疑等。虚拟语气以其表达的委婉性和语用功能的丰富性在语言交流中发挥着很重要的作用。例如：

It would be better if we could come together and discuss it.（委婉表达建议）

I'd rather you came next weekend.（委婉表达愿望和建议）

If you could lend me two hundred dollars, I would really appreciate it.（委婉表达请求）

It is surprising that he should pass the exam.（表达吃惊）

I would do that again if the sun were to rise in the west.（表达说话者的决心）

If I had listened to him, I wouldn't have got into such a dilemma.（表达后悔、惋惜之情）

Don't worry about it any more. I would have done the same in that situation.（可表达对对方的安慰）

Stop doing that otherwise you would lose your job.（可表达劝告或警告）

在"It is high time that you took measures to address these problems"

中,从句使用虚拟语气表达劝戒、告戒或建议等语用意义,劝戒听话者采取措施解决这些问题,表明采取措施解决这些问题刻不容缓。在"It is essential that we should practice a lot in our English study"中,从句使用虚拟语气表达提醒、告戒等语用意义,表示在英语学习中多练习的重要性,委婉表达我们应该多练习。"It is surprising that he should come on time today."表达他居然今天能够按时到来真让人吃惊,弦外之音是他平时总是迟到,表达出了惊讶、抱怨、不满等感情(吴强,2010:101,102)。

二、否定词的语用距离

否定词在语用方面往往表达一种拒绝,由于与说话者的看法、观点等不同,往往引起听话者与说话者产生悖离的情感效应。所以,在日常生活中,要想与说话者套近乎,常常要注意避免"not""no"等这类否定词的运用。尤其是对别人的请求、邀请之类的否定回应,往往让说话者难以出口,说话者往往会反复考量,其拒绝方式尽力避免用否定意味浓的术语,以提高听话者的接受程度。比如:

(6) A: Can you come to help me this afternoon?
　　B: No.
　　C: Sorry.
　　D: Maybe not.
　　E: I will try to.
　　F: Yes.
　　G: Sure/ certainly.

上述对于 A 的问题或请求,从 B 到 G,由绝对的否定到绝对的肯定,其接受程度越来越高。而"No",不仅表达了对说话者请求的否定,也表达了对说话者情感的否定,只有在关系特别不友好时才会用。而在日常交际中,这种用法常常会拒人千里之外,是不可取的。C 的回答,通过"sorry"表达了否定的概念,但也同时表达了其"对不起"的主观感受。D 降低了否定的层级,用"可能不行"至少给对方还留有些许的期望。E 隐含地表明了一种拒绝，但说话者却用"I will try to"来表达自己良好的愿望，可以在一定程度上得到听话者的谅解。F 和 G 的回答是肯定的，其回复容易取悦听话者。所以在上述对话中，说话者有效避免否定词在句中出现，或尽量降低否定的层级，可以在一定程度上降低其否定话语的负面效应。在日常生活中，类似的例子也不少，比如：

（7）李老师：校长，您好！
　　　张校长：李老师，你好！
　　　李老师：我申请调入城市工作的报告，麻烦帮我签个字行吗？
　　　张校长：我们集体研究过后，行吗？
　　　李老师：好吧！

　　在上述对话里，张校长对李老师的请求并未拒绝，只是说"我们集体研究过后，行吗?"，中国人对这种否定的答复大多不会陌生。大家明白这里的"研究"其实就是一种否定的意思，其实校长的意思就是说"不行"或"No"，有经验的校长很少会直截了当地说"不行"，因为这种否定用语会立即疏远双方的心理距离，形成抵触情绪，甚至造成双方站在对立的两面，这样肯定会立即激发教师与校长之间的直接矛盾。校长通过上述话语，用肯定的方式表达了一种近乎否定的概念，不仅可以达到一定的礼貌效应，在一定程度上缩小了两者之间的心理距离，也可凸显校长的原则性强，原则问题领导班子集体研究决定，不滥用公权、依法治校的工作作风，为自己树立良好的外部形象，何乐而不为。

三、虚拟语气无标记否定意义的表达

　　否定词，作为一个明显的"否定概念"标记，是不太受话语受众喜欢的。它极易使交际双方处于两个完全相对的极点，在认知态度上形成水火不容的两极，或从同一点向相反的方向离异。而虚拟语气的使用可以有效避免使用否定词来表达否定意义，使否定概念在一定程度上趋于弱化，提高否定话语的可接受性。

（一）虚拟语气对否定意义的表达

从否定程度上讲，虚拟语气，一般否定和否定前置几种句子中，虚拟语气的否定程度是最低的。如图 5.1 所示。

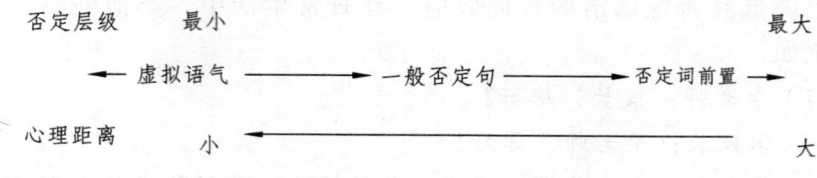

图 5.1

一般来说，否定的层级越高，形成的心理距离也越大，听话者对话语的接受度就越小，交际成功的可能性越小。周雪林也认为，否定力的强弱与礼貌程度成反比：否定力越强，礼貌程度越低；反之，否定力越弱，礼貌程度越高（周鲁林，1996：75）。比如，对于"Excuse me, can you help me?"的回答如下：

（8）If I were rich, I would help you.

（9）I'm aftaid not.

（10）I wouldn't help you.

（11）Never would I help you.

显然，（8）句用了虚拟语气，通过条件句"If I were rich"而不是"If I am rich"，表明"我现在不富有"的状态，由"不富有的状态"隐含了"缺乏帮助听话者的能力"的意味，进一步推出"我不能帮助你"，这种否定的回答完全是由说话者引导听话者通过推理自己作出的，无需说话者明白表达这种否定意义：我不会帮助你的。但是该句完全回避了"否定"的术语，而用一种肯定的方式以假想条件表达出来：如果我富有，我一定会帮你的。这种从前提条件——我如果富有，推导出结论——我就能帮你的推理过程，不仅符合说话者，而且也符合听话者；更重要的是，说话者采取的这种积极态度（我如果富有），更能与听话者产生共鸣。所以，该话语尽管隐含了说话者拒绝帮助的含义，但同时也蕴含了说话者"我应该帮助你"的积极信念，以及并不想直接冒犯听话者的良好愿望，这一积极的观念视点使听话者受到的伤害较小，说话者与听话者在心理距离上不至于增大，容易被听话者接受。无论说话者的话语是其真实愿望的反映，还是委婉的拒绝，对于听话者都会比被直接拒绝容易接受一些。

而（9）句"I'm aftaid not"通过"not"来表达对说话者请求的回复，虽然有"I'm afraid"在一定程度上弱化了"否定"的概念，但毕竟给听者"否定"的回复可以导致听话者的不悦。句（10）直接含有表否定概念的"不"，且明显表明了说话者的意愿，展示出消极的观念视点，让听话人产生一种强烈的反感，从而不利于后面话语交际的延续。因此，该句的否定层级相对于句（8）虚拟语气和句（9）较高，形成的心理距离较大。

Sperber & Wilson（1986：vii）指出，人的认知过程是要以最小的加工努力获取最大程度的认知效果。（11）把"Never"放在话语的起点上，这种"否定"的概念在句首得到了最大的强调，说话者欲表达的否定态度成为了该话语的焦点，听者完全能意识到说话人否定的决心，所以压根儿也没必要去理会该话语后面的内容，故否定层级更高，大有拒人于千里之外之意。"否定"（negating）这类言语行为是不礼貌的或失礼的，因为，不论以什么样的口吻去说话，说话人都是企图否定对方的观点。显然，说话人想要达到的目的与礼貌的要求之间的关系是不协调的。正因如此，说话人更需要注意礼貌地使用语言，尽量地减弱言语的否定力，在维持良好的相互关系的前提下达到自己的目的（周雪林，1996：74）。

所以，上述四个表否定概念的句子，从否定的层级来看，（8）<（9）<（10）<（11）；从话语的间接程度来看（8）>（9）>（10）>（11）从该话语体现的观念视点来看，（11）中说话者对听话者所体现的观念视点消极程度最高，说话者通过该话语并非只想传达否定的概念，或只是对听话者寻求帮助这件事本身的拒绝，而且还表达了自己对听话者态度的否定，体现了自己对听话者完全否定的鲜明态度和决心，从而鲜明地表达了说话者对听话者极度憎恨的程度，丝毫无礼貌之说。同样，例（10）也表达了说话者对听话者的个人态度：我不愿意帮助你。尽管在否定的层级上不如（11），但是说话者通过其话语表达的不是对听话者具体要求的拒绝，而是对听话者整体的否定和拒绝，同样是不礼貌的。而（9）和（8），说话者似乎只是拒绝了听话者的某个要求，而对听话者并未展现出消极的评价，观念视点隐蔽性较强，所以其礼貌的程度相对较高。

　　正如 Cummings 所说，间接地拒绝别人的提议要比直截了当更加礼貌（Cummings L., 2007：11）。礼貌总是人们乐于接受的。而英语教学中，人们更多地关注类似句子的语法形式，而忽略了该句在日常生活中产生的积极语用功效，使语言变得枯燥无味，丝毫没有成功的喜悦。另外，由于忽略了该虚拟语气的运用，其语言交际能力的培养与其他学科，比如人际交往也失去了必要的关联，使得英语更加脱离了现实生活。其实生活中类似的例子很多，可以让英语学习更好地融入生活之中，比如：

（12）A: The minute I saw you, I began to fall in love with you.
　　　　B: I would accept your love if you had told me about that two weeks earlier.

　　学生在生活中完全可能遇到类似的尴尬场面，遇到大胆的男生向女生示爱，或者女生向男生示爱，不情愿但又不能伤害对方，又不能委屈自己作出肯定的回答，所以，类似的句子可以有效帮助学生解决实际问题，容易引起学生的浓厚兴趣。一方面，通过虚拟语气的使用，B 既可以隐含地告诉 A 否定的回答，又能给 A 最大的面子：不是自己没魅力，只是时间晚些，缘分缺乏；另一方面，也让 A 对自己的眼光持肯定的态度，这样的好女孩也应该有郎君啦；再者通过上述虚拟语气的使用，说话者对 B 进行了积极的评价，说明 B 不但有魅力，而且人品也很好，不会见异思迁。所以通过上述虚拟语气的使用，不但让学生学会了如何巧妙地回绝别人的请求，而且学生学习该表达方法的内在动力也会促使其对该语法现象进行深入的学习和探究。

（二）虚拟语气在说真话与谎言之间的聪明选择

面对别人的请求，听话者既要作出否定的回答，不会让对方产生其他歧义，又不能让自己说谎话，而且还要让对方相对愉悦。但虚拟语气的恰当运用可以有效回避这样一些矛盾。比如：

（13）I can't help you.

（14）If only I could help you.

句（14）的优势在于，它不仅含有句（13）的否定意思，还寄予了说话者对听话者的良好愿望（或许是说话者真实的愿望）以及自己不能帮助到对方的深深遗憾，这样的否定完全能避免尴尬。

四、虚拟语气无否定标记对批评、责备意念的弱化

"在私底下要忠告你的朋友，在公开场合又要表扬你的朋友"（Admonish your friends in private, praise them in public.）这句名言对很多人来说并不陌生。现实生活中，人们常常认为"喜欢戴高帽子"（喜欢别人表扬或说奉承的话语）是小孩的天性，甚至连一岁的小孩都是这样，其实成年人也不例外。很少有听话者能愉快接受批评和责备的话语，甚至许多说话人也发现表达批评和责备要比表扬难得多，但是，批评和责备在日常交际中是不可避免的。直陈语气往往直截了当地指出话语受众的不足或短处，导致交际双方的心理距离增大，使听话者产生抵触的情绪。而借助虚拟语气说话者可以不露声色地将这些话语信息传递给听话者，方式间接委婉得多。如：

（15）（a）If you had come here earlier, you would have finished the task.

　　　（b）You came here late.

两句在意义上是等值的，但是语用功能的差异就显而易见了。（a）句中，说话人从积极的角度，向话语的受众提出建议：要是早点来，就能完成任务了。隐含了"要是你来早点儿，你就能完成任务了"的事实，"你没完成任务是因为你来迟到了""你来迟了"的意思也就捎带而来，

并伴随了对听话者的些许责备,但这种责备通过虚拟语气的使用变得非常弱,不至于咄咄逼人,让人难于接受。真可谓"退一步海阔天空"。而(b)句,通过直陈语气的使用,说话者直接指出对方的不足:你来迟了,丝毫未给听话者留下任何余地,形成的心理距离无疑要大,可接受性相对较差。大学英语教材中类似虚拟语气的运用随处可见,比如:

(16)"Sandy," shouted her father, "turn that music off!"

(《新视野大学英语读写教材Ⅰ》二版,P28)

(17)"Why didn't you say something when I took you to him?"the nurse asked.

(《新视野大学英语读写教材Ⅰ》二版,P71)

(18)If only she would marry me! 她要是愿意嫁给我就好了!

(《新视野大学英语读写教材Ⅱ教师用书》二版,P188)

上述三句从语气看,(16)句中,"父亲吼道,Sandy,把那音乐关了!"是一种命令语气极强的祈使句,彰显了极强的权力关系,带有极强的命令色彩,一般只有在上级对下级,或长辈对晚辈时才会使用。(17)句,是护士带有明显责备听话者的陈述语气:"我带你去他那里时,你为什么不说点什么呢?"但丝毫体会不出说话者与听话者地位的高低,体现出一种地位相似的人际—权力关系。而例(18)则明显不同,说话者使用了虚拟语气,表达了一种委婉的请求,既表达说话者的良好愿望:希望她嫁给他,又没有让听话者或听话者因回答类似问题而有任何的压力,即使不回答,也不会显现出无礼,留给听话者的选择余地很大,毫无被命令的感觉。无论是对听话者还是对她而言,都没有丝毫唐突的意味,显得颇有礼貌功效。

在虚拟语气中,也有令人不悦的否定标记的存在。但是,这些存在,不仅不会疏远交际双方的心理距离,相反却能拉近彼此。比如:

(19)If I were you, I wouldn't do it. (丁往道,1979:50)

（20）I wouldn't do it if I were you.

（21）You <u>shouldn't</u> do it!

（22）It's <u>not</u> right for you to do it.

显然，（21）、（22）两句以第一人称"我"为说话的中心，直接阐明说话者的观点或态度，话语人在话语中明显展示出对听话者绝对的权威性，听话人毫无辩驳的余地，往往容易产生反感。而（19）用了虚拟语气以后，表面上并未对听话者有任何批评或责备，而只是发表了自己的看法，似乎只是在叙述"我"的做法，给听话者可能的借鉴，容易让听话人放松戒备，缩短心理距离。而且，说话人通过"我是你"的假设，完全把说话人"我"直接投射到听话人"你"之上，形成了心理的零距离，使听话者很容易跟说话人产生共鸣：我们都不应该那样做，不管我们是谁。

第四节 虚拟语气的运用对空间维度的影响

虚拟语气的运用空间距离的大小同样可以对话语的语用功效产生影响。比如：

（21）It's advisable that she go home. 建议她回家。

（22）She should go home. 她应该回家。

上述两个例子，在语义上基本相同：要她回家。但在语用功效上完全不同，（21）表建议的词汇"advisable"与"she"中间被其他单词隔开，在空间上产生了一定的距离，使"advisable"在一定程度上扩宽了与受事主体的空间距离，这样它对受事主体产生的语力也就相对减小，从而，受事主体在接受类似的建议时压力相对缩小，提高了接受度，所以其礼貌的功效相对较高。而（22）句，表达建议的词汇"should"紧跟受事主体"she"之后，两者之间几乎没有什么空间距离，导致这种建议对受事主体的语力较强，受事主体没有更多的选择余地，因此，势必在受事主体的心理上产生反感，这种反感来自意欲与说话者求得平等人际关系的诉求；而说话者，无论是有意识还是无意识，都蕴含了一种权威性的信息，隐含了地位或权力的相对优势，说话者体现话语中的该观念视点与话语的受事主体的观念视点显然很难一致，受事主体油然而生被命令的感觉并且容易产生抵触，失去了礼貌的语用功效。再如，

（23）A：Don't buy that.
B：I wouldn't buy that if I were you.

（何自然，2003/2006：12）

A 句是祈使句，祈使语气从语用功能上来看，是由说话人向听话人传达命令、提出请求、表达愿望等，这种语用功能往往隐含着说话人和听话人身份上的不同差距，必须使用不同的祈使句。上述 A 句表明了说话人对听话人的绝对权威。从空间距离来看，祈使句通常是由说话者直接作用于听话者，即"I"——"You"的近距离。但是，这种居高临下的氛围很容易引起听话者的反感，在听话者心理上产生较大的心理抵触。对于身份相当的人来说，很难接受，除非关系特别友好，导致说话更加随便。而 B 句，说话人"I"完全站在听话人"you"的角度，把"I"直接投射到"you"上，形成了心理零距离，使这种祈使的语气完全隐藏于说话者的叙述之中，间接的程度很高，缩短了说话者与听话者的心理距离，听话者丝毫没有被命令的感觉，使话语更容易接受。

从语法的角度看，前面（19）和（20）似乎没什么区别。但从句子语序的安排来看，两者不尽相同。（19）句以"If I were you"开始，明显表达了说话者想与听话者拉近心理距离的愿望，而以"I wouldn't do it"——自己的看法——来表明自己对听话者的建议，这种说话者完全是以听话者为中心，几乎没有心理距离；（20）句显然相反，说话者首先表达了自己的看法，给人以"先入为主"的感受。而"if I were you"放在句尾，只相当于增补。显然，从"我"到"你"尽管心理距离较近，但比起从

"你"到"你"的心理零距离来看，后者的可接受性更强。另外，把"I wouldn't do it"放在句首，由于助动词"would"具有多种含义和用法，可能形成歧义，不符合经济原则。在此，它至少可以有两种解释：一是虚拟语气的用法，表达与现实相反的状况；另一个是过去时间的真实表达：would 表示习惯性的行为和意愿。这样，上述句子就可以理解成：我不愿帮助你。其语用效果出乎说话者的预料。

从视点研究的成果来看，否定词在句中的空间方位对否定的语用效果也有较大的影响。要降低言语的否定力就必须扩大否定词与它逻辑上（或语义上）所否定的成份（即否定范围）之间的距离。在主从复合句中，要增加否定词与否定范围之间距离的唯一途径是将否定词 not 前移，即从从句谓语前移至主句谓语前（Horn, 1978）。如：

（24）（a）I think she isn't honest.

（b）I don't think she is honest.

Haiman 认为，语言成分间的距离反映了所表达的概念间的距离（Haiman, 1983）。(a) 句中，否定词直接否定的是"她"，是她不诚实。否定词"not"与否定对象"she"的距离更近，自然对"she"造成的伤害更大，容易疏远说话者与听话者之间的心理距离，接受度较小。而 (b) 句，否定的是主语"我"，否定词"not"离说话者"I"的距离比离"she"的距离要近得多，从形式上看，否定词与主语"I"的空间距离要比距离"she"的空间距离要小得多。对"she"的伤害越小，听话者接受起来就越容易。这样，通过否定的转移，说话者降低了否定意味，从而提高了听话者的接受度，也就显得更加礼貌。

当然，为了表达自己对听话人的极度愤慨和绝对权威，有意用否定层级最高的形式也是可见的。如：（25）On no circumstances will I marry you。"On no circumstances"这种表达强烈否定概念的术语，一旦放到句首，其否定的意味就得到了凸显，其观念视点的体现在前面章节中已经进行了分析，在此不再赘述。

第五节 虚拟语气中动词时空维度的变化与心理距离

一、动词过去形式的运用

赵莉、黄娟（2004：60-64）在《距离性——过去时的认知语言学解读》中对动词过去形式的运用作过研究。针对 Palmer 对过去时多义现象的解释，Talor 提出了质疑："……无论如何，我相信以通常的语义成分为基础，努力整合所有过去时态的各种用法是不对的，比如，事实上过去时只有一个意义'距离'。(…however, I believe that it would be mistaken to try to unify the various uses of the past tense on the basis of a common semantic component, such as [REMOTE]—to claim, in fact, that there is really one meaning of the past tense.)" Taylor 认为，用经典范畴理论来解释过去时多义性存在一些弊端。首先，用距离性把过去时的用法简单概括为一种是忽略了这样一个事实，即用过去时来表达的三种距离（时间距离、真实性距离、人际距离）是完全不同的，"Remoteness in past time is a very different kind of remoteness from fictional and counterfactual remoteness, while remoteness as a component of pragmatic softening is mediated by a very specific conceptual metaphor associating proximity with involvement, and distance with lack of involvement"(Taylor, 2001：153)。另外，Palmer 也不能解释过去时的三种用法在多产性（productivity）方面的不同，即用过去时表达过去距离的情况几乎可用于英语中的任何动词，而另外两种用法则较为局限；有些情态动词表委婉语气的用法已经凝固化了，即经历了语用功能语法化的历程，因此它们的意义不能简单

通过过去时的基本用法推导出来,所以就更不可能把两者等同起来了(赵莉、黄娟,2004:62-63)。

赵莉、黄娟(2004:63)从类典型效应(prototypicity)和家族相似性(family resemblance)对过去时进行了研究,认为可以把过去时看成一个语法范畴,它同样也呈现出类典型效应。这个范畴主要由三个成员组成,它们的身份和地位并不相同,也有中心和边缘之分。其中,表达时间方面的距离是过去时最基本、最典型的用法,属于典型成员,而表达非真实性和虚拟语气的则是由时间距离拓展而来的,属于非典型的边缘成员。这主要表现在,用过去时来表达过去几乎可用于英语中所有的动词,相比较而言,表达非真实性只局限于为数不多的句型中(如If…,Suppose…,I thought…等),而过去时执行委婉语气功能的用法则更为局限,一般只限于一些情态动词,如 could, should, might 等。但过去时的这三种用法也并非互不相关,它们是通过家族相似性联系在一起的,后两种用法是由过去时的基本用法通过隐喻拓展而来的。

赵莉、黄娟(2004:63)在研究意象图式(image schema)和隐喻拓展(metaphorical extension)时认为,意象图式是初始层次上的认知结构,是在人对客观世界的感知和身体体验的基础上形成的。意象图式为隐喻提供了体验性的基础,它的拓展是靠隐喻过程来实现的,换句话说,隐喻拓展是以意象图式为基础的。时间概念是空间概念映射的结果,用过去时表达时间距离的用法如图 5.2 所示。

图 5.2

其中,点 O 表示参照点,点 A 则为相对于参照点 O 的任何一点,但在点 O 的左侧且与点 O 之间必须有一定的距离,上图便是人们对过去时概念的认知图式。而用过去时表达虚拟性则是由时间域(time domain)投射到真实性域(truth domain)的结果,可用 5.3 表示。

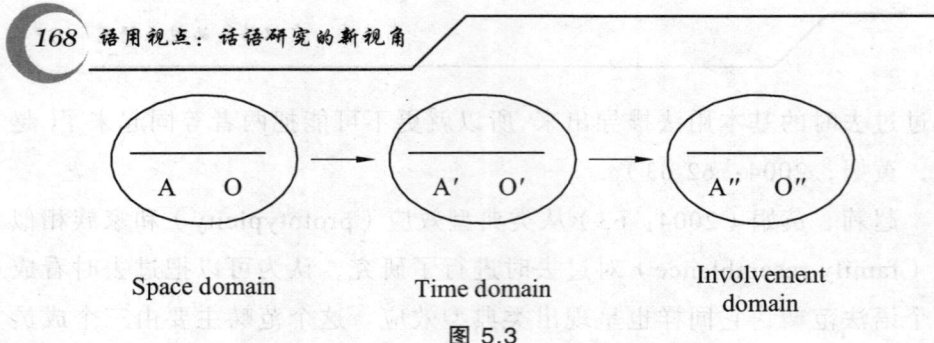

图 5.3

其中，时间域是源域（source domain），真实性域是目标域（target domain）。在目标域中，点 A'和点 O'不再代表两个时间点，点 O'是真实性参照点，而点 A'与点 O'有一定的距离，所以可用来表示非真实性。用过去时来执行委婉的语用功能的情况似乎要更为复杂，它经历了双重隐喻化（double metaphorization）的过程。首先是用空间域来构建时间域，然后从具体的时间距离来映射心理距离，即空间域（space domain）到时间域（time space），再到介入域（involvement space）的两次投射过程，如图 5.4 所示。

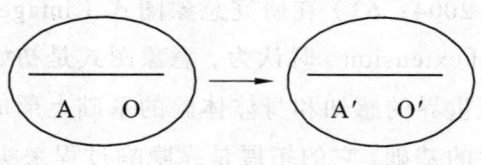

图 5.4

距离越近就意味着礼貌程度越低，反之则越高。这样一来，说话人选用过去时可有意疏远自己与所正在实施的言语行为之间的距离。正如 Tylor(2001)所述，"Thus, by using the past tense, the speaker can as it were distance himself from the speech act that he is performing…"这就是下面句子中的（b）比（a）更为礼貌的原因，因为（b）中说话者疏远了自己与所实施的请求、命令等言语行为的距离，也为听话者留有更多的选择余地，从而更为礼貌。例如：

(26)(a) I am wondering if you could help me.
　　(b) I was wondering if you could help me.

　　赵莉和黄娟认为，在漫长的语言运用过程中，用过去时来表达虚拟性和执行委婉语气的功能都经历了语法化的历程。一方面，它们已经以语法规则的形式储存在语言使用者的大脑中，当我们碰到这两种用法时，能很快地从大脑中提取信息，很自然地理解，不需要再经历繁杂的推导过程；另一方面，当 should, could 等情态动词执行委婉语气的功能时，它们的意义并不能简单地由 shall, can 的基本意义推导出来，因为在语用功能语法化过程中要包含语境因素的语法化。所以，过去时的用法经历了隐喻拓展和语法化的过程，这就是隐藏在过去时距离性背后的认知理据，也是它的三种用法不能概括为一种的深层原因（赵莉，黄娟，2004：63-64）。

　　Palmer（1974：48）援引 M. Joos 在 *The English Verb: Form and Meaning* 一书中提出的观点，指出动词过去时的非真实（unreality）用法本质上跟过去时间用法是一致的，过去时是一种"距离的"时态，包括时间或现实的"距离"（remote in time or in reality）。Young（1980：96-97）也认为，过去时与过去时间相联系，因此往往使人们联想起"不存在"（absence）"遥远"（remoteness）或"距离"（distance）。

　　易仲良（1999）提出过去时态的实质是距离性，在任一特定语境中，它总是表示三种距离中的一种：或表过去时间逆时针方向的时间距离，或表礼貌、委婉的心理距离，或表所谓虚拟的与真实性的距离。"距离"，从其最原始的意义上来说，无疑属空间概念。Lyons（1977：718—719）在论述"方位说"（localism）时指出，空间结构是人类认知活动中最基本的概念。由此引申到时间概念，乃至各种各样的抽象概念。在世界许多语言的语法和词汇结构中，时间概念的空间化是显而易见、无处不在的一种现象。动词的"时"与"体"（aspect）这样的语法范畴也可以用方位说的理论来解释。跟"方位"一样，"时"也是一种指示范畴（a deictic category），而空间指示语与时间指示语之间存在着明显的对应关系，如"here""there"和"now""then"可分别分解为"at this place""at that place"和"at this time""at that time"。因此,所谓的"过去时",隐含的是一种"远离性的情态意义"(modal remoteness),即"at that time"。距离表示礼貌,这是一种心理距离。德国哲学家叔本华曾讲过这样一则寓言故事(转引自梁实秋《雅舍小品集》):"一群豪猪在一个寒冷的冬天挤在一起取暖;但是他们的刺毛开始互相击刺,于是不得不分散开。可是寒冷又把他们驱赶到一起,于是同样的事故又发生了。最后,经过几番的聚散,他们发现最好是彼此保持相当的距离。"同样,群居的需要使人形的豪猪聚在一起,只是他们本性中带刺的令人不快的刺毛使得彼此厌恶。他们最后发现的使彼此可以相安的那个距离,便是那一套礼貌(转引自李国男,2004:38,40)。如:

(27) If you really worked hard, you would get promoted.

该句表示的是与现在事实相反的情景,设想与事实之间有一段距离。它不仅可以表达对听话者不能提拔的否定评判,而且也表达了对听话者没有努力的责备,更是对听话者今后提出了一种良好的希望,希望听话者认真努力。尤其是最后一层意义最能引起听话者的共鸣,促成较好的心理趋同的实现。类似责备的话语中,时间距离、空间距离越小对听话者产生的压力越大,形成的心理距离越大;相反,时间、空间距离越大,听话者产生的压力就越小,从而形成的心理距离越小。同样,用过去时和将来时,尽管其产生的压力比现在要小,但现实生活中,人们都宁愿伤痛或不好的事已经过去,而不是将要发生,相反,对美好的事情,人们总喜欢去迎接,因而设计在将来,这更会带给人愉悦的感受。沉浸在过去的美丽之中不是一种积极的态度,而对美好未来的期盼常会给人带来欢乐。所以类似上面例子中的遗憾人们也宁愿早已过去,用了过去时,而不是将来时。这一点与人的"趋利避害"的本能是相符合的。

```
过去 ←――――― 现在(压力) ―――――→ 将来
 小              大                   小
```

图 5.5

同样，(28) He talked as if he had not beaten me.

该句在描写设想时用了过去的过去，从时间距离上在过去的基础上又向前推移了一个时间段，现实与设想之间形成了更大的时间距离，这种更大的时间距离直接映射到更大的空间距离，所以对听话者来说，空间距离越大，所感受到的压力就越小，从而更好地拉近说话双方的心理距离，大大地提高了听话者对话语的接受程度，自然其礼貌的效果愈好。

在虚拟语气的动词短语里，无论是主动词还是助动词的过去时态形式所表示的"与真实性的距离"的语法意义均可分为两类，即：（1）不可能成为真实的绝对距离；（2）在某一时点为非真实，但那一时点之后多少有可能成为真实的相对距离（易仲良，1988：11）。如：

（29）I wish I had taken the medicine yesterday.（与真实性有绝对距离）

（30）If it should rain tomorrow, what would you do?（表示说话人设想一个与真实性存在相对距离的将来动作）（易仲良，1988：12-13）

动词过去形式的运用，无论是与真实的绝对距离，还是说话人设想的与真实性存在的相对距离，其宗旨都是刻意拉大说话人的设想与现实的时间距离，从而形成较大的空间距离。而这种时空距离的疏远恰恰让一些表责备、遗憾的话语对听话者形成相对较小的心理压力。压力越小，交际双方形成的心理距离越近。有时候，说话者通过人称的运用有意疏远与听话人的关系，形成较大的空间距离，其真正的用意也是减少对听话者的伤害，从而不至于使心理距离增大。比如，父亲对儿子说：

（31）(a) Someone doesn't like eating vegetables.
(b) Why don't you like eating vegetables?

就人称指示语而言，第三人称指示语要比第二人称指示语体现的社交距离大，亲密程度自然就低（Head, 1978）。侯国金（2007：69）认为，与我最近的当然是"我自己"，因此语言交际的人称词语以及日常交谈都以自我为中心。其次是"你/你们"，较远的是"他/她/它/他们"

等，再远就不可及，没办法谈及/理解，或只能靠描述再以第三人称指别词来指示。人称指示语的视角选择必然涉及人际关系的表达、适应与顺应。就其目的来说，可简单归结为两大类：（1）缩短双方的心理距离，以实现心理趋同；或催生双方之间的亲密程度，以体现亲情关系；或体现说话人对所指对象的尊敬。这是一种"语用移情"（pragmatic empathy）支配下的人际关系适应与顺应。（2）拉大双方的心理距离，凸显心理趋异；或体现说话人对所指对象的反感，制造心理空间。这是一种"语用离情"（pragmatic de-empathy）支配下的人际关系适应与顺应（冉永平，2007：333）。

（a）句原本意思是"你不喜欢吃蔬菜"，但这里说话者故意回避了第二人称"you"的用法，用第三人称"someone"刻意拉大了说话者与听话者之间的空间距离，从而使类似的责备话语对听话者来说相对间接，不至于使听话者当面难堪，所以与说话者的心理距离反而更近。同样，由于用了第三人称，对说话者自己来说，也是礼貌的。因为用"someone"代替"you"，其指向的肯定性变弱，话语变得相对委婉，即使自己的话语一定为真，这样的处理也可以增加听话者对说话者方式的接受度。万一该事件并非想象的那样，而是其他人干的，这样说话者也不会陷入尴尬，冤枉听话者，造成一种不必要的伤害。正如医生一样，很少有人会说这个病绝对是什么，他绝对可以将它治好。因为这样的话语，可以显示出医生不严谨，万一出现意外情况，其权威性就会受到极大的挑战，从而影响自己在公众心目中的形象。所以上面句（a）用了第三人称后，给自己留下了更大的回旋空间，可谓对自己也更加礼貌。而（b）句用直陈语气，就失去了虚拟语气的优势，从语用功能上说，说话者责备的意味非常强烈，而且说话者所提到的事实也毫无商量的余地，咄咄逼人的气势极易引起听话者的反感，从而形成较大的心理距离，礼貌层级较低。

上述用法与说话者表达一些表扬、赞赏或向听话者传送好消息等话语不同：听话者对有利的信息或事物的空间距离与时间的安排离听话者越近，给听话者带来的喜悦越强烈，越容易被听话者接受。如：

（32）A：Congratulations!
　　　B：Thank you very much.

对 A 的祝贺，B 通常会喜悦地回应"谢谢"。即便平时关系不是十分友好，上述的祝贺也会拉近彼此之间的心理距离，增进关系。在竞选获胜时，一些人会争先恐后地发来贺电表示祝贺，而且第一个表示祝贺的人往往会给对方和其他人留下深刻印象，暗示他们的关系最好。比如，习近平总书记当选为国家主席时，俄罗斯总统普金第一个打来电话表示祝贺，这充分显示了中俄两国战略伙伴关系的与众不同。再如：

（33）A：Wonderful!
　　　B：Thanks.

类似话语总会给人带来喜悦，拉近交际双方的心理距离，形成礼貌语言。日常生活中说话者在说出类似话语前的些许停顿往往会被听话者理解成是"卖关子"，使其迫不及待想知道相应的信息，这一点也可以说明听话者离积极的信息越近，说话者的礼貌功效越强。

二、动词过去完成形式的运用

在虚拟语气中，动词过去完成时态的运用，常常形成一种"过去的过去"的时间概念，是一种较过去时间更久远的时间概念，进而导致空间距离的加大，最终使一些对受事主体不利的因素离受事主体距离更远，自然受到的伤害就更小，最终导致心理距离的缩小。如：

（34）If he had gone there earlier, he would have been killed in the accident.

⟵ past of past ─── past ─── now ⟶
图 5.6

显然，"早点儿去那里"的直接伤害就是"死"，用过去时表达发生在"past"，而这里用了过去完成时态形式，表达了时间上的"past of past"，显然先于"past"发生，从空间距离来说，伤害离人们的距离越远，对人们的伤害越小，人们的心情越好；从时间距离来看，伤害离现在距离越远，越往过去，对人们影响越小。正如英语中的一句名言，"Time is the best healer."汉语也一样，人们总是会遇到这样或那样的伤害，情感或身体的，但人们不会总是伤心，随着时间的推移，这种伤痛都会慢慢被淡忘，逐渐从人们的生活中消失。再如，

（35）He talks as if he had been to the moon.
他说得好像自己去过月球一样。

现实的状况是：他没有去过月球，与他谈话时的表象是相反的，显然与他欲表达的愿望也是相反的，这里表达的是说话者对说话主体"他"过分健谈的轻微责备。这种尴尬对讲话者"他"并没有什么好处，也不是他想看到的。这种不利离"他"越远越好。后面的话语中用了表过去完成时态的形式，其目的也是为了在时间上显示出"过去的过去"，刻意拉大时间距离，从而形成更大的空间距离，使上述隐含的责备口吻离主体"他"更远，从而使说话者对说话主体"侃侃而谈"的责备意味更弱，达到相对礼貌的功效。

以上说明，虚拟语气通过动词形式的变异，常常可以形成较大的时间距离，进而产生更大的空间距离，从而使责备或伤害的一些因素离受事主体更远，减小伤害程度，从而拉近了与受事主体的心理距离，取得礼貌的语用功效。

三、动词原形的运用

动词原形的运用，在虚拟语气中多数是省略了情态助动词should的结果。当然按照"be"形虚拟语气的用法，也可以理解为虚拟语气直接运用了动词原形。试比较：

（36）（a）It's advisable that she go home.
（b）She should go home.
（c）Go home.

侯国金认为，指别词语在某种程度上象似于人称距离、空间距离、时间距离、人际距离、语篇距离（侯国金，2007：69）。上述 a 句虚拟语气中的动词用原形，避免了动词第三人称形式-s，或-es 的运用，故第一、二、三人称的动词形式一样。三种人称使用同样的语符，消除了不同人称之间原本具有的语符距离，较好地隐藏了三种人称所固有的空间距离和由此而映射出来的心理距离，使交际双方在思考问题时易用相似的思维方式去解读某话语，形成较小的心理距离，大大提高了建议的可接受性，达到较好的礼貌功效。（b）句采用了较为直接的建议方法，从说话者到第三人称的"她"不如（a）句的距离相似性好，所以形成的距离也较大；（c）句是一个祈使语气，有强烈的命令色彩，可接受性最小。按照话语受众"趋利避害"的心理，这种空间距离的缩短直接导致可能出现的伤害的加重，故心理距离会呈现相反的方向发展。所以（a）句的选择正好实现了虚拟语气间接祈使语气的表达效果，较好地拉近了交际双方的心理距离。

上述虚拟语气中，说话者通过人为地消除不同人称之间的语符距离，从而缩小了人称之间的空间距离。同样的方式适用于各种人称，实现了平等的人际关系，也在一定程度上实现了礼貌的功效。

第六节　虚拟语气中情态动词的运用与观念视点

一、情态动词的"否定"层级

虚拟语气中，可以通过不同的情态动词形式来表达可能性的大小。李洁红认为，从 must 到 might，可能性越来越小，否定性越来越强（李洁红，2008：99）。也就是说情态动词的使用，可以表达否定的层级性。这种用肯定的形式表达不同种类和层次的否定概念正是虚拟语气的使用带来委婉、礼貌的语用功能的优势。虚拟语气选用的情态助动词 should， would, could, might 等的概率或义务度都属中等偏下。运用中等偏下强度的情态助动词来表达说话人的态度，自然就符合虚拟语气话语的交际目的。这些弱势情态动词掩盖了说话人的锋芒，弱化了命题的强制力，使其仅用于提醒、提示（Halliday，1994）。例如：

（37）If I might suggest I should say that it would be better to turn off the light.

（38）Could you close the door?

（37）句，说话者通过"might"这种可能性极小的情态动词使"suggest"的建议性更加弱化，使得"关灯"这个建议对听话人来说完全成为一种商量的口吻，听话人的选择余地非常大，所以表现出的礼貌性也就较好。

（38）句表达的本质意义是让听话者去把门关上，但由于用"could"弱化了祈使句的命令语气，较好地掩盖了说话人的强制力，大大地缩短了话语双方的心理距离。再如下面的系列句子：

（39）（a）He must go home.
（b）He may go home.
（c）He could go home.
（d）He might go home.

（39）（a）→（d），从肯定到否定的表达，（d）句表达了可能性最小，但没有任何否定词。这也是用肯定的形式来表达否定意义的一种选择，表达积极的观念视点。虚拟语气中表示对过去的猜测的各种表达方法也可以明显说明这一点。比如：

（40）
（a）The woman must have stolen my money. 这位妇女肯定偷了我的钱。
（b）The woman may have stolen my money. 这位妇女可能偷了我的钱。
（c）The woman could have stolen my money. 这位妇女偷我的钱有点儿可能。
（d）The woman might have stolen my money. 这位妇女可能偷我的钱（吗）。

上面四句话中，除情态动词的使用有所不同，其余均一样。它们都是说话者用来表达对过去事实的一种推测，但句（a）发生偷盗的可能性最大，表现为"肯定"；（b）句，说话者肯定的语气要缓和得多，表现为"可能"；（c）句，说话者的语气更加不肯定，表现为"有点儿可能"；而（d）句，说话者的语气就连自己也表示怀疑，笔者翻译成"可能吗"。在英语中，四个句子通过"must—may—could—might"情态动词的不同，表达了"the woman"偷盗的可能性的从大到小，充分展示了说话者与句子表达主体"the woman"在观念视点中体现的心理距离的大小，显示了说话者对话语主体评价消极的层级性。

二、情态动词表良好的祝愿

情态动词放在虚拟语气中，直接表达一种良好的祝愿，这是直接陈述语气和祈使语气很难办到的。如：

（41）a. May you live long! 祝你长寿！

b. May God bless you! 愿上帝保佑你！

上面两句表祝愿的句子显然在英语中属于有标记的用法，"may"放在话语的开始，会直接提示听话者说话者一种不同寻常的表达。良好的祝愿，总能在较大程度上取悦听话者，使交际双方的心理距离缩短，极易产生继续交流的欲望，自然也应属于礼貌用语的行列，必定能产生较好的礼貌功效。

正如冉永平在为 Louise Cummings 的《语用学——多学科视角》所作的导读里所言，语用学的分析模式与理论应关注交际主体的心理过程，因为话语理解等信息处理必然离不开心理过程或心理现实等（Cummings，2007：dd19）。从上述讨论可以看出，虚拟语气的形式多种多样，而各种虚拟语气使用的共同之处均有缩小心理距离的语用功效。心理距离的大小直接决定听话者对话语的理解意愿和方式，成功的交际需要相对较小的心理距离。虚拟语气的使用，通过言语的间接性，增强了话语的委婉程度；通过时间的向前推移，拉大了时间距离，从而形成较大的空间距离，空间距离越大对听话者的伤害就越小，从而增强话语的可接受性，提高话语的礼貌程度。拉近交际双方的心理距离是虚拟语气在语用上的根本特征。虚拟语气强大的语用功效使其在日常交际中具有强大的生命力。在大学英语的教学中，虚拟语气不应是学生枯燥无味背诵的语法形式或追求考试的唯一目标，它更应成为人们日常交际中缓冲矛盾的润滑剂，成为推动有效交际的礼貌用语的活动力，使学生在体验中获得乐趣，在日常生活的体验中去纠正自己的表达，在理解和渴求运用的内在动力的推动下不断改进自己的用法，提高综合运用英语的能力。

第六章　从视点的安排看直接引语与间接引语的运用

第一节　传统英语教学中的直接引语与间接引语

一、直接引语和间接引语的普遍性

　　说话人讲的话可以用两种方式来引用。如果引用他的原话，就称直接引语；如果按引用人的观点来引用，则称为间接引语（张道真，温志达，2001：498）。薄冰和何政安（2004：783，784）认为，直接引语（direct speech）就是一字不改地引述别人的话语。间接引语（indirect speech）就是用说话人自己的话语引述别人的话语。直接引语是指原样引用说话人说出的话，而间接引语是指间接转述说话人说出的话。在间接引语中，会对原说话人使用的代词及某些具有指示作用的词作出相应的调整（董秀芳，2007：367）。

　　间接引语明显带有转述人自己的观点；即使是直接引语，转述人也只能是一字不落地将原话说出来，但是原说话人说话时的语境、对象以及原说话人的态度等很难在引语中得到真实的再现。所以直接引语和间接引语的关系显然并不能等同。

（一）直接引语和间接引语运用的普遍性以及在中西方使用频度的研究

根据徐赳赳《叙述文中直接引语分析》（1996：61）的统计，每篇叙述文中，直接引语平均有1.72个，间接引语平均是0.38个，从中可以看出直接引语与间接引语在叙述语篇中使用的广泛程度。

中国香港树仁学院新闻与传播学系系主任刘其中（2011）撰文"直接引语——香港中文报章新闻写作的一大缺陷"，对香港中文报章使用直接引语的情况做过调查，调查的报纸是香港具有一定代表性的《明报》《文汇报》《东方日报》和《南华早报》，调查的时段是任意选取的前一年九月一日至七日，调查的内容则是这些报纸刊登的新闻中使用直接引语的情况，结果发现：有83%的新闻一条直接引语也未使用，使用了直接引语的只占17%；而在同一时段，《南华早报》有78%的新闻使用了直接引语，其中使用了三条以上的几近一半。此外，作者还就在中国香港印行的《亚洲华尔街日报》对中国（包括大陆、香港、澳门和台湾）的报导作过调查，重点是该报在报导中国问题时使用直接引语的情况。调查的时段与上述调查相同，结果发现：这份英文报纸在报导中国问题时，81%的新闻使用了直接引语，其重视程度与《南华早报》不相上下，与中文报纸的17%同样形成了巨大反差。在西方、特别在美国，新闻院校都把直接引语的使用列为重要讲授内容。密苏里大学出版的《新闻报导与写作》一书中写道，"直接引语会使新闻增加色彩，提高可信程度。使用直接引语，你是在告诉你的读者，你已使他们与说话人建立起了直接联系。一看见引号，读者马上就会意识到：下面的内容必定非同一般。直接引语还能改变新闻的节奏和韵律，使板着的面孔骤然'多云转晴'。"在美国，没有直接引语，新闻简直就构不成新闻。西方记者采写直接引语的热情非常执着。文中，刘其中选用以下例子足以说明西方人或美国人对直接引语的热衷程度以及与中国人的不同：

（1）一九九五年五月，作者（刘其中）在天津负责组织新华社对第四十三届世界乒乓球锦标赛的报导。五月十四日下午，我去采访国家领导人李瑞环会见国际奥委会主席萨马兰奇的活动。因事先知道有记者对那次锦标赛的组织工作颇有微词，一些外国同行甚至扬言要向萨马兰奇「告状」，又听说会面时可能会谈及国际奥委会希望中国申办二零零四年奥运会的事，所以，我在采访时格外留心，不仅作了详细笔记，而且还录了音。会面后，我在现场写了稿子，根据录音用直接引语写了进去。但是，当定稿从有关方面退回时，我发现我在新闻中着意写入的直接引语中的引号被统统删掉了。具有讽刺意味的是：就是在那次世乒赛上，西方记者却一直为采访不到像样的直接引语而发愁。五月一日，美联社的一位记者专程到新华社发稿中心拜访，说他们在语言上有困难，希望新华社能为他们提供一些中国运动员或教练说的话。他们要的是直接引语。五月十三日，当韩国运动员金泽洙在四分之一单打决赛中挫败中国主力选手王涛、但接着又因比赛时使用了违禁胶水而被取消资格后，美联社的那位记者又来到我们的发稿中心，主动提出以金泽洙被取消资格后的牢骚话来换取我们从王涛那里采访到的直接引语。一九九三年十月二日，作者在纽约联合国总部采访中国副总理兼外交部长钱其琛与英国外交大臣赫德就香港问题举行的会谈。那天，等在谈判室外面的记者很多，个个都为拿不到第一手材料而坐立不安。这时，路透社驻联合国分社社长利奥波尔德挤到我跟前，悄悄地说，"让我们做个交易：会谈结束后，我去采访赫德，你去采访钱，然后咱们交换一下引语，怎么样？"显然，她最关心的就是能不能拿到有关这次会谈的直接引语。

刘其中分析认为，政府官员、新闻工作者应消除顾虑。官员们之所以不愿记者直接引述他们的话，主要是怕承担责任，害怕他们的话"带着引号"见诸报端后一旦有错会被上司追究。记者之所以不愿使用直接引语，主要是怕惹麻烦，担心会因引述不确而招惹是非、带来法律责任。解决这些问题的关键在于培养一种强烈的事业心。既然选择为官，就应为民做主，份内的事就要勇于承担责任；既然立志以新闻报导为终身职业，心里就应装着广大读者，养成一种"舍得一身刮，敢把皇帝拉下马"的无畏气概。若此，诸如要不要在新闻里写入直接

引语、敢不敢写入直接引语的问题就会迎刃而解。刘其中还就直接引语的使用总结出一些规律:

A 新闻人物讲了一些非同一般的话——如,

(2)一九八七年六月,美国前总统卡特访问西藏。十八日,在返回北京的专机上,他向新华社记者畅谈观感,对中国政府的西藏政策备加赞扬。当天,新华社播发了相关新闻,其中用直接引语引述了卡特的以下谈话:

"这次我高兴地看到,宗教信仰者在西藏享有信教的自由。"

"我猜想,这些议员(指反华议员——作者注)可能没有访问过西藏,他们了解的情况可能有误。"

"回国后,如果我把我在西藏看到的情况转达给美国参议两院的议员们,他们的观点可能会同众议院通过的议案相反。"

毫无疑问,这些直接引语大大提高了这条新闻的可信性。试想,如果记者把引文中的引号统统去掉,那么,卡特上述评论的意义就会大打折扣。事实上,还真有乐于查根问底的好事之徒。卡特回到北京后曾举行过一次记者会。会上,西方记者竟对新华社的报导提出质疑,问他是否说过这样的话,如果说过,当时到底是怎样说的?新华社的报导是否是断章取义?

B 新闻人物发表了一些重要的言论——

如果知名人物发表了一些重要意见,报导时最好使用直接引语。

(3)朱镕基总理关于香港"议而不决"的谈话。朱镕基在爱尔兰的一次答记者问中曾说:"香港应该团结一致,很多问题需要讨论,发扬民主大家来讨论,应该怎样采取一些对策,但是也不能老是在议而不决,决而不行。"

(《明报》)

次日,香港报章对此作了突出报导,在引述朱总理的话时,有的使用了直接引语,有的使用了部份引语,有的使用的是记者的转述。使用直接引语的那些报导,在引述以上谈话时,引号内的措词也各不相同。

也许因为关于这些话的"版本"太多，以致后来发生了那里本不该发生的争议。

当美国总统小布什上台后，中美关系经历了种种挫折，"九一一"事件后，两国关系出现转机。因此，当中国国家主席江泽民十月十九日与小布什举行首次会谈后，两人怎样描述这种新关系就成了世人关注的焦点。但是，当读者次日打开报纸寻找有关新闻时，他们看到的仍然是记者的转述，绝少使用直接引语。

C. 新闻人物讲了一些生动幽默、寓意深邃的话——

生动幽默、寓意深邃的话，肯定会令新闻生辉。下面与本文内容相关的往事，一直令作者感到回味无穷。这些话，当然应用直接引语写入新闻。

（4）前联合国秘书长布特罗斯加利不仅言谈诙谐，而且机敏睿智，常常使用寓意深邃的双关语来回答一些棘手的政治问题。一九九一年在竞选秘书长时，他曾不止一次地表示：如能当选，他将只做一届。然而，在一九九五年五月的一次记者会上，有记者问："值此联合国成立五十周年，你是否考虑过竞选连任？"对此，他微微一笑，答曰："古埃及有句谚语：'旧鞋好穿'。"这样的回答既幽默，又含蓄，准确地表达了说话人的思想，然而又不失政治人物的尊严。

当然，刘其中（2011）认为，使用直接引语时应注意：直接引语必须准确无误，不可有违原文，更不可违背原意；不能无中生有，也不能断章取义。切不可为了使新闻显得完美无暇而修改自己的采访记录；不能杜撰新闻来源。提供新闻来源时，应同时提供当事人全名和职务；如引述内容较多，用引号引起来的应为最关键的部份；写作引语时，最好能将直接引语、间接引语和部分引语交错使用，以增加文字的变化，令文章显得错落有致，层次分明，生动活泼。

（二）直接引语和间接引语在转换中的缺陷

直接引语主要用于无拘束的交谈及文艺语体和政论语体中，间接引语则主要用于相对正式的交际场合及学术语体和公文事务语体中。直接引语具有句法独立性，其表现形式灵活自由，可以按照说话者生动的话语表达形式组织语言。而间接引语是作者的讲述，体现的是作者的话语风格，说话者的个人特点只能依靠描写或部分地借助词汇和语法手段来表现，因此话语表达形式会限制部分直接引语向间接引语的转换。直接引语中的动词命令式形式及表达祈使、支配和命令意义的动词不定式结构只能体现说话者个人的话语风格。直接引语变成间接引语时，首先是话语从被述者视角变成转述者视角的一种视角转换，其次是主观化表达变成客观化表达的情态意义的转换，再次是规范的言辞代替口语化表达的语体色彩的转换，最后还是一个独立的语句变成从属句或从属句子成分的句法转换（赵秀玲，2012：21-22）。除非是使用录音作为直接引语，否则只要经过第三者之口，无论是直接引语还是间接引语都很难摆脱转述者的观点，在字面或语气方面与原话语发生偏差，掺杂转述者对原说话者和原说话内容情感和观念几乎是不可避免的。所以转述者不同，其原话语变成间接引语的形式可能就不完全一样，这样，一个直接引语就会因为不同的转述者形成多种版本，导致间接引语的不唯一性。即使是用录音材料作为直接引语，其引述者也可能会断章取义，只引述自己认为应该引述的部分，从而也可能失去原说话者的完整意义。赵秀玲认为在转述时必须使用祈使类和愿望类动词，以及表达情态意义的副词来表达，这些在直接引语转换成间接引语的机械练习中，大多被丢失，未能保持原来直接引语中表达情感，态度等的所有意义。另外，直接引语中可能只有或有很多感叹词、插入语和呼语，直接引语也可以是强烈的感叹句形式，但是这种只表达感情色彩和感情色彩强烈的话语一般不以间接引语的形式出现，由此造成了间接引语表达感情色彩的语言手段的不足，因此这类直接引语不能变成间接引语（2012：22）。冉永平（2006：12）认为："从语用的角度来说，话语的选择与使用所涉及的不仅是语法规则的制约问题，更多的是语境因素问题。"特殊的话语形式只有依赖一定的语境因素才会具有形式的确定性、意义的完整性和信息量的适当性（赵秀玲，2012：24）。

综上所述，直接引语和间接引语各有各的长处，而并非完全等值。从语法角度认为是正确的直接引语形式，正如McCawley（1988：288）所言，英语中有些问题可以被转述，但却不能提问。如：

a. I asked Jerry what John had bought and Mary would borrow.

b. *What has John bought and will Mary borrow?

有一句著名的喜剧台词可以援引：

*He said that frankly his dear he didn't give a damn.

（Yule, Mathis & Hopkins，1995:10-11）

所以,把直接引语与间接引语只作为语法现象进行机械的转换练习，只能使学生一定程度上掌握两者语法形式的基本构成，但在实际生活中很难得到灵活运用，漏掉这样那样的意义、感情色彩或语气并非少见。再者，不重视直接引语和间接引语在实际生活中的强大生命力，不重视直接引语和间接引语在实际运用中的变化规律，一味地只重视语法上的机械练习，很容易让学生觉得乏味，甚至产生抵触情绪，失去语言学习应有的乐趣。

二、直接引语和间接引语在教学中的处理

传统的英语教学中，尤其是中学英语教学里，对于直接引语与间接引语相互转换的认识基本都停留在语法层面。张荣建认为，在英语直接引语到间接引语的转换（shift）中通常要涉及三个方面：人称（person），地点（place）和时间（time）（1992：1）。比如：

（5）The boy said, "I will come home this afternoon."

上面的例子，转换成间接引语时，一般都会强调以下几点：（1）去掉引号，把里面的句子变成"The boy said"的宾语从句；（2）把代词"我"变成"他"；（3）把动词"come"换成"go"；（4）把时态由"一般将来

时"改成"过去将来时";(5)把"this afternoon"改成"that afternoon";如果有"here"还需改成"there"。许多有经验的教师还把直接引语与间接引语的转换练习编了许多顺口溜,比如:在人称方面,"一随主,二随宾,第三人称不更新"。另外,人们常常会强调一些例外的情况:如果在当时转述,时间状语不变;如果是当地转述,地点状语无需变化。这种语法上的机械变化或硬性的不需变化常常导致学生理解上的困难。学生对于两者之间的转换除了机械的操练,在实际生活中很难正确运用。其实,直接引语与间接引语并非完全等同,什么地方用直接引语,什么地方用间接引语,完全由叙述者的视点选取来决定。直接引语用的是说话者的视点,间接引语用的是转述者的视点(董秀芳,2007:367)。为了更好、更形象地展示原来说话者的态度、语调、情感等观念视点,或更好地隐藏自己的观点,说话者常常会选择直接引语。说话者这样的选择还常常是为了向听话者传达出该话语的客观性,而不是自己的意思。比如,他说,"我不喜欢你。"说话者通过对他说的话直接引用,表明"我不喜欢你"丝毫与己无关,自己只是重复了别人所说的话语。

　　正如 Harman(1990)在《国外外语教学》中所讲,语法教科书中所讲述的直接引语和间接引语之间的简单关系中,很多是学生在课堂以外的语言使用中可能遇到而语法书却没有充分解释的。对于那些已经掌握直接引语和间接引语进行机械性转换形式,然而对进一步熟悉转述的构建和解释的各种模式仍需加以引导的学生来说,这一问题就显得更加突出(Yule, Mathis & Hopkins, 1995:10)。

　　直接引语与间接引语的转换在传统教学的机械练习中,学生不但很难记住那些抽象的语法框框,许多转换规则和特殊情况的处理也往往让学生头疼,而且还不能把直接引语中所表达的所有内容传达给听话者,或许这也是直接引语和间接引语运用不容忽视的内容。这很大程度上是由于叙述视点不同,所代表的观念视点就完全不一样。对直接引语和间接引语从视点的角度研究,可以找到新的语用阐释。

第二节 直接引语与间接引语的传统研究

弗雷格（G. Frege）最先注意到说话人话语和引用话语的不同。他指出：当某人在直接的（通常的）谈话中引用别人的话语时，就是在谈论这些语词本身。在这种情况下，他就用自己的语词命名（指示）另一个人的语词，而只有后者的语词才有通常意义下的指称。在书写上，我们用引号把所谈论的词象（word-icon）区分出来，引号内的词象因而不能够按通常的方式处理（Grege，P378）（转引自贾中恒，2000：37）。转述中的引语来源于他人的语话（speaker's original speech），但引语本身（the reported speech in isolation）和他人的原来话语并非完全等值（贾中恒，2000：36）。根据 Austin 的言语行为理论（the speech act theory）：人们在说一句话时，同时产生言内行为（locutionary act）、言外行为（illocutionary act）和言后行为（perlocutionary act）。其中的言内行为指按照句法把词连结起来的行为。Austin 又进一步将言内行为区分为三种行为，即发音行为（phonetic act）、出语行为（phatic act）和表意行为（rhetic act）。说话总要发出声音，这就是发音行为；人们在说话时还要把语素与意义和所指结合起来使用，这就是表意行为。而出语行为包括发音行为（Austin，1988：454）。发音行为和出语行为基本上是可以模仿、复制的。用直接引语说出某个人的话语就是说出他的出语行为；而用间接引语说出某个人的话语就是说出他的表意行为（Austin，1988：455）。Quirk（1985）从句法学角度探讨直接引语怎样通过语法形式的转换变为间接引语；Dixon（1991）从标志转述的动词入手，考察动词涉及的结构；随着语用学和话语分析的进一步发展，越来越多的中外学者把注意力投向语言转述的语用和篇章功能方面（Coulmas 1985；Tannen 1989；Baynham 1996；Thompson 1996；申丹 1991；辛斌 1998；贾中恒 2000）。

但彭建武认为,过去对转述语言的研究大都没超出 Leech & Short(1981)划分的五种类型。它们是:间接引语或间接思想(Indirect Speech/Thought);自由间接引语或自由间接思想(Free Indirect Speech/Thought);直接引语或直接思想(Direct Speech/Thought);自由直接引语或自由直接思想(Free Direct Speech/Thought);语言行为或思想行为的叙事转述(Narrative Report of Speech/Thought Act)。但这种分类主要针对文学作品,所以在分析其他类型的语篇时,有效性和实用性很局限(2001:360)。Thompson 根据直接引语和间接引语范畴对转述语言进行定义的方法,从语言功能角度,把许多过去一般认为与转述话语没什么联系的语言用法也纳入其研究范围,并把它们统称为"语言转述(language report)"。其定义是:如果说话人或写作者以某种方式标志出篇章里出现了另外一个声音(another voice),那么源于该声音的任何语段(其表现也可能是隐蔽或模糊的)都可称为语言转述(Thompson,1996:505-506)。话语功能学家研究引语在言谈交际中表达的传信功能(Philips,1986:154-170),还有学者(Li,1986:29-45)讨论了直接引语的客观性和真实性,并强调直接引语所表达的信息来源的保真度要高于间接引语。乐耀(2013:108-109)认为,汉语直接引语和间接引语的差异表现在句法特征和语用功能两个方面。赵凯和曹廷军(2011)从语用学指别理论的指示投射角度入手对英语中直接引语和间接引语的转换规则进行了语用分析。王黎云和张文浩(1989)对言语行为的叙述体:自由直接引语和自由间接引语进行了研究,分析了自由间接引语在小说中的广泛运用。

说话人的原来话语是具有一定语境的真实话语,作为转述的间接引语对原来话语的言内行为很容易完成,其言外行为与转述者的观念视点、语言能力以及语用能力有密切的关系,所以变数颇多。至于言后行为,这不仅取决于原来说话者说了什么,还与原来说话者的对象和语境密切相关,这些是直接引语转换成间接引语时很难都考虑到的。间接引语转述原说话者的只是话语本身,原说话者说话时的语境因素几乎很难被转述出来,原说话者的说话对象也在转述时发生了变化,真可谓"此一时，彼一时"。甚至原说话者说话时的心情与转述者转述该话语时很难完全一样，原说话者与转述者对所说的对象和内容的看法不一定完全相同，这些对于转述者来说就更难准确无误地传达出来了。这些因素比话语本身更值得研究，从话语的视点出发，可以找到新的诠释。

第三节 直接引语与间接引语运用的视点研究

一、直接引语和间接引语在新闻报道中的视点研究

直接引语和间接引语的区别主要是由视点（point of view）的不同造成的（董秀芳，2008：367）。人们"总是用人类经验的套路来观察世界"（Langacker，1991：266）。任何两个人的观察路径和方法很难完全一样。辛斌（1996：25）对新闻报道中的直接引语的运用发现，直接引语具有独特的作用，由于它们往往出自当事人、知情者或权威人士之口，所以对读者有很强的说服力。报道者常常利用直接引语借说话人来表达自己的立场和观点，借别人之口说出自己欲说出的话，并将之间接地强加于读者。英国的《独立报》（The Independent），题为 Israeli troops "under orders" not to shoot Jewish settlers （March 11，1994）和美国的《国际先驱论坛报》（The International Herald Tribune，以下简称"论坛报"），题为 Israelis Had No-Shoot Order on Settlers （March 11，1994）对同一天（1994年3月11日）有关希伯伦（Hebron）惨案的报道，都充分利用了直接引语的这种作用。如果不考虑 Meir Tayar 的证词，我们会发现独立报中的直接引语全部出自阿拉伯人之口（Hanan Ashrawi 和 Abdel Rahman Zuabi 法官），而论坛报中则全部引自以色列人，其中包括一位以色列军官（Mr. Mofaz）、两位议员（Hagai Meirom 和 Ori Orr）。这表明，两家报纸在报道该消息时采取了不同的角度，站在了不同的立场上。

独立报中 Asbrawi 的话代表了巴勒斯坦人的观点，认为一贯采取双重标准和不公正立场的以政府和军队，应对此次事件负责。然而论坛报中议员们的话，实际上是在为政府开脱责任。他们就事论事一味指责军队，似乎政府毫无过失，这不能不令读者怀疑他们是否在把军队当作替罪羊。此外，他们在话语中使用像"the horrible possibiliy""if such a thing was said"这样的表达方式，实际上是在向读者暗示证词不一定可信，这或许也正是报道者的观点。直接引语能使一个引者"含蓄地传达不便直率传达的信息"（H. Clark & R. Gerrig，1990）。

在新闻报道中，多数时候会以记者的口吻报道新闻事件，但中间常夹杂着对被采访人的直接引语，比如：

（6）广州亚运会27日晚落幕。在盘点回顾之时，亚奥理事会主席艾哈迈德·法赫德亲王在27日举行的新闻发布会上将"非常成功"的评价送给了本届亚运会，并全面肯定了主办城市广州方方面面的工作。

有记者问，主席如果用一个词来形容广州亚运会，那会是什么？

法赫德亲王思索片刻后微笑道："出色的！广州已经被世界更多人熟知，广州人民也得以接触到更多的文化。"

亚奥理事会终身名誉主席魏纪中也对本届亚运会做出了积极评价。他说，80%的亚奥理事会成员这次都获得了奖牌，这要优于多哈亚运会，从这点来说，可以看出广州亚运会的进步，因为让更多参与者"分享奖牌"是亚奥理事会的一个目标。

（http://wenku.baidu.com/view/a43e2fbe960590c69ec37612.html）

在上述新闻报道中，主体是报道者以第三人称的叙述视点对广州亚运会的相关情况进行的报道。报道者对广州亚奥理事会主席和法赫德亲王的话采用了直接引语的方式放在报道之中，增加了该报道的客观真实性，使对广州亚运会的积极评价更加清晰、真实，也符合新闻报道客观公正的本质特征。而对亚奥理事会终身名誉主席魏纪中先生对广州亚运会做出的积极评价采用了间接引语的方式，通过报道者之口道出了魏纪中先生对广州亚运会的评价，在前面积极评价的客观真实性已经得到保证的情况下，似乎用间接引语更轻松、更简练，在表达方式的多样化上也得到了拓展。所以上述新闻报道之中，直接引语的运用不是叙述者随意的安排，而是受报道主体的上述视点决定的，直接引语不过是为这一目的服务的一种表现方式。

二、直接引语和间接引语在文学和现实生活中的视点研究

（一）直接引语和间接引语在文学中的视点研究

Cohn（1978）& Sternberg（1982）认为，直接引语的吸引功能对小说家来说非常重要。如果作者想要突出文中的"人物世界"（character's world），最好采用直接引语；如果作者想要突出说者（narrator）的思想和行为，最好用间接引语。所以文学中的直接引语和间接引语的运用也总是由叙述者视点决定的。例如：

（7）凤姐道："……更可笑那府里忽然蓉儿媳妇死了，珍大哥又再三再四地在太太跟前跪着讨情，只要请我帮他几日；我是再四推辞，太太断不依，只得从命。依旧被我闹了个马仰人翻，更不成个体统，至今珍大哥哥还报怨后悔呢。你这一来了，明儿你见了他，好歹描补描补，就说我年纪小，原没见过世面，谁叫太爷错委他的。"

（《红楼梦》第十六回）

董秀芳分析认为，"就说我年纪小，原没见过世面，谁叫太爷错委他的"是凤姐叫贾琏对贾珍转述她的话。这里实际涉及两个言说主体，形成两对言说关系：一是实际在说话的凤姐，受话人为贾琏，一是受托将来要说话的贾琏，受话人为贾珍。"就说我年纪小"中的"我"是凤姐自指，从凤姐的角度看，这是对假设将要发生的贾琏对贾珍的言说的间接引语，因为如果贾琏直接对贾珍说，应该说成"他年纪小"，而"谁叫太爷错委他的"一句则是对设想中贾琏要说的话的直接引语，

代词"他"的选择表明这是从贾琏的立场说出来的话。此例是间接引语方式在前，直接引语方式在后。本来说话人凤姐是从自己的立场说话，但在说话中间又跳跃到对方的立场，直接替听话人立言，说出自己希望听话人对第三者说的话（董秀芳，2007：367）。这种直接引语与间接引语的混合使用，是说话者叙述视点转换的要求，更是说话者观念视点的体现。

（二）直接引语和间接引语的视点研究

在现代汉语真实的口语材料中，我们可以发现很多直接引语和间接引语混用的现象。以下例子取自北京大学汉语语言学研究中心现代汉语语料库中的北京话口语材料：

（8）他对我有一个帮助，那时候我不相信我二十岁还能上学，他说你上吧，完全可以，一边儿上啊，就，哦，上上二年级时候儿啊，就，就，就教，让我教一年级去。

董秀芳（2007：372）分析认为，这个例子也涉及两个言说者，一个是叙述者，一个是叙述者提到的"他"。叙述者与听话人形成言说关系。"他"和叙述者也存在言说关系。"他说你上吧"中"你上吧"是"他"与叙述者之间的言说，代词"你"指叙述者，表明是直接引述"他"的话，这是采用直接引语的方式。再下面有一个明显的由直接引语到间接引语的转换，那就是"就，就，就教，让我教一年级去。"本来想说"就教一年级去"，但一停顿，就换成了间接引语的叙述方式，代词出现了转换，改用第一人称"我"来指称受话人即叙述者本人。这一例子是直接引语在前，间接引语在后，是叙述者在叙述过程中由直接引语的叙述方式滑入了间接引语的叙述方式。尤其是"就，就，就教，"这样的话语更加生动形象地展示了当时的语境。

直接引语与间接引语在现实生活中的运用，也可以从视点的角度进行全新的解读。比如：

（9）在一次聊天中，同学们提到了李俊，小张开口就说："李俊不是人。"后来，几个同学遇到了李俊，提起此事，下面是几个人的话语：

Student A（学生甲）：小张骂你说，"李俊不是人。"

Student B（学生乙）：小张说，"你不是人。"

Student C（学生丙）：小张说你不是人。

Student D（学生丁）：小张骂你的。

上面四个同学分别选用了直接引语和间接引语向李俊同学传送信息，其语用效果是明显有差异的。学生甲用的是直接引语，而且把当时小张的语气和腔调通过"骂"表达出来，援引了小张的原话：李俊不是人。显然表达的是：我只是帮他重复一下小张的话语，那不是我的意思，说话者欲把自己的观点或态度隐藏起来，使自己的话语更具客观性。但事实上，引用直接引语的这种话语行为实际已经透视出说话者与小张的关系一定是不友好的，甚至其转达上述话语的目的就是要激发李俊对小张的敌意，以达到自己的目的。叙述者原本一点不漏的信息传递就旨在对前面效果的加强。而学生乙用的也是直接引语，但在前面的引述词中就没有把"骂"传送过来，使当时的话语在语气上有所遗漏，无疑降低了小张原话的语力，从而也降低了小张对李俊的伤害，自然，对李俊产生的效果可能就不如学生甲那么强烈，也说明了学生乙对小张的敌对层级要低些。学生丙在传送信息时，选用了间接引语，听话者对其话语的真实性的判断就可能不如前面两个直接引语，甚至会怀疑是否是学生丙在编造谎言，该话语是否含有学生丙的意图，显然该话语的语力降低不少。而学生丙完全用自己的话将小张的话转述了一下，其话语的客观性更弱，蕴含了学生丙跟小张的关系不好，但其敌对情感并无前面两位同学那么强烈。综上所述，转述者采用直接引语或间接引语，不仅仅是叙述者采用的方式不同，其蕴含的态度甚至要达到的目的也明显不同，换句话说，直接引语或间接引语的选择完全服务于说话者的视点，尤其是观念视点的安排，因为转述与否，怎样转述，一定蕴含着转述者自己的目的。

直接引语与间接引语的恰当运用，可以更好地转换说话者的叙述视点，也便于知觉视点的连贯安排，更好地服务于说话者的观念视点，实现篇章的深层次连贯。

三、直接引语和间接引语大学英语教材中的视点研究

（一）直接引语或间接引语的运用是观念视点的体现

一篇文章，一句话中，作者选择直接引语还是间接引语，选择哪些作为直接引语，选择多少内容的直接引语，或者选择什么样的直接引语，完全受制于其引用目的，并为其具体服务，体现出观念视点对直接引语或间接引语运用的强烈制约。

大学英语教材中，类似现象并不少见。比如：

（10）（a）"Well, you'd better have a receipt for it, by God. You have to report any donations or gifts."

（《新视野大学英语 IV 读写教材》Unit 3，Section A，P55）

（b）Suzanne said I'd better have a receipt for it and I had to report any donations or gifts.

从例（10a）看，其说话者是 Suzanne，一个社会福利工作者；听话者是一个享受社会福利资助的人，是一个不得不随时依靠轮椅才能生活的残疾人。这一关系决定了话语双方间权力不平等的人际关系，前者在后者面前明显享有高高在上的感觉，因为他们可以代表政府或相应的救济部门决定给予后者的资助或资助的多少；而后者为了获取生活所必须的救助，或能尽量获得更多的帮助，总是害怕得罪前者，总希望去巴结前者。这种不平等的权力关系导致了叙述者必然会有意或无意地展示这一观念视点。为了展示说话者对听话者的绝对权威性，叙述者选择了直接引语，用祈使句来表达："you'd better have a receipt for it"，如前面分析的一样，祈使句通常用来表示命令，可以体现出明显的权威性。朱德

熙(1982：23)认为，祈使句的作用是要求听话人做某事。祈使句时常以支配我们的行为为目的，被支配的以听话人的行为为主，但也有包含言者本人在内的时候(吕叔湘，1982：30)。所以作者选用直接引语，正是为了突出祈使句中话语发出者对听话人的支配目的，要求听话人按照自己的要求做事。只有作为直接引语的祈使句的运用，才能更真实地反映出当时社会福利工作者在弱势群体面前咄咄逼人的气势，这体现了当时社会福利工作者与被资助人之间的一种不正常的人际关系。透过这种关系，更加体现了当时政府对于类似弱势群体的态度。正是工作者与享受救济人群的这种不正常的人际关系以及政府对类似弱势群体的态度导致了受社会福利资助的人不得不靠欺骗来勉强维持自己的最低生活，所以作者迫切希望一个新的社会福利体制：一种鼓励受资助人靠诚实劳动而非欺骗，鼓励受资助人部分地养活自己而非完全等着政府来供养的体制。该直接引语的运用符合作者写作的目的，实现了其观念视点与通篇文章的一致。而(b)是间接引语，其话语的观点自然与转述者息息相关，似乎只是在陈述一种事实，直接引语里原有的那种命令口吻早已不复存在。这与作者写作该文章的目的不相吻合，在深层次上形成了观念视点的不一致，影响语篇的连贯。"you have to report any donations or gifts"从人称来看，比起第三人称，第一人称"I"与"第二人称"的"you"距离更近，作为平等的人际关系，类似话语的接受性相对较差，因为现实生活中很少有人喜欢别人对自己的生活指手画脚，但这里不平等的人际关系恰恰带有一种强制性，至少在说话者看来是这样。作者，也就是这里的听话者运用直接引语，其目的显然是要让说话者在他们面前高高在上，对他们绝对的权威性进行一定的抨击。在作者看来，这种弊病也是由当时的社会福利体制所造成的，所以这里蕴含的观念视点与整篇文章希望一种新的社会福利体制的观念视点是相吻合的，与整个语篇是一致和连贯的。如果该句改成了(b)，从语法上看，只是将直接引语改成了间接引语。但从视点的安排来看，就完全反映不出那种权力关系的咄咄逼人之势，反倒与文章在风格上形成一定的反差，在观念视点的安排

上就不能与通篇保持一致，形成视点紊乱。直接引语中一些祈使句在转述后，原文中说话者观念视点的凸显程度有较大的失落。比如，

（11）（a）"Sandy," shouted her father. " Sandy, turn that music off!"

(《新视野大学英语读写教材Ⅰ》，P28)

（b）Sandy's father asked her to turn that music off.

（11）（a）采用的是直接引语的方法，说话者将Sandy父亲与她之间的绝对权力关系在无意识中展现得淋漓尽致，作为父亲，对子女表现出命令的口吻。由于早上时间，Sandy一起床就打开收音机，大声播放摇滚乐，吵醒了熟睡中的父亲，父亲非常生气也很不耐烦，所以无意识地展现了自己在女儿面前的绝对权威，发出了命令，同时该话语还明显地表达了其父亲对摇滚乐不喜欢的个人偏见，展现了极强的观念视点。而（11b）是用第三人称的叙述视点，转述了当时Sandy父亲的话语，尽管也可以通过"ask""order""tell"等转述动词来表达出Sandy与父亲之间绝对的权力关系，但总会留下转述者的痕迹，不能像原文那样，悄无声息地将父亲对女儿的绝对权威和对女儿做法极不耐烦的态度鲜明地展现出来。原文采用直接引语而非间接引语，是通篇文章的要求，可与整篇文章的风格一致，避免观念视点的紊乱。据粗略统计，该课文"Deep concern"中共有直接引语26次，其内容涉及单词442个，占课文单词总数726个的60.88%，所以该直接引语的运用既是Sandy父亲观念视点表现的需要，也是在深层次上保证文章通篇连贯一致的要求。另外，由于通篇文章大多用了直接引语，保证了在叙述视点上的要求，许多地方均使用了第一人称的叙述视点，把Sandy与父母之间的对话直接呈现在读者面前，众多对话直接在你我之间，这样拉近了说话者与听话者之间的距离，这种距离可以直接映射出说话者与听话者在情感上的近距离。再者，由于该文的场景是在家里，这为直接对话创造了条件，运用直接引语，非间接引语，可以在文体风格上保持一致，实现了通篇在观念视点的一致。而想当然地把（a）换成（b），就会破坏这种一致性，形成观念视点紊乱。最后，作为间接引语，它往往是第三者根据自己的解读对

他/她所听到的内容进行转达，其话语无一例外地会附带转述者对具体对象的态度，呈现转述者自己的观念视点。比如，(a)中的直接引语，如果是 Sandy 的朋友来转述该话语，可能会带有对 Sandy 同情的观念视点，从而隐藏对 Sandy 父亲的些许批评，如（11）Sandy's father angrily and impatiently told her to turn that music off. 通过该间接引语，转述者想透露给读者的是 Sandy 父亲脾气暴躁、对女儿独断专行的信息。当然，如果是 Sandy 的母亲来转述上述话语，情形有二：一是 Sandy 父母亲关系很好，且在教育子女方面态度方式相似，其转述该话语时，情感定会偏向于 Sandy 的父亲，为了体现类似观念视点，转述时在观念视点的选择上就会不同，比如：（13）Intolerant, Sandy's father angrily asked her to turn that music off. 尽管与上面转述的话语相比，同样有 angrily，但由于使用了"intolerant"，表现出其父亲的话语是在忍无可忍的情形下才说出的，明显把错误归结到 Sandy 身上，是因为 Sandy 的错误才导致了其父亲对她展现权威的。而如果 Sandy 父母关系不好，甚至很糟，则母亲转述该话语时，并非只是对女儿的同情，而可能是想通过该话语来表达 Sandy 父亲的脾气很不好，连跟女儿之间都是这样的不耐烦，更别说夫妻之间啦，这样就体现了对 Sandy 父亲的一种否定评价。如，（14）Impatiently, Sandy's father ordered her to turn that music off. Impatiently 和 ordered 两个词，把父亲脾气急躁、毫无耐心、独断专行的品性展现得淋漓尽致，以达到借女儿与父亲之间对话的转述来实现自己对丈夫的消极评价，破坏丈夫在他人面前的形象，引起他人对自己遭遇的同情的目的。

从表面上看来，间接引语明显地带有转述者对原说话者或说话内容的态度，或积极或消极，绝对客观的转述是很少的或根本就没有。比如，(a) The boy said, "The earth goes around the sun." 改成间接引语为（b）The boy said that the earth goes around the sun. 显然，转述者和原说话人在"地球围绕太阳转"这一观点上是相同的，体现的是同一观念视点，转述者并非仅仅是在作客观的转述。其实，引述者使用直接引语，同样也毫无例外地隐含了自己对原说话人或原话语的态度，只是具有极强的隐蔽性。

直接引语或间接引语，还受体现观念视点的语体运用的影响，如图 6.1：

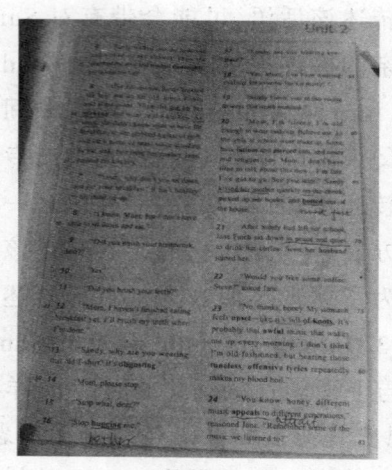

图 6.1

如图所示，该文章通篇使用了直接引语，其涉及的话语内容也大多具有口语化的形式，如：（16）"I know, Mom, but I don't have time to sit down and eat."

上海外语教育出版社 2007 年出版的《新牛津英汉双解大辞典》第 1367 页上，"Mom"，是北美的一种用法，同"Mum"，在 1395 页上，Mum：（英，非正式）妈妈。Mummy：*Brit*, informal, one's mother (chiefly as a child's term)（英，非正式）（多作儿语）妈妈。在 1383 页上，Mother: a woman in relation to a child or children to whom she has given birth（母亲）。

上述直接引语中，如果 Sandy 称自己的母亲为"Mummy"，就隐含了自己年龄很小的含义，而由年龄小人们可以推导出小孩子是不应该化妆的，从而由"Mummy"一词暗含了自己对化妆的否定评价。而后文中（17）"Mom, I'm fifteen. I'm old enough to wear makeup. Believe me, all the girls at school wear makeup. Some have tattoos and pierced ears, and noses and tongues, too. Mom, I don't have time to talk about this now——I'm late. I've got to go. See you later." 整段直接引语表达了说话者想说服母亲自己已经长大了，可以化妆。而且，学校里其他女生都化妆了，有些还更突出，纹身，穿耳，穿鼻和穿舌头。所以 Sandy 透过直接引语表达了对自己化妆的一种积极评价。这样，在同一篇文章里，就出现了 Sandy 对自己化妆的两种完全相反的评价，形成观念视点的紊乱是必然的。另外，该文章的主题是在父母与子女之间因为文化、价值观等的差异形成了代沟：在父母看来，小孩子是不应该听摇滚乐的，因为对身体不好；早上不能站着吃饭；不应该化妆等；而在女儿看来摇滚乐是很好的音乐，自己长大了该化妆啦。所以上面"mum"恰当的语体正好能为这一主题服务，与通篇文章在观念视点上较好地吻合起来。

　　如果 Sandy 称自己的母亲为"Mother"，就会暗示其说话的场合是比较正式的，这与该文章中对话发生的实际场所不相吻合，形成紊乱；所以"Mom"的称呼，既能凸显对话场所的非正式性，也符合自己的年龄特征。从语体上看，其用法与家庭这种非正式场合非常吻合，形成观念视点的一致。另外，用"don't"而不是"do not"，前者常常可以在口语中和日常生活中见到，比如，"Don't smoke, please."后者在科技文献等正式的文体中比较常见。如果（16）句改成间接引语，上述这些表达语体的因素就有可能都会丢失，从而在深层次上影响观念视点的一致性。

　　所以上述直接引语涉及的对话内容跟话语发生的场所——家非常吻合，通篇运用直接引语显现了父母对女儿深深的关爱，突出了主题，与题目也相呼应，较好地实现了作者的写作目的，形成了观念视点的一致。

　　有时，用间接引语而不是直接引语，也常常隐含了作者或编者的目的所在。比如：

　　（18）（a）"Dang it, I don't have time!" the big man yells, （10）"＿＿＿＿＿＿＿＿＿＿＿＿＿＿＿＿＿＿＿?"

（《新视野大学英语视听说教程 IV》，P5）

（18b）TOFO The man complain that physical exercise has made his muscles ache all over.

(《新视野大学英语视听说教程 IV》，P97)

显然，(18a)题目中教材编撰者设计的是直接引语，要求学生将自己听到的话语一字不漏地重复一遍填在横线上，即：I got to get out of town! Didn't you hear Big John is coming? 要求学生必须听见材料上的内容并记住，然后可以把内容填上，即使不理解也可以完成类似题目。教材编撰者设计该题目旨在考察学生简单的听力能力，考察学生是否能抓住直接引语中的每个单词。而(18b)就明显不同，学生听到的是 Howard 下面的内容：To tell the truth, I ache all over. My muscles are complaining that they're being mistreated. 教材编撰者让学生听到的是直接引语，而题目中学生看到的是通过他人转述的间接引语。其目的明显是：首先，学生不仅需要能听见 Howard 的话语，而且还应该知道自己所听到的是直接引语；其次，学生必须熟悉如何将直接引语改为间接引语，包括人称、动词的方向性以及时态形式等都需按照教材编撰者的要求进行改变，最终将 Howard 的话语用自己的话转述出来，并与题目的陈述进行对比，确定该陈述是正确或是错误的。这就是说，学生不仅要听见 Howard 说了什么，还要能理解其话语的意义，更要能用自己的话表达出来与题目进行对照，最终才能决定是正确还是错误的。显然教材编撰者不仅要考察学生的听力水平，还要考察学生在实际生活中将直接引语转换成间接引语的能力，这也改变了传统中学教育中要求学生在直接引语和间接引语之间机械转换的练习方式。体现教材编撰者上述目的的观念视点决定了上述题目中直接引语还是间接引语的运用，也隐含了在实际生活中直接引语与间接引语并非完全等值的观念视点，教材中类似直接引语或间接引语的运用比比皆是。

综上所述，直接引语和间接引语是作者不同观念视点选取的必然结果，是表达不同目的的手段，受观念视点的严格制约。

（二）直接引语或间接引语是叙述视点安排的需要

直接引语和间接引语在叙述视点的安排上明显不同。间接引语既然是转述，多数情况下会选择第三人称的叙述视点，比如前面例（10）(b)，从叙述视点来看，作者用了第三人称的叙述视点，没有了第一人称和第二人称明显的主观观念视点，似乎只是一种客观的陈述，描述了 Suzanne 的一种建议：我最好有收条。我还必须报告所有的捐献和礼品。这种叙述视点很难看出 Suzanne 与自己的人际关系：作为一般人，他可以给作者提出这样的建议或看法，其态度可能是为了听话者的利益，所以有可能是听话者的朋友；作为朋友，类似的话语也完全可能。这样，间接引语所蕴含的叙述视点的转换，影响了观念视点的表达，这导致了该句所承载的观念视点与整篇文章作者欲表达的观念视点不相吻合，形成观念视点紊乱，使该句话语与整篇文章不连贯。这种不连贯从表面上是很难发现的，具有较强的隐蔽性。再如：

（19）They tell the government that they are getting two hundred dollars less than their real pension so they can get a little extra welfare money.

（《新视野大学英语 IV 读写教材》，Unit 3，P54）

（20）They say to the government, "We are getting two hundred dollars less than our real pension so we can get a little extra welfare money."

例（19），"they" 在这里指的是享受社会福利资助的人群，其中也包括了该文作者，所以从逻辑上讲，这里的指示代词用 "we" 更合理。但作者选择了第三人称的叙述视点，其目的旨在让读者认为作者只是在作一种客观的陈述，不带任何个人情感因素，这样的视点安排，使得作者前面的描述 "Faced with sharing a dinner of raw pet food with the cat, many people in wheelchairs I know bleed the system for a few extra dollars." 更加真实客观，也容易引起读者对社会福利资助的人群已面临与宠物争抢生食的悲惨境遇的同情并产生共鸣，引起更多人对他们的支持、促进社会福利体制的改进和优化,这种叙述视点的安排可以保证其观念视点与整篇文章一致。如果改成了例(20),则情形就不同了。在直接引语"我们比真的抚恤金少拿了200美金,所以我们才能多拿一点额外的福利钱"中,叙述视点改成了第一人称"we",第一人称叙述视点与第三人称的最大差距在于客观性。原文改成了例(20)的直接引语后,其第一人称很容易让读者认为上面的描述是说话者自己编造的,并非客观存在,所以很难引起读者的心理趋同,从而难于产生共鸣。这样的结果与读者写该文章的目的是完全违背的,所以观念视点明显与作者整篇文章的观念视点不一致,会导致文章在深层次上不连贯。

从以上两例可以看出,在语篇中直接引语或间接引语的运用,不是随便可以转换的,恰当的运用不仅蕴含着必要的叙述视点,更是观念视点是否一致、文章是否能保持连贯的问题。每一个直接引语或间接引语的运用都有其必然性。再看《新视野大学英语读写教材IV》107页上的一段话:

(21) Actually, he lived a mile, or 20 minutes' walk, from his nearest neighbor; half a mile from the railroad; three hundred yards from a busy road. He had company in and out of the hut all day, ***asking him how he could possibly be so noble***. Apparently the main point of his nobility was that he had neither wife nor servants, used his own axe to chop his own wood, and washed his own cups and saucers. <u>I don't know who did his laundry</u>; he doesn't say, but he certainly doesn't mention doing his own, either. Listen to him: <u>"*I never found the companion that was so companionable as solitude.*"</u>

从叙述视点来看,全段主要采用了第三人称的叙述视点。只有两句"I don't know who did his laundry"和"*I never found the companion that was so companionable as solitude.*"用的是第一人称的叙述视点。从直接引语和间接引语运用的安排来看,上述段落中"***asking him how he could*** *possibly be so noble*"使用的是间接引语,而"*I never found the companion that was so companionable as solitude.*"用的是直接引语。这些特殊的安排绝非作者的随意,而是为其写作目的服务的,受作者观念视点的制约。

从叙述视点来看,作者对"他"所住房子的地理位置、"他"的独处情况、生活方式几个方面的叙述运用的是第三人称的叙述视点,作者站在一个旁观者的角度,对上述情形进行了细致的描写。正如前面讨论过的,第三人称叙述视点的运用,可以将叙述者自己的观点有效地隐藏起来,通过第三者之口说出自己的话,在听话者或读者面前显得更客观,不带叙述者的主观色彩。而只有在 "<u>I don't know who did his laundry</u>" 和"*I never found the companion that was so companionable as solitude.*"两句用的是第一人称的叙述视点。第一人称的叙述视点的主观性很强,明显带有说话者自己的感情色彩和个人的价值判断,"<u>I don't know who did his laundry</u>"中,作者用第一人称的叙述视点,表达了一个事实,作者对"谁洗衣服"这个情况不知晓,这从另一个视角增加了前面其他描述的真实性,所谓"知之则知之,不知则不知"。而"*I never found the companion that was so companionable as solitude.*"的第一人称的叙述视点正好是作者要运用直接引语的根源所在。显然,该句话表达的是"他"自己的真实感受——从来都没有发现过像独处那样好的陪伴。这种感受,叙述者用直接引语的形式,直接通过感受者自己之口说出来,其真实性要比通过第三者的转述真实得多,而且,通过直接引用,叙述者可以让读者清楚"他"的感受并未掺杂叙述者自己的感情和判断,所以在叙述者看来,他是客观的。因此,整段话语无论是叙述视点的转换,还是直接引语和间接引语的选择,无不是为作者的叙述目的服务的:他的所有叙述都是客观可信的。所以,直接引语与间接引语的转换并非只是语法上的机械练习,而是在实际生活中有着本质的差异,转换是为叙述者表达目的或体现观念视点服务的,是为叙述话语的整体一致和连贯服务的,其直接引语或间接引语中的叙述视点的安排受观念视点的严格制约。

另外,有时直接引语的运用有可能导致叙述视点的紊乱,听话者会产生指代不明的现象。比如:

(22)(a) A:小李说,"我没有完成作业。"

B:哎,是他没有完成作业,还是你没有完成作业呀?

(22)(a) 改成间接引语为:

(22)(b) 小李说他没有完成作业。

(22a) 的直接引语中,显然使用的是第一人称的叙述视点,而(b) 用的第三人称的叙述视点。显然,"引号"在转述时是无法表达出来的,所以对于听话者来说,A 说的是"小李说我没有完成作业"或"小李说他没有完成作业"很难确定,这样的叙述视点的安排就会导致听话者理解上的困难,其话语的语力值得怀疑。Pause(1983:387) 曾讲过这样一个故事:

(23) 作者有两个朋友 Oskar 和 O'Leary。有一天,O'Leary 对 Oskar 说:You are a fool. 由于 Oskar 不懂英语,所以就让他翻译。他把上面那句话原封不动地译为德语:Du bist ein Dummkopf!(= You are a fool.),结果是挨了 Oskar 的一个耳光。

在这个故事中,作者虽然照实翻译了 O'Leary 的话,但由于其中涉及转述行为,问题就变得复杂起来。在这里,作者具有双重身份,他既要翻译,又要转述。不错,他的确借助翻译如实转述了 O'Leary 的话,但他却忘了话语接受者的认知能力的局限性。虽然译者在说话,却不是真正的发话人。译者是通过直译转述了另一个人的话。但听者却难以根据生成的句子形式和意义对转述人或译者的身份加以辨别。上述交际失误的主要原因是作者没有通过具体语言手段标志出转述的性质。如果他采用间接引语的形式,提供出明显的转述信号(如 O'Leary said),就可以避免类似的尴尬(彭建武,2001:364)。

以上故事说明，直接引语由于离开了原说话者所处的语境，常常在指代方面出现含混，没有间接引语在形式上的更加间接。

在法庭的庭审记录和新闻报道中，记录者也常常用直接引语的方式，一字不落、一字不改地记录相关人员的话语，完全不改原文叙述时的叙述视点，其目的显然也是为了更加真实、客观地反映当时的情形，不掺杂书记员或新闻记者的个人感情色彩。下面是2013年1月23日15:00至15:30，在泗洪县人民法院第三法庭进行的庭审记录的部分内容：

（24）…

？被告人王绍禄，被告人李金凤收得骗取的钱财后给你多少？

：给我14 000元，他说她自己只拿了4 000元。没有说被害人给多少钱。

？你是否知道和群花有无拿到钱？

：我不知道。

？你违法得到14 000元哪去了？

：被我看病用掉了。

？你是否愿意退出所得14 000元？

：我没钱退。

？你和和群花是怎么认识的？

：网络上认识的。

？你们如何商议去咋骗的？

：我提议的叫和群花去骗钱来还我钱，一开始和群花没有同意，后来同意了。

？李金凤是如何参与进来的？

：和群花不懂怎么骗，我知道李金凤以前做过这事。我就找到李金凤，就让李金凤带着和群花去骗婚。

？带被告人王绍禄退庭，带被告人李金凤到庭。

法警：（执行）

？被告人李金凤，你从刘路手里一共拿多少钱？
：28 000元，我给了王绍禄14 000元。
？你是否知道被害人张明顺一共给刘路多少钱？
：我不清楚。
？带被告人李金凤退庭，带被告人和群花到庭。

法警：（执行）

？公诉人是否需要询问被告人和群花？
公：不需要。
？被告人和群花，当你在刘路家的时候，被害人张明顺一共通过你给了多少钱？
：张顺明与刘路达成协议是36 000元。第二天张明顺就把钱送过去了，我数了一下是35 200元，后来就给刘路了。
？交给刘路以后，你是否通过电话等方式确认这些钱有无给李金凤？
：我后来给李金凤打电话就打不通了。我后来打过一次给王绍禄，发过短信给李金凤和王绍禄，让他们把钱退回来。
？是谁报警的？
：我一开始就是想骗张明顺家钱的，后来李金凤和王绍禄把钱拿走了，张明顺一家对我还不错，我觉得自己做错了，也没有想跟张明顺过日子，我就向张明顺提议去报警的。报警以后我又回到张明顺家等公安处理，后来我和家里联系，叫家里汇36 000元退给张明顺家。后来张明顺吧我送到泗洪车站，我就坐车回云南老家了。
？你是如何归案的？
：我到老家以后，老家的公安打电话找我的。
？带被告人王绍禄、李金凤到庭。
……。

（http://wenku.baidu.com/view/7abd8de7f8c75fbfc77db2ae.html）

从上面的对话记录中，明显"？"后面是法官的问话，"："后是被告的回答。无论是法官还是被告的话语，书记员都是一字不落、一字不改地记录下来，显然是用的直接引语。作为一种法律文书，作为一种证据，首先强调的是内容的真实性，所以书记员所有的记录都用的是直接引语，确保了所有话语不添加个人感情色彩，完全是原告、被告、证人或审判人员的原话，确保了话语的客观真实性。如果改成间接引语，势必要改变叙述的视点，比如：上面引用的被告的最后一句话："我到老家以后，老家的公安打电话找我的。"直接引语用的是第一人称的叙述视点。改成间接引语后，其叙述视点就变成了第三人称视点，即：他说他到家后，他老家的公安打电话找他的。显然，该话语是通过他人的口将被告的话进行了转述，其话语的真实性不仅受被告人本身话语真实与否的影响，还受到转述人对该被告和该案件的个人观念视点的影响，无论该转述人是该被告的朋友还是敌人，他都很难百分百地客观描述，其话语的真实性备受质疑。所以，在上述庭审记录中，书记员全都用的是直接引语，通过第一人称的叙述视点，记录了庭审现场所有人自己的话语，最大程度上保证了话语的真实性。

在新闻报道中至少会出现两个人称视角：一是新闻叙述者，另一个是在上述叙述中引用的直接引语由报道中出现的人物角色进行叙述。这些直接引用甚至还会用当事人声音的录音和录像，把原说话人说话时的情景真实地再现出来，以消除新闻叙述者篡改采访人话语的内容或添加个人态度或自己价值判断的嫌疑。但是，选择某一新闻报道，体现出的观念视点本身就一定受新闻报道叙述者观念视点的制约。比如（25）：

Paragliding for a Publishing Deal

An Australian writer and paraglider—tried landing in front of Buckingham Palace last December to help him land a publishing deal.

In what looked like a scene from a James Bond movie, the paraglider, 36-year-old Brett de la Mare, was followed through the skies of central London by a police helicopter as he headed toward the palace—the London home of Queen Elizabeth II.

The royal family was not present at the time, but police took the incident seriously, all the same. The helicopter tried to force the paraglider away, but in the end, he succeeded in landing on the palace grounds. Police there promptly arrested him.

This was no terrorist, however, as police had feared. He was, rather, a writer trying to gain publicity to help publish a book, called "Canine Dawn", unable to get publishers interested in the book, he tried some new ways to get attention.

After the incident, de la Mare explained what happened to reporters."**I came in over the fence, and I landed in the forecourt here, and the crowd started cheering. And I was arrested and dragged off.**"

De la Mare said police had difficulty deciding what to charge him with: "**They initially… they arrested me for attempted burglary…of … Buckingham palace.. and of course, they dropped that. I mean, attempted burglary! I mean, it's hardly a discreet method of burglary…**" They later charged him with breaches of the Air Navigation Order.

De la Mare left a humorous message on his cell phone for callers: "**Hi, this is Brett. I'm sorry you missed me, I am incarcerated right now or something. Please leave a message. And I'll get back to you as soon as I am free.**"

(《新视野大学英语3 视听说教程》，P124)

上面的新闻报道了一位名叫 de la Mare 的澳大利亚作家为了吸引注意而出版他的书,去年12月试着在白金汉宫停下了一架滑翔伞。警察以为是恐怖袭击,高度重视,并逮捕了他。警方开始以盗窃行为、盗窃未遂的罪名,发现不妥,最后以违反航空航行条例指控他。在报道中,叙述者用了三次直接引语,一次间接引语。第一次直接引语:**"I came in over the fence, and I landed in the forecourt here, and the crowd started cheering. And I was arrested and dragged off."** 以当事人自己的角色,用当事人之口向观众解释当时所发生的状况:我越过围墙并停在前院内,人群开始欢呼。我被捕了并被带走,展示了事件的真实性。第二次:他们开始……开始逮捕我因为我对……白金汉宫……未遂盗窃,当然,他们放弃了那种指控。我的意思是,盗窃未遂!我意思是,它几乎不能成为一个盗窃可信的方法……。通过当事人自己的描述,尤其是当事人结结巴巴的说话强调,突出了当时 De la Mare 紧张、恐惧的心态,又从当事人的角度描写了当时警察对该事件把握的过程,频添了事件的真实性。报道最后的直接引语,描述了当事人幽默的处事风格,与整个新闻对该事件的报道风格有极大的相似性,与整篇报道在风格上保持了一致。报道者在第二次直接引用之前,使用了一次间接引语,用叙述者的口吻进行了叙述:de la Mare 说警察很难决定给定什么罪。这个论述直接被紧随其后的直接引语所证实。

综上所述,新闻报道除了大量使用间接引语,用第三人称的叙述视点对报道的事件进行叙述,也常常为了报道的需要,或更好地体现叙述者的报道目的或观念视点,不时采用直接引语,把当事人的话语通过录音和录像直接进行引用,有效地增加了报道的真实性,掩盖了自身对叙述对象的态度。所以,直接引语与间接引语并非在语用效果上等值,选择用直接引语或间接引语完全是实现叙述者叙述目的的表达方式,其叙述视点的选择受叙述者观念视点的高度制约。再如:

(26)(a) College life gives him a sense of responsibility, of being _____.

（大学英语《视听说教程》Ⅰ（二版），P14）

(b) "University life is a new and different experience for me. First of all, living at the university gives me a sense of responsibility, of <u>being on my own</u>. ... "

（大学英语《视听说教程》Ⅰ（二版）教师用书，P14）

上面（26）(b)是（26）(a)的听力原文，如果用直接引语，（26）(a)应设计为（26）(c) the speaker said, "College life gives me a sense of responsibility, of being _____." 而（26）(a)是间接引语，是通过他人之口转述了听力原文中的话语。从视点的角度进行分析，(a)用的是第三人称叙述视点，而(c)用的是第一人称的叙述视点。如果用第一人称的叙述视点，听话者不需要对听力材料有很深刻的理解，只需要听什么就回答什么，从而轻松地填上"on my own"。而教材编撰者用的是(a)，由于话语采用了间接引语的方式，其叙述视点发生了转变，听话者就必须先转换视角，对上述话语进行理解，然后得出题目中的"him"也就是听力原文中的"me"，从而得出 "of being"后应该填"on his own"，在听力的要求上明显要高，这远比机械的练习直接引语转变成间接引语要有趣和实用得多。

（三）直接引语或间接引语的运用是知觉视点安排的必然

直接引语或间接引语的运用，有时也受到知觉视点起点与终点安排的制约。众所周知，无论汉语还是英语，人们总喜欢将已知的旧信息放在句子的左边，而将未知的新信息放在句子的右边，这与句子的重心多数情况下落在句子的后面是吻合的。而多数人的阅读习惯也是从左到右，并且也往往是用已知的旧信息去获取新信息。这样，通过直接引语和间接引语的灵活运用，知觉视点的起点与终点的合理安排常常可以保证句子信息的安排与人类用已知信息去获取信息的认知规律吻合。直接引语和间接引语的灵活运用也常常能确保一个视点框内或几个视点框之间前后句子深层次的连贯，实现语篇较好的统一。比如：

（27）Edwin Land, one of America's most productive inventors, claimed the idea leading to his invention of the Polaroid camera came from his three-year-old daughter. On a visit to Santa Fe in 1943, she asked why she couldn't see the picture he had just taken. During the next hour, as Land walked around Santa Fe, all he had learned about chemistry came together,"The camera and the film became clear to me. In my mind they were so real that I spent several hours describing them."

（《新视野大学英语读写教材Ⅰ》二版，P194-195）

（27）由两个间接引语和一个直接引语构成，每个引语直接形成一个视点框，五个视点框一起形成了前后连贯的超句视点框：

a. Edwin Land, one of America's most productive inventors, claimed the idea leading to his invention of the Polaroid camera came from his three-year-old daughter.

b. On a visit to Santa Fe in 1943, she asked why she couldn't see the picture he had just taken.

c. During the next hour, as Land walked around Santa Fe, all he had learned about chemistry came together.

d. "The camera and the film became clear to me.

e. ... In my mind they were so real that I spent several hours describing them."

上述由两个直接引语和一个间接引语形成的五个视点框形成了一个超句视点框,如图 6.2 所示。

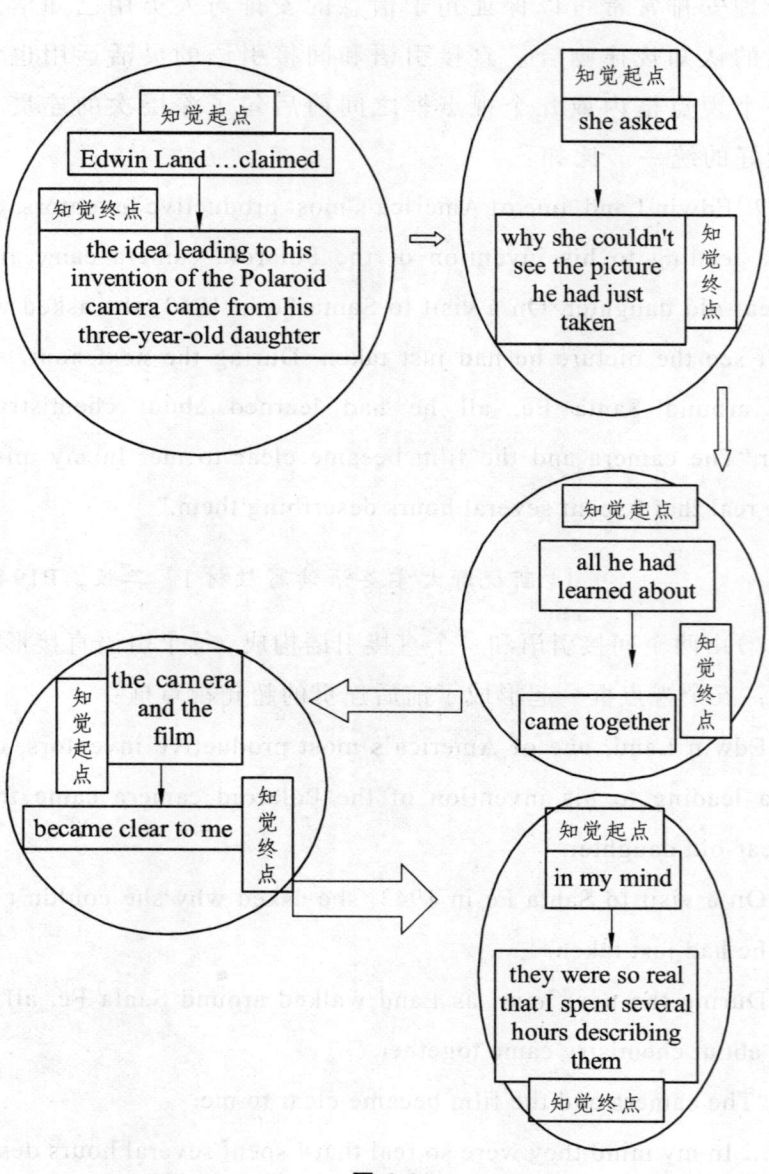

图 6.2

第六章 从视点的安排看直接引语与间接引语的运用

上述例子中，由两个间接引语和一个直接引语构成的超句视点框在知觉视点的起点与终点的安排上不仅完全顺应了人类用已知信息去获取未知新信息的认知规律，顺理成章，而且运行的轨迹清楚流畅，使得上述段落发展连贯自然，不仅在形式上，而且在深层次上保证了该段落的连贯统一。

如果把上述例子里的直接引语和间接引语进行相反的设置，其知觉视点起点和终点的运行，以及两个相邻的视点框之间的视点转换就完全是另一回事了，如：

(28) Edwin Land, one of America's most productive inventors, claimed, " the idea leading to my invention of the Polaroid camera came from my three-year-old daughter." On a visit to Santa Fe in 1943, she asked, " why I can't see the picture I have just taken." During the next hour, as Land walked around Santa Fe, all he had learned about chemistry came together and the camera and the film became clear to me. In his mind they were so real that he spent several hours describing them.

上述改编后的段落，除了在直接引语和间接引语的运用和设置上与原文相反，其余意义未作任何改变，也一样含有五个句子，如下：

a. Edwin Land, one of America's most productive inventors, claimed, " the idea leading to my invention of the Polaroid camera came from my three-year-old daughter."

b. On a visit to Santa Fe in 1943, she asked, " why I can't see the picture I have just taken."

c. During the next hour, as Land walked around Santa Fe, all he had learned about chemistry came together.

d. The camera and the film became clear to me.

e. In his mind they were so real that he spent several hours describing them.

上述五个句子分别形成下面五个小句视点框，每个小句视点框中有自己的知觉起点和终点，五个小句视点框共同形成一个大的超句视点框，五个句子形成的知觉视点起点和终点运行的轨迹如图 6.3 所示。

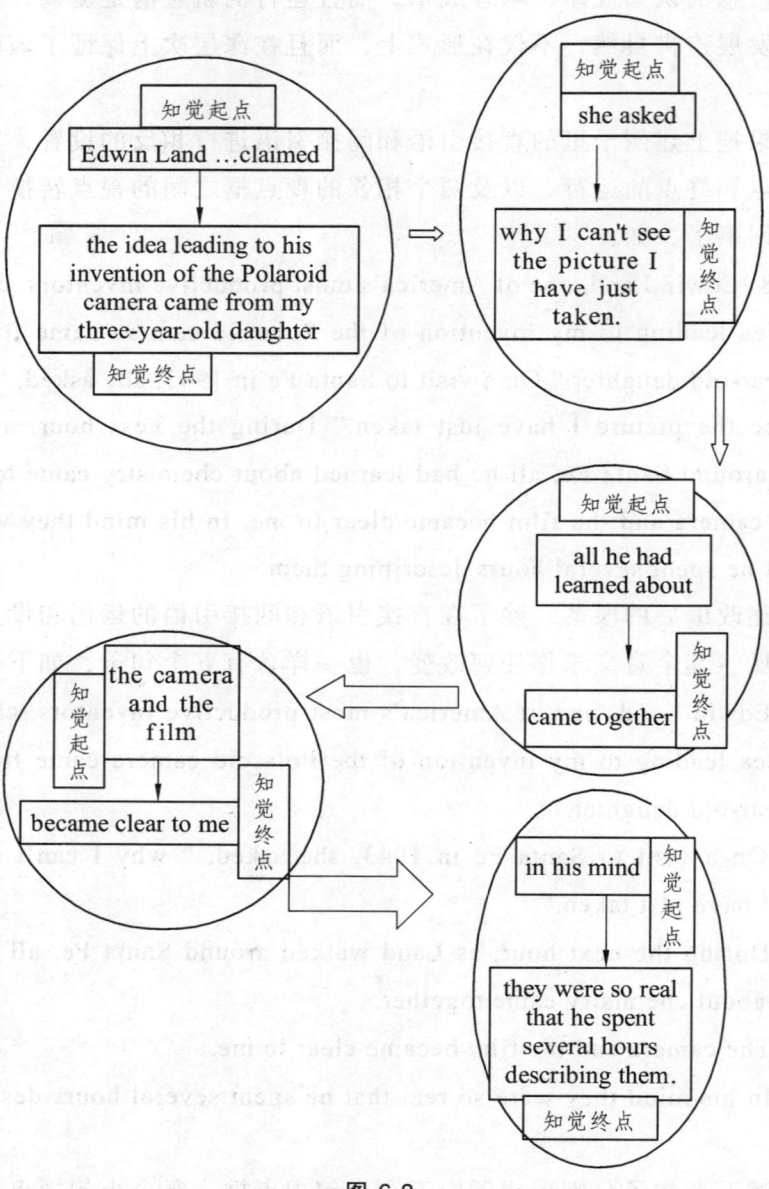

图 6.3

显然，第一和第二视点框的转换几乎没什么变化，而第二与第三视点框，人称就会从"I"到"he"，再到第四个视点框的"me"，再到第五个视点框的"his"，叙述视点的转换，显然就出现了反复，很难流畅，导致整个超句视点框不如原文连贯自然。所以，在语篇中，选用直接引语还是间接引语，绝非随意或等值，而是受知觉视点起点和终点自然运行的规律所制约，只有符合人类认知规律的起点、终点和新旧信息的传递过程，才能使文章自然、连贯、流畅。

作为直接引语的转述引导语的位置，或在直接引语前面，如：The boss said, "I want to go home."或在直接引语的后面，如 "I want to go home" said the boss.或在直接引语内容的中间，如："I want to go home", said the boss, "there is an important meeting tomorrow." 显然，转述的引导语位置也并非随意，有时也会受到知觉视点的严格制约。比如：

（29）"Did you notice how much makeup our fifteen-year-old daughter was wearing this morning? I can't believe I didn't notice. I suppose we should feel lucky because makeup is our bigger problem with her. I've seen other teenagers walking around town with tattoos and piercings all over their bodies."

"What worries me," said Steve, "is that music could have a negative influence on Sandy. I don't know what's happening to our little girl. She's changing and I'm concerned about her. Makeup, terrible music – who knows what will be next? We need to have a talk with her. The news is full of stories about teenagers in trouble whose parents hardly know anything about their problems."

（《新视野大学英语读写教材Ⅰ》二版，P30）

上面两个段落其实就是两个直接引语。第二段作者将转述的引导语"said Steve"插入到直接引语的中间，而不是放在直接引语的前面，也不是在后面。从知觉视点的起点与终点的安排可以得到合理的解释。首先第一段结尾处，提供的新信息是"with tattoos and piercings all over their bodies",这些现象与下文中作为知觉起点的"What worries me"息息相关,也就是说,第二段里通过将直接引语的引导语放在中间,使该段第一个知觉视点的起点与上段中最后一个知觉视点的终点有机联系起来,形成了上下段落的连贯自然。如果把直接引语的引导语放在句首,则"Steve said"成为了第二段中第一个知觉视点的起点,这个作为知觉视点的起点的旧信息显然并未在前面段落中,特别是前面知觉视点的终点上出现,显得突兀,违背了人类用已知信息去获取新信息的认知规律,因此导致了前后两个段落在衔接上不如原文自然。

因此,在语篇中用直接引语还是间接引语,甚至直接引语在转述时的引导语放在直接引语的前面、中间还是后面,都有可能受到知觉视点起点与终点安排的制约。

(四)直接引语或间接引语是时空视点安排的需要

直接引语还是间接引语的运用直接影响到时空视点的转换,直接引语与间接引语转换时时空视点的转换是否存在必然,这些因素完全受视点选取的制约。

1. 直接引语转换成间接引语对时间维度变化的影响

直接引语转换为间接引语时,由于说话主体以及时间的不同,在时间维度上定会发生变化。比如:

(30) "Sandy, why are you wearing that old T-shirt? It's disgusting."

(《新视野大学英语读写教材Ⅰ》二版,P29)

从文章的上下文可以清晰地看出,上述直接引语的发话者是母亲,听话者是女儿 Sandy。其话语是原封不动地引用了两人当时在家里的对话,所以用的时态是现在进行时和一般现在时。如果把它变成间接引语,也就意味着需要第三者把她们已经说过的话进行转述,即已经说过的话,她们说话内容所涉及的时间只能是过去的某个时间,因此时间上的过去就意味着转述者必须用表过去的时间维度来描述,其转述的内容才不会发生太大的偏差。自然"Mom asked Sandy why she was wearing that old T-shirt and thought it was disgusting."成为该间接引语的必然。如图6.4所示：

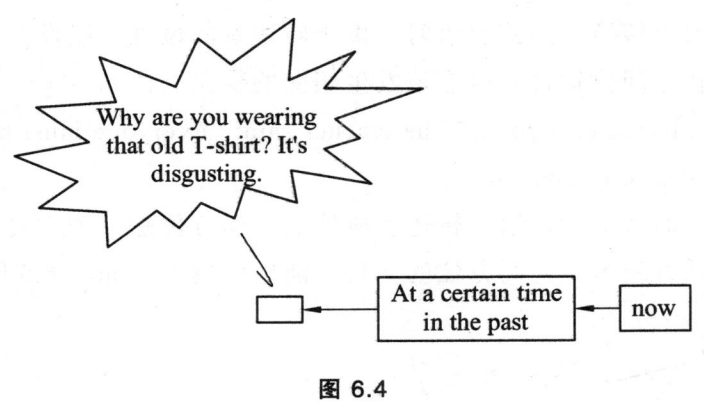

图 6.4

显然，但凡某人要转述他人说过的话，其前提必须是某人在他之前已经说过；同样，但凡说某个人转述过某个人的话语，也就意味着他转述的这个动作本身也已经发生过，对现在来说已经成为过去。所以直接引语在变成间接引语时，时间维度大多会变成过去的时间概念。还未说过或将来要说的话是不存在转述之说的，否则只能是谎言。比如：

（31） The man will say tomorrow, "I will go home."

显然，对于"I will go home."这个话语，谁会准确知道他明天会说，谁又会准确地知道他具体会怎样说呢？既然他还没说，那又怎么会涉及转述呢？中国社会科学院语言研究所词典编辑室编辑的第五版《现代汉语词典》1790页上，转述：把别人的话说给另外的人：我这是转述教师的话，不是我自己的意思。上海外语教育出版社2007年出版的《新牛津英汉双解大辞典》1799页上，report:1.give a spoken or written account of something that one has observed, heard, done, or investigated. 就某人看到的、听到的、做过的或调查过的做口头和书面的陈述。无论是汉语词典还是英文词典，对转述的解释，无一例外地都会强调转述是说别人说过的话语，所以，直接引语在转换成间接引语时，其时间只能是过去的某种时间维度，或过去时，或过去将来时，或过去完成时，除非涉及的内容在转述时仍然存在，这种情况将在下文中进一步探讨。

2. 直接引语或间接引语的恰当运用对空间位置的影响

直接引语转换成间接引语时，由于转述者的位置可能发生变化，其转述内容在空间位置自然也应该发生相应的变化。比如：

（32）(in the classroom) the teacher said: "Everyone must bring your exercise-book here tomorrow."

转述上面教师的话语，转述者所处的空间方位是一个重要因素：转述者离说话者越远，空间方位的变化可能性就越大。如图 6.5 所示：

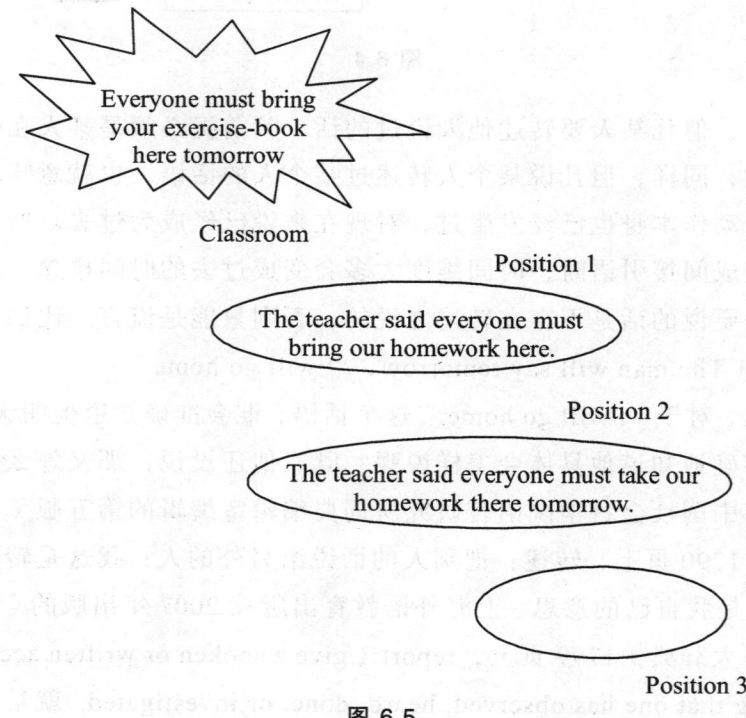

图 6.5

如图 6.5 所示，转述者离教室越近，其表达方位的动词"bring"和地点"here"变化的可能性就越小，如在离教室很近的 Position 1，这里相对于更远的地方，其与教室之间的距离可以忽略不计，因此转述者可以认为自己说话的地方就在教室里，对地点的微小差异毋需特别标注。转述者离教室越远，其表达方位的动词"bring"和地点"here"变化的可能性就越大，如在离教室较远的 Position 2，由于转述者在远离原说话者的地方对原话进行转述，为了突出自己转述的方位与原方位的差异，转述者就必须用表达不同方位的术语来表达，比如"take"和"there"，这两个词可以表达自己说话的地方不在原话所发生的地方，或离该话语发生的地方较远。为了向听众传达自己说话的地方早已不是原来说话者说话的地方，就需要特别的标注。当然，转述者离原说话者的距离多远才需要就发生的方位的变化进行标注，只能是相对的，没有绝对的距离差异。相对于 Position 3，Position 2 的距离也可能不需要转述者特别的标注，而用跟 Position 1 或教室里的一样的表达法也并非不可。在转述时能标注位置的还有许多动词，如 go, come, this, that 等。

（三）直接引语转换成间接引语时空视点特殊情况的解读

直接引语与间接引语之间的转换，是否需要在时空维度上进行改变，这取决于转述的话语与原文在时间和空间上是否有不同，也就是说取决于时空视点是否有所变化，不能完全套用规则。比如：

（33）The boy said, " I will come home this afternoon."

不同的地方不同的时间可以转述成不同的版本：

（a）The boy said he will come home this afternoon.

（b）The boy said he will go home this afternoon.

（c）The boy said he would come home that afternoon.

（d）The boy said he would go home that afternoon.

上述（a）句的间接引语中，转述者标注自己说该话语的时间与男孩说话的时间是大体相同的，仍然在那天下午之前的什么时候，所以在时间上毋需作特别的标注；同样地，男孩说该话语时表明自己离家较远，所以用了"come"，而转述者在向其他人说该话语时地点同样也离家很远,所以也需用"come",而无需进行不同方位的特别标注。(b)句则略显不同,转述者并不认为自己与前面男孩所处的方位是相同的,在他看来,自己的位置离家比前面男孩要远些,为了特别标注自己的方位,选用了动词"go"取代了动词"come",这一变化完全是由转述者所处的空间方位决定的。然而,由于转述者认为自己说话的时间维度与前面男孩说话时并无两样,无需标注任何区别,所以转述者仍然选用了"this afternoon",该句转述发生的变化自然只是由转述者转述话语的空间维度的变化造成的。(c)句的间接引语中,转述者或许认为自己说话的地方与前面小男孩说话的地方没什么太大的差异,无需在空间方位上作特别的标注,所以继续使用了"come",但认为自己说话的时间维度已经发生了本质的变化,需要特别标注出来,于是用"that afternoon"取代了"this afternoon"。同理,(d)句的间接引语中,转述者显然为了标注时间和空间的方位均发生了完全的变化,不特别加以标注,原来男孩的话语的意义就无法表达出来。所以,直接引语改为间接引语时,转述者与原来话语发出者在时空视点上的异同决定着动词方向性和表时间维度的词语变化。

当然,原说话者和转述者在观念视点上的异同同样可以决定转述的间接引语在时间和空间上的变化。比如:

(34a) The boy said yesterday, "The earth goes around the sun."

(34b) The boy said yesterday that the earth goes around the sun.

(34c) The boy said in 1942, that the earth goes around the sun.

显然,在男孩看来,地球是围绕太阳转的——这一观点无论是昨天、1942年,还是今天,或是明天,只要你同意这一观点,作为转述者,其观念视点就会与该男孩保持一致,无论转述的时间是否相同,在转述时都不会也不需要用不同的时空方位来表达相同的观念视点,所以间接引语中动词的时间维度不会发生改变。一旦改变,就说明转述者不同意前面男孩的观点,也就是说两者的观念视点不一致,这样就会在同一句中形成观念视点紊乱。

另外，某些空间方位词语在直接引语中带有强烈的感情色彩，直接引语转换成间接引语时，转述者一旦改变了空间方位，自然也就改变了原说话人对具体对象的态度，从而与原文的观念视点不一致。如：

（35）A: This is B.

　　　A: B, This is C.

　　　A: C, this is D.

　　　A（whispering）:B, C, D, that is E.

原文中 A 对 B、C 和 D 的介绍都用了"this is…"，而对 E 介绍时用了"that is …"显然，在原文中用 this is 或 that is 明显带有说话者自己的感情色彩，远非地点方位的远近。Barhillel 认为，"This 是引起受话人注意说话人视野中的某事物，也指说话人周围的某事物，有时也指不在他视野中的事物，还有时候可以指视野之外的事物，当然 this 可以指他自己或别人在这以前说过的事物、事件或情况（1954：373）。"方位指示词不是简单的空间距离，而是可以表达心态、情感等。在讨论礼貌的言语策略时，人们自觉或不自觉地使用指示语过程中的心理距离来缩短自己和受话人之间的心理距离，或者说感情距离，以表示友好、亲近和礼貌（Brown & Levinson，1978）。Lyons（1977）认为，"从 that 向 this 转移以便传达同感/神入（empathy），从 this 向 that 转移则表示情感距离。" this 可用于近指和远指，包括心理（距离）近指和远指，this 比 that 传达更多的介入和同感，I like（all）this 表示高兴或满意，I don't like（all）that 表示不太高兴或满意或者完全不高兴或不满意（侯国金，2002：52），比如：

（36）Livia went down that same pavement to Marks & Spencer to buy Aunty Phyla present, she returned with two items... A plant and a bouquet of pink and white carnations, "I didn't know which to get, Mummy, and these were so pretty," she said, holding out bouque. —Guilietta Galli—Atkinson.

侯国金分析认为，that 指后来女儿被车撞死的人行道，时间和方位距离以及心理距离都远，these 指女儿当时手上拿着的康乃馨，空间距离近（这是直接引语），心理距离更近。

(37) Analysis by literaray scholars has found evidence this second play was written by Marlowe. This suggests that young Shakespeare had drawn Greene's wrath for amending scripts by Marlowe and putting them out for his own profit.

——Robert Matthews

侯国金分析认为，第一个 this 指前一句说的《真实的悲剧》。第二个指上面两句话的内容，尤其是后一句的内容因为作者崇拜和介绍莎士比亚及其作品，凡跟他有关的都有好感，心理距离近，虽然实际距离远（如，手头上根本没有这个剧本）。

This/that 虽然根本区别在于所指事物靠近说话人还是远离说话人，但是在交际语境中这种空间距离的差异常常只是相对而言的，并显得很重要，往往被淡化。更重要的是表达说话者的心理感受。比如，我喜欢这个家伙，但讨厌那个人。这里的"这个"和"那个"并不真的意味着他们所处的位置"这个"离说话者比"那个"近，而是表达了说话者在心理上与"这个"更近，而与"那个"更疏远。两者感情好，彼此能取得认同，即使实际空间距离大一些，也常常会用 this 而不是 that。比如：

(38) "昨天我在河边碰到一位中年人正在帮助搜救一位落水儿童，在场的人都异口同声地称赞这位好小伙子。" 我妈说。

显然，说话者早已离开了她看见中年人救儿童的地方，从空间距离上看，肯定用"that"更合适，但由于说话者对小伙子救人的事迹评价较好，从而对该小伙子的评价也是积极的，所以缩短了他们之间的心理距离，选用了"这位"来表达，突出了说话者情感上的近距离，表达了说话者对年轻人舍己救人的行为的积极评价，在转述后的间接引语中，如果换成了"那位"的远指，就失去了这一关键信息。

所以上述（35）句中，作为直接引语，前面三个句子中用的 this，绝非表明 A 与 B、C 和 D 距离是相等的，且都比较近，而只与 E 空间距离较大。如果真与 E 的空间距离大，按常理 A 更应该是拉大嗓门，提高声音而不是"whispering"，这表明了 A 与 B，与 C，与 D 以及 E 的空间距离并非有着远近的必然，而只是与前面三者的心理距离更近，关系更加友好，而与 E 的关系相对疏远。A 用很小的声音——Whispering——介绍 E，A 并不想让 E 知道自己跟 B、C、D 三人的关系要好，而与 E 疏远些的现实。如果按照直接引语改成间接引语的常规，把上述四句介绍都改成了"A said that was B, that was C, that was D, and that was E."，显然就不能体现出 A 与 B、C、D 的感情距离与 E 的不同，与原话语的含义差之千里。类似现象在大学英语的教材里也可以找到。

（39）"No, thanks, honey. My stomach feels upset—like it's full of knots. It's probably that awful music that wakes me up every morning. I don't think I'm old-fashioned, but hearing those tuneless, offensive lyrics repeatedly makes my blood boil."

(《新视野大学英语读写教材 I》二版，P29)

（40）"Sandy," shouted her father, "Sandy, turn that music off!"

(《新视野大学英语读写教材 I》二版，P28)

（39）例是丈夫 Steve 对妻子 Jane 的一段回复的话语，用了"that"和"those"各一次。"that awful music"和"those tuneless offensive lyrics"中，"that"并非表明说话者提到的音乐和歌词距离说话者很远，而明显表达了说话者对自己女儿早上放摇滚乐吵醒自己的不满，从而对类似音乐产生厌恶之情，所以他认为类似的音乐非常不好，一是用"可怕的（awful）"来形容，另外用"that"来表达类似音乐与自己遥远的心理距离，从而彰显自己对类似音乐的厌恶之情；对该摇滚乐的歌词同样厌恶，说话者不仅用"令人不快的，讨厌的（offensive）"，而且同样用了表示远距离的方位指示代词 those，以表达说话者对摇滚乐极度不喜欢的程度。例（40）里，父亲 Steve 冲进女儿的房间，对女儿说出了上述的话语，从距离上看，播放的音乐、父亲和女儿都同时在女儿的房间内，相互的距离应该是非常近的，按照空间指示距离本应该选择"this"，但是由于父亲对正在播放的摇滚乐极度讨厌，所以虽近在咫尺，却有着远在天边的心理距离，用"that"替换"this"完全流露出自己对该音乐的情感距离。显然，其方位指示词"that"和"those"基本与离说话者的距离没关系，透视的只是心理距离。

同样，一些在日常对话中司空见惯的直接引语在改成间接引语后也会丢掉许多类似的感情因素，比如：

（41）Teacher：Tom.

Tom：I'm coming.

前面对 come 一词进行过分析。从真实的方位来讲，学生从自己说话的地方到教师那里去，显然是由近及远，用 go 能更加恰当地表达该动作的移动方向，然而学生却用了动词 come，完全是为了表达以教师为中心，体现对教师的尊重。如果改成间接引语"Tom said to the teacher he was going."，其说话的中心就变成了学生自己，原说话者对教师的这种尊重之情通过第三者转述过后完全丢失，只剩下真实的方位移动。然而上述师生间的简短对话中，更重要的信息是学生对教师的尊重之情，而不是来去的方向移动，所以通过转述过后的间接引语完全丢失了直接引语中的重要信息，而留下细枝末节，真可谓捡了芝麻，丢了西瓜，得不偿失。

同样，在直接引语改为间接引语时，还常常涉及"here"和"there"的转换。上海外语教育出版社 2007 年出版的《新牛津英汉双解大辞典》第 984 页上，here: in, at, or to this place or position（在）这儿，在这里，到这儿。第 2198 页上，there: in, at, or to that place or position 在那里，往那里，到那里。显然，"here"与"there"在空间方位上的参照点都是说话者，离说话者较近或相对较近的用"here"，离说话者较远或相对较远的用"there"，这也是直接引语转换成间接引语时"here"变成"there"的语义基础：一般而言，离原说话者距离近的地方，离转述者相对较远。但是规则同时规定：如果在说话人的原地方进行转述，"here"就不能变成"there"，这就保证了转述者与原说话者在相对距离未发生实质性变化时的处理方式。但是，在实际交流中，由于"here"和"there"并不仅仅只表达空间距离的远近，也常常跟说话者的心理距离密切相关，所以一旦替换也就会丢失重要信息。

Levinson（1983：54）认为，指示（deixis）是语用学领域研究的重要课题之一，从本质上讲，它主要研究的是使用语言反映言语情景或言语事件以及语用语境阐释言语的方法。人称指示、时间指示和空间指示是三种传统的类别。其中，here 和 there 是口语交际中使用频率较高的地点副词。冉永平（2006：20）将"地点指示语"定义为"与言语交际或言语事件有关的地点、位置或空间等信息。说话人对空间指示语的选择并非完全由实际距离决定，在相当程度上也取决于说话人与听话人之间的心理距离。"（刘森林，2007：94）说话人使言语事件双方的空间位置发生心理转移的现象叫语用移情。语用移情的几种情形：一是说话人为了寻求与听话人之间的共同点，把与自己存在一定空间距离的听话人当作一个整体，将两人所处的空间位置作为参照点；二是说话人出于礼貌将听话人作为空间参照点；三是说话人采用礼貌策略将空间参照点转移到与听话人之外的某个参照点；四是"以家宅为参照点"拉近双方的距离（刘森林，2007：194-196）。空间指示词 here 和 there 并非完全由实际距离决定，在相当程度上说话人和听话人之间的心理距离决定了空间指示语的选择。何兆熊认为，用哪个词取决于说话人在说话时对所指事件的心理距离（2000：83）。也就是说，取决于说话人心目中的心理距离（psychological distance）（Yule，1996：13）。比如：

（42）Here is a man I could rely on.

说话者既然认为后面的这个人是他可依赖的，自然他是比较喜欢这个人的，从而决定了他与这个人之间的心理距离较近，因此用"here"并非与实际距离有关，而只是说话者与这个人之间心理距离的一种反映。类似现象在日常生活中也不乏其例。

第四节　本章小结

　　直接引语和间接引语无论在语义还是语用方面都不是完全等值的，英语教学中只停留在两者之间的相互转换，远远不能实现直接引语和间接引语两者的实际功效。无论在日常生活中，还是文学语篇中，直接引语和间接引语都有各自不同的、彼此很难替换的作用。直接引语和间接引语转换的机械练习，不仅不能使学生更好地掌握它们语法形式的相应变化，而且容易使学生的学习变得乏味。那些"变"或"不变"的机械式规则更容易让学生学昏了头，陷入"变"或"不变"的泥潭不能自拔。

　　直接引语与间接引语在语篇中恰当的转换，不仅可以实现叙述视点的完美转换，使转述者把自己融入到引语的原发话者的角色，在充分理解原话语的情况下做出准确的转述，避免因为叙述视点的转化而影响转述内容的变化，也无需花费更多的精力去记忆那些"变"或"不变"的枯燥条款；直接引语和间接引语的恰当转换，也是知觉视点合理运行的需要，直接引语和间接引语的灵活运用，可以对语篇中知觉视点的起点和终点的安排起到调节的作用，使知觉视点的安排更加符合人类用已知信息去获取未知信息的认知规律，使语篇在深层次上实现统一，运行流畅自然；直接引语和间接引语的恰当使用，可以较好地保证转述者和原说话者在观念视点上的一致，最终实现整个话语观念视点的一致性，是保证语篇整体连贯的重要手段。直接引语和间接引语恰当融合，还能促使语言表现形式丰富多样化和话语真实性的统一：直接引语的运用可以更好地体现话语的真实性、形象性，但在表现形式上有时不如间接引语简练。直接引语的过多使用有时可能会导致话语的运行缺乏连贯性，也可能导致句式的单一性或多次的重复；间接引语的运用可以在表现形式上更简洁、更流畅，直接引语中的一些多余的话语可以在转述时得以精简，只留下精髓，句式的运用可以根据行文的要求进行变动，有效地保证了话语中新旧信息的合理走向，但转述后，话语的真实性往往不如直接引语。直接引语和间接引语两者有机结合，既可以更好地突出引语的客观真实性，也可以有效避免直接引语的多次使用给表达上带来的结构上的死板，给读者以简明扼要的印象。这种交际的需求远比机械的语法训练有效得多，而且也能更好地解释直接引语与间接引语的语用效果，这也是人们在生活中的真实体验，符合语言是人类对客观世界的体验的认识，是认知科学在语言运用方面的具体体现。

第七章 结 语

一、结 论

　　本书在引言中介绍了当前大学英语及大学英语教师的现状，尤其是大学英语教师科学研究与教学本职工作的严重脱节，导致时间与精力很难整合，科学研究的成果很难服务于教学的现状。本书第一章回顾了视点在文学领域的发展以及国内外学者对视点研究取得的诸多成就。视点研究进入语言学后，与认知科学、认知心理学等学科充分融合。视点研究在语用学方面的研究也具有强大的生命力，把视点研究推向了新的高潮。笔者引用了国内外许多著名学者对视点的定义以及分类，为本书奠定了较好的理论基础。本书第二章详细分析了大学英语教师科学研究工作与教学任务的冲突、学生语用知识和语用能力的匮乏，以及大学英语教师相关的科学研究现状，并简要介绍了语用学的相关理论知识，分析了语用失误给语言教学带来的消极影响，并简要介绍了视点研究在当前大学英语教学和大学英语四六级考试中的体现。第三章从视点紊乱的角度探索了大学英语教学中语篇或话语的连贯，深入分析了视点紊乱形成的机制以及视点紊乱的种种形式，并从观念视点紊乱、叙述视点紊乱、知觉视点紊乱和时空视点紊乱几个方面在视点框内和视点框之间两个层面，揭示了语篇或话语缺乏连贯的深层原因，凸显了话语连贯的深层次本质。第四章研究了观念视点对礼貌语言取效的制约与促进。对礼貌语言的运用功效从视点的角度分析了意识形态、政治维度和个人对特定人或事物的具体态度对礼貌语言取效的巨大影响，揭示了影响礼貌语言取效的种种原因，并从心理趋同入手探索了指别语的礼貌运用、语态的恰当选用、不同的语气、词语的选择以及时态的运用等方面礼貌语言良好取效的路径，为传统礼貌语言研究中违反礼貌原则却表现出礼貌或者虽然遵守了礼貌原则却得不到礼貌效果找到了比较合理的解读，为 Leech 的调侃和讽刺话语中找到了统一的解读。第五章重点分析了虚拟语气在缩短心理距离促成心理趋同时在视点方面体现的重要作用。重点从心理距离与语用功效、虚拟语气的语气否定意义和责备的表达与观念视点的体现、虚拟语气与空间维度变化的影响、虚拟语气动词时空维度的变化与心理距离和虚拟语气中情态动词的运用与观念视点几个方面，分析了虚拟语气促成积极观念视点的形成，从而缩短交际双方的心理距离，提高话语的可接受度，显示出强大的礼貌功效，有助于人们对虚拟语气更好的掌握，并有效地推动人们在实际生活中对虚拟语气的运用，并在运用中反复纠正语法错误，从而更好地促进虚拟语气的教学。第六章从视点的角度分析了直接引语和间接引语的不同运用。详细的数字表明了直接引语和间接引语在文学、新闻报道以及日常生活等方方面面使用的普遍性，指出了传统英语教学中机械地进行直接引语和间接引语的转换练习的事倍功半和带给学生的枯燥无味，并从文学和新闻报道以及日常生活的角度，对直接引语和间接引语的恰当运用从视点研究的角度进行了剖析，重点分析了大学英语教材中直接引语和间接引语的运用在观念视点、叙述视点、知觉视点和时空视点方面的积极体现和重要作用，并在实际运用中诠释了直接引语与间接引语的恰当运用和融合在视点研究方面体现的奥妙所在，并对直接引语和间接引语转换过程中"变"与"不变"的艰难抉择进行了新的诠释，有助于帮助学生理清"变"与"不变"的根本所在。

二、研究成果

1. 语用学研究与教学的有效融合

作为一个新的界面研究，本书将语言学研究与教学有效地融合起来，对大量来自大学英语教材中的语料进行了语用研究，尤其是通篇以视点的角度展开研究，有助于帮助教师在教材和教学中发现科研的素材，有利于学生对英语语法现象的更深入理解。由于视点研究引入了认知科学、心理学等方面的研究成果，有利于学生积极主动、真实有效地在实际生活中正确运用所学语言，真正做到了科学研究为教学服务，使学生成为教师科学研究最大的受益者。本研究为教师语法教学和语法纠错开辟了新的途径，给传统语法教学中枯燥无味的说教赋予了鲜活的动力，学用紧密结合，不仅能有效地提高学生的学习积极性，在一定程度上还能更好地激发学生对所学传统语法知识运用的积极性。

2. 学生语用能力与语言能力的融合

通过语言能力与语用能力的相互关系的分析，表明了学生语用能力的培养是贯彻《大学英语课程要求》中培养学生综合应用能力切实可行的办法，英语文化知识和英语语言的学习密不可分，学生的语用能力只有在语言实践中才能得以实现。语言来自于人们对现实生活的体验，语言又是人们表达对现实生活体验的具体方式。学生在体验中产生学习的欲望，在学习中所犯的语言错误，只有在运用中才能得以纠正，再学习，再纠正，这正是语言学习的完整过程。学生的语用能力并非随着语言能力的提高而自然增长，相反，一些语用失误会极大地削弱学生英语学习的积极性，甚至带来的后果有时比语言能力低下影响更坏。语用能力应该成为英语教学中一个新层面。本书详实的语料，尤其是来自大学英语教材中的真实语料证明了语用知识对学生交流的重要性。

3. 语用能力对英语教学与其他学科融合的促进

语用知识是英语教学中培养学生学科外素养的重要途径，通过语用知识的学习和语用能力的提高，学生可以提高其交际能力以及对相关学科的认知，有效实现英语与其他学科的融合，为英语教学研究拓宽前景。

对大学英语教学研究的不少，对大学英语教学中的语用研究也不乏很多优秀的成果。尽管在本书中研究似乎并没有集中在一个点上，但本书所有的研究都只是从视点研究的特殊角度展开，以话语的视点研究为主轴贯穿全书，对来自大学英语教材中的大量原始语料从话语或语篇的深层次连贯、话语的取效等方面进行深入的语用剖析，在学界尚属首次，在研究方法上摆脱了纯教学方法或纯科学理论研究的惯常做法，在一定程度上更有助于大学英语教师明确自己的科研方向，在如何把自己的科研与大学英语教学、学生语言能力与语用能力培养有力地结合方面，以及从视点研究的视角对传统语法教学进行新的诠释方面为大学英语教师提供了实实在在的范本，更好地达到教师科学研究和科研成果切实为教学服务的目的，帮助教师更好地整合教学和科研的时间和精力，有效提高效率，促进教师在教学和科研上的双丰收。

三、研究的不足及展望

本书借用视点研究的成果对大学英语教材中的素材进行语用研究，涉及的面还有很大局限，很难在一本专著中面面俱到；对教材中部分语言错误的解读尽管新颖，但涉及不多，需要进一步挖掘教材中的类似素材，研究还有待进一步深入；本书的研究在理论上借用了文学和语言学在视点方面的研究成果，但视点在语用学方面的研究还需进一步拓宽，逐渐形成稳定的理论体系；本书主要涉及了大学英语教学中一些语法现象的新解读，在加强大学英语教学与其他学科融合方面还涉及不多。今后，视点研究在学生英语综合运用能力的培养和英语教学的研究上，还需深入挖掘，进一步展示视点在语用研究方面的强大生命力，进一步强化视点研究在认知与心理科学方面的融合成果，逐渐展示体验在语言语用中的巨大作用，更好地推动大学生英语综合运用能力的培养，有效提高学生英语运用的实际水平和效率；作为一个教学与科研、学生英语语言能力与语用能力融合培养模式的探索，尤其是在视点研究领域内，本书还只是一个初步的尝试，需要在实践中更多的探索、修正和完善。

参考文献

[1] Austin J R. *How to do things with words*. Oxford: Oxford University Press, 1975.

[2] Austin J L. How to do Things with Words (extract)[A]// In LIU Run-qing et al. (Eds.). *Readings in Linguistics*(Vol.2)[M]. Beijing: Cehui Press, 1988.

[3] Baker Mona. *In Other Words: A Coursebook on Translation*. Beijing: Foreign Language Teaching and Research Press, 2000.

[4] Bar Hillel Y. Indexical Expressions[A]. *Mind* [C], 1954(63).

[5] Bolinger D. *Aspects of Language. 3rd ed*. New York: Harcourt Brace Jovanovich Inc,1988.

[6] Brooks & Warren. *Modern Rhetoric*. New York: Haroourt Brace Jovanovich Press, Inc, 1972.

[7] Brown P & Levinson S. "Universals in Language Usage: Politeness Phenomena", in E. N. Goody(ed.), *Questions and Politeness: Strategies in Social Interaction*. Cambridge: Cambridge University Press, 1978.

[8] Brown G(ed.). *Language and Understanding*. Shanghai: Shanghai Foreign Language Education Press, 1995.

[9] Brown G & Yule G. *Discourse Analysis*. Cambridge: Cambridge University Press, 1983.

[10] Clark Herbert H & Gerrig Richard J. Quotations as demonstrations. Lg.4. 1990.

[11] Cleanth Blooks Robert Penn Warren. *The Scope of Fiction*. New York: Crofts, 1960.

[12] Cohn Dorrit. *Transparent minds: Narrative modes for presenting consciousness in fiction*. Princeton: Princeton University Press, 1978.

[13] Coupland N & H Giles. The Communicative Contexts of Accommodation [J]. Language and Communication, 3(4): 175-182, 1988.

[14] Croft W & D Alan Cruse. *Cognitive Linguistics*. Cambridge: Cambridge University Press, 2004.

[15] Cummings, L. *Pragmatics - A Multidisciplinary Perspective*. Beijing: Beijing University Press.

[16] Davis M. *Empathy: A Social Psychological Approach*. Oxford: Westview Press, 1996.

[17] Declerck R. *Tense in English: Its Structures and Use in Discourse*. Beijing: World Publishing Corp, 1991.

[18] Dixon R M W. *A New Approach to English Grammar, On Semantic Principles*. Oxford: Clarendon Press, 1991.

[19] Eagleton Terry. *Ideology: An Introduction*. London/New York: Verso, 1991.

[20] Field M. The role of factive predicates in the indexicalization of stance: A discourse perspective[J]. Journal of Pragmatics 27(6): 799-814, 1997.

[21] Fowler R. *Linguistic Criticism*. Oxford: Oxford University Press, 1986/1996.

[22] Gibbons A. *Multimodality, Cognition, and Experimental literature*. London: Routledge, 2012.

[23] Glenberg A M & Kaschak M P. "Grounding language in action", Psychonomic Bulletin & Review 9（3）:558-565, 2002.

[24] Goffman E, *Interactional Ritual: Essays on Face-to-Face Behavior*. New York: Doubleday and Company, 1967.

[25] Green M Georgia. *Pragmatics and Natural Language Understanding*. New Jersey: Lawrence Erlbaum Associates, Inc, 1989/1996.

[26] Haiman J. *Iconicity in Syntax*. Amsterdam: John Benjamins, 1985.

[27] Haiman John. *Natural Syntax*. Cambridge: Cambridge University Press, 1985.

[28] Haiman J. Iconic and Economic Motivation [J]. *Language*, Vol. 59, 1983.

[29] Hall C. "Imagination and multimodality: Reading, picturebooks and anxieties about childhood", in Sipes, L. and Pantaleo, S.(eds.)*Postmodern Picturebooks: Play, Parody, and Self-Referentiality*. New York & London: Routledge, pp.130-146, 2008.

[30] Harder P. *Functional Semantics: A Theory of Meaning, Structure and Tense in English*. Berlin: Mouton de Cruyter, 1997.

[31] Harsh W. *The Subjunctive in English*. University, AL: University of Alabama Press, 1968.

[32] He Ziran. *Notes on Pragmatics*. Nanjing: Nanjing Normal University Press, 2003/2006.

[33] Head B. Respect in pronominal reference[A] . In J . Greenberg , C Ferguson & E Moravcisk(eds.). Universal of Human Language 3 :Word Structure[C]. California : Stanford University Press . 151-211, 1978.

[34] Hopper Paul J & Elizabeth Closs. Traugott *Grammaticalization*. Cambridge: Cambridge University Press, 1993.

[35] Huddleston R & G K Pullum. *The Cambridge Grammar of the English Language*. Cambridge: Cambridge University Press, 2002/2006.

[36] Hudson R A. *Sociolinguistics*. 上海：上海外语教育出版社/ Oxford University Press, 2000.

[37] Kamio A. *Territory of Information* . Amsterdam: John Benjamins, 1997.

[38] Kasper Gabriele. Pragmatics in Second language Learning: Current Developments[J]. FLC(中国外语), 2007 年 06 期.

[39] Kristeva Julia. *Language－The Unknown: An Intitiation into Linguistics*. Tran. By Anne M. Menke. New York: Columbia University Press, 1989.

[40] Kuno S. *Functional syntax: Anaphora, discourse and empathy*. Chicago: University of Chicago Press, 1987.

[41] Lakoff G. *Ten Lectures on Cognitive Linguistics*. Beijing: Foreign Language Teaching and Research Press, 2007.

[42] Lakoff G & M Johnson. *Metaphors We Live by*. Chicago: The University of Chicago Press, 1980.

[43] Langacker Ronald. *Foundations of Cognitive Grammar, Volume I*. Stanford, CA: Stanford University Press, 1987.

[44] Langacker R W. *Foundation of Cognitive Grammar, Vol.II: Descriptive Application*. Stanford: Stanford University Press, 1991.

[45] Leaderman S J & Klatzy R L. "Designing haptic and multimodal interfaces: A cognitive scientist's perspective", in Farber G and Hoogen J.(eds.) Proceedings of Collaborative Research Centre 453, Munich: Technical University of Munich, pp71-80, 2001.

[46] Leech G. *Principles of Pragmatics*. London: Longman, 1983.

[47] Leech G. Politeness: Is There an East-West Divide?[J]. Journal of Foreign Languages, 2005.

[48] Leech & Short. *Style in Fiction: A Linguistic Introduction to English Fictional Prose*. London: Longman, 1981.

[49] Levinson S C. *Pragmatics*. Cambridge: Cambridge University Press, 1983.

[50] Li C. Direct and indirect speech: A functional study. In Coulmas F. (ed.) *Direct and Indirect Speech*. Berlin, New York, Amsterdam: Mouton de Gruyter, 1986.

[51] Lyons J. *Semantics*. Cambridge: Cambridge University Press, 1977.

[52] Mey J L. *Pragmatics: An Introduction*. Beijing: Foreign Language Teaching and Research Press, 2003.

[53] Meyerhoff M. *Introducing Sociolinguistics*. The Taylor& Francis e-Library, 2006.

[54] Morris C M. *Foundations of the Theory of Signs*. Chicago: The University of Chicago Press, 1938.

[55] Palmer F R. *The English Verb*. London: Longman, 1974.

[56] Pause E. Context and translation [A]. In Rainer B. nerle et al. （eds.）. *Meaning, Use and Interpretation of language*[C]. Berlin: Walter de Gruyter, 1983.

[57] Philips S U. Reported speech as evidence in an American trial. In Tannen and Alatis(ed.) *Language and Linguistics: The Interdependence of Theory, Data and Application.* Washington: Georgetown University Press, 1986.

[58] Quirk R, et al. *A Comprehensive Grammar of the English Language*. London: Longman Group Ltd., 1985.

[59] Richard Epstein. *Roles, and Definiteness*. John Benjiamins B. V. , 1999.

[60] Scholes, Robert. ed. *Approaches to the Novel*. San Francisco: Chandler Publishing Company, 1961.

[61] Short M. Understanding Texts: Point of view[A]. In G Brown et al(ed.), Language and Understanding[C]. Shanghai: Shanghai Foreign Language Education Press, 1999. （P172-186）

[62] Siewierska A. *Person*. Beijing: Beijing University Press, 2008.

[63] Simpson Paul. *Language, Ideology and Point of View*. London: Routledge, 1993.

[64] Smith Benita Rae & Eeva Leinonen. *Clinical Pragmatics*. Chapman & Hall, 1992.

[65] Sperber D & D Wilson. *Relevance: Communication and Cognition*. Cambridge, mass: Harvard University Press, 1986.

[66] Sternberg, Meir. Proteus in quotation-land: Mimesis and the forms of reported discourse. Poetic Today 3. 107-56, 1982.

[67] Talmy Leonard. The relation of grammar to cognition[A]. Geeraerts Dirk （eds.）, 2006. *Cognitive Linguistics:Basic Reading*. Berlin: Mouton de Gruyter, 2006.

[68] Taylor J R. *Linguistic Categorizatio: Prototypes in Linguistic Theory*. Oxford: Clarendon Press, 2001.

[69] Taylor. *The Ten Lectures on Applied Cognitive Linguistics*. Beijing: Foreign Language Teaching and Research Press, 2007.

[70] Thomas J. Cross-cultural Pragmatic Failure[J]. Applied Linguistics 4(2), 1983: 94.

[71] Thompson G. Voices in the text: Discourse perspectives on language reports[J]. Applied Linguistics 17(4), 501-526, 1996.

[72] Van Dijk T A. *Text and Context*. London: Longman, 1977.

[73] Van Dijk T A. *Studies in the Pragmatics of Discourse*. The Hague: Mouton Publishers, 1981.

[74] Van Dijk T A, ed. Discourse as Social Interaction: Discourse Studies: A Multidisciplinary Introduction. Vol. 2. London/ThoUSand Oaks/ New Delhi: SAGE Publications, 1997.

[75] Verschueren, J. *Understanding Pragmatics*. London: Arnold, the hodder Headline Group, 1999.

[76] Verschueren J. *Understanding Pragmatics*. Beijing: Foreign Language Teaching and Research Press, 2000.

[77] Watts, Richard. *Politeness*. Cambridge: Cambridge University Press, 2003.

[78] Young D J. *The Structure of English Clauses*. New York: Hutchinson & Co. (Publishers)Ltd, 1980.

[79] Yule G. *Pragmatics*. Oxford: Oxford University Press, 1996.

[80] Yule G T Mathis & M Hopkins. 论转述[J]. 张相铭译, 国外外语教学, 1995(04).

[81] 阿恩海姆. 艺术心理学新论[M]. 郭小平, 翟灿, 译. 北京：商务印书馆, 1994.

[82] 薄冰. 高级英语语法（上、下）[M]. 北京：高等教育出版社, 1990年.

[83] 薄冰. 英语语法[M]. 北京：开明出版社, 1998.

[84] 薄冰, 何政安. 新编英语语法[M]. 北京：世界知识出版社, 2004.

[85] 薄冰, 何政安. 薄冰英语语法[M]. 北京：开明出版社, 2007.

[86] 蔡基刚. 全球化背景下我国大学英语教学目标定位再研究[J]. 外语与外语教学, 2012(03).

[87] 曹春春. 礼貌准则与语用失误——英汉语用失误现象比较研究[J]. 外语学刊, 1998(02).

[88] 陈安玲. 认知视角对语篇语域的设定[J]. 外国语言文学, 2007(01).

[89] 程晓堂, 康艳. 关于高校英语教学若干问题的思考[J]. 中国大学教学, 2010(06).

[90] 丁往道. 关于英语条件句和虚拟语气的教法[J]. 外语教学与研究, 1979(04).

[91] 董秀芳. 实际语篇中直接引语与间接引语的混用现象[J]. 语言科学, 2008(04).

[92] 何兆熊. 语用——语言研究的一个视角[A]//张后尘《外语与外语教学》出版百期纪念论文选萃. 上海：上海外语教育出版社, 1997.

[93] 何兆熊. 新编语用学概要[M]. 上海：上海外语教育出版社, 2000.

[94] 何自然. 语用学与英语学习[M]. 上海：上海外语教育出版社, 1997.

[95] 何自然. 语用学对学语言的启示[J]. 四川外语学院学报, 2002(06).

[96] 何自然. 语用学讲稿[M]. 南京：南京师范大学出版社, 2006.

[97] 何自然, 陈新仁. 当代语用学[M]. 北京：外语教学与研究出版社, 2004.

[98] 何自然, 冉永平. 语用学概论[M]. 长沙：湖南教育出版社, 2006.

[99] 何自然, 张巨文. 外语教学中的语用路向探索[J]. 山东外语教学, 2003(04).

[100] 洪岗. 英语语用能力调查及其对外语教学的启示[J]. 外语教学与研究, 1991(04).

[101] 侯国金. this 的语用综述[J]. 内蒙古民族大学学报：社会科学版, 2002(02).

[102] 侯国金. 指示语的礼貌策略//吴友富. 外语与文化研究（3）, 上海：上海外语教学出版社, 2004.

[103] 侯国金. 语用象似论[J]. 语言教学与研究, 2007(02).

[104] 侯国金. 语用大是非和语用翻译学之路[M]. 成都：四川大学出版社，2008.

[105] 侯维瑞. 英语语体[M]. 上海:上海教育出版社，1993.

[106] 黄次栋. 语用学与语用错误[J]. 外国语，1984(01).

[107] 贾中恒. 转述语及其语用功能初探[J]. 外国语，2000(02).

[108] 科林伍德. 艺术原理[M]. 王至元，陈华中，译. 北京：中国社会科学出版社，1985.

[109] 雷志敏. Be 型虚拟语气与祈使语气的比较研究[J]. 四川外语学院学报，2003(06).

[110] 李国男. 英语动词过去时的隐喻认知模式[J]. 外语教学与研究，2004(01).

[111] 李洁红. 指示语的认知模型解析[M]. 北京：科学出版社，2008.

[112] 李学平. 论英语虚拟语气的形式及其分类[J]. 外语教学与研究，1963(04).

[113] 梁华荣. 从《叔尸钟》看铭文人称代词使用的混乱[J]. 学习与探索,2005(02).

[114] 梁志坚. 等效、视点转换与揭示语的英译[J]. 外语教学，2002(04).

[115] 林崇德，杨治良，黄希庭. 心理学大辞典下[M]. 上海：上海教育出版社，2003.

[116] 刘国辉. 言语礼貌. 认知期待. 语境文化规约[J]. 外语教学，2005(02).

[117] 刘其中. 直接引语——香港中文报章新闻写作的一大缺憾. http://blog.163.com/lyj1314cool/blog/static/142003140201192633153688/

[118] 刘森林. 语用策略[M]. 北京：社会文献出版社，2007 年.

[119] 吕文华，鲁健骥. 外国人学汉语的语用失误[J]. 汉语学习，1993(01).

[120] 吕叔湘. 汉语语法论文集. 北京：科学出版社，1956.

[121] 吕叔湘. 中国文法要略[M]. 北京：商务印书馆，1982.

[122] 米克·巴尔. 叙述学，叙事理论导论[M]. 谭君强译. 北京：中国社会科学出版社，1995.

[123] 彭建武. 语言转述现象的认知语用分析[J]. 外语教学与研究，2001(05).

[124] 彭正银. 知觉视点在翻译中的转换与等值效果[J]. 外国语文, 2010(02).

[125] 钱冠连. 汉语文化语用学[M]. 北京: 清华大学出版社, 2002.

[126] 乔梦铎, 金晓玲, 王立欣. 大学英语教学现状调查分析与问题解决思路[J]. 中国外语, 2010(05).

[127] 秦建栋. 英语若干有标记句法结构的视点阐释[J]. 四川外语学院学报, 2007(02).

[128] 冉永平. 语用学: 现象与分析[M]. 北京: 北京大学出版社, 2006.

[129] 冉永平. 语用学: 现象与分析[M]. 北京: 北京大学出版社, 2006.

[130] 冉永平. 当代语用学研究的跨学科多维视野[J]. 外语教学与研究, 2011(05).

[131] 冉永平. 指示语选择的语用视点、语用移情和离情[J]. 外语教学与研究, 2007(05).

[132] 申丹. 视角[J]. 外国文学, 2004(03).

[133] 盛晓明. 话语规则与知识基础: 语用学维度[M]. 上海: 学林出版社, 2000.

[134] 束定芳, 陈素燕. 大学英语教学成功之路——宁波诺丁汉大学"专业导向"英语教学模式的调查[M]. 上海: 上海外语教育出版社. 2010.

[135] 苏畅. 对视点问题的重新认识——关于乌斯宾斯基《结构诗学》[J]. 南京师范大学文学院学报, 2006(03).

[136] 粟进英, 李经伟. 言语适应理论与身份研究述评[J]. 外语教学, 2010(06).

[137] 孙亚. 从认知角度看语用失误[J]. 四川外语学院学报, 2001(06).

[138] 唐淑华. 虚拟语气透视的心理距离之语用阐释——兼与李学平、Huddleston等商榷[J]. 外国语文, 2011(05).

[139] 唐淑华. 观念视点对礼貌语言取效的制约与促进[J]. 外国语文, 2012(02).

[140] 唐淑华. 论话语的视点紊乱[J]. 外国语文, 2013(04).

[141] 瓦伦汀. 实验审美心理学[M]. 潘智彪译. 广州: 三环出版社, 1989.

[142] 汪少华. 美国政治语篇的隐喻分析[J]. 外语与外语教学, 2011(04).

[143] 王得杏. 跨文化的语用问题[J]. 外语教学与研究, 1990(04).

[144] 王黎云, 张文浩. 自由间接引语在小说中的运用[J]. 外语教学与研究, 1989(03).

[145] 王同乙. 英语辞海[M]. 北京: 国防工业出版社, 1990.

[146] 王卫新. 语篇视点与翻译策略[J]. 外语学刊, 2004(05).

[147] 王正元. 语篇视点的认知分析[J]. 四川外语学院学报, 2006(02).

[148] 王寅. 中西语义理论对比研究初探[M]. 北京: 高等教育出版社, 2007.

[149] 王佐良, 丁往道. 英语文体学引论[M]. 北京: 外语教学与研究出版社, 1987.

[150] 韦琴红. 语用失误与大学英语教学[J]. 西安外国语学院学报, 2001(03).

[151] 魏万德, 王爱军. 语篇视点与诗词英译[J]. 武汉理工大学学报: 社会科学版, 2005(06).

[152] 吴强. 英语虚拟语气的语用功能分析——兼谈国内语法著作在虚拟语气论述中存在的缺陷[J]. 西南民族大学学报, 2010(03).

[153] 吴启迪. 在大学英语教学改革试点工作视频会议上的讲话[J]. 中国外语, 2004(01).

[154] 夏纪梅. 现代外语课程设计理论与实践[M]. 上海: 上海外语教育出版社, 2003.

[155] 辛斌. 语言、权力与意识形态: 批评语言学[J]. 现代外语, 1996(01).

[156] 熊沐清. 论语篇视点[J]. 外语教学与研究, 2001(01).

[157] 熊沐清, 陈意德. 观念视点与叙述语篇理解[J]. 外语与外语教学, 2000(06).

[158] 熊沐清, 刘霞敏. 语篇视点\信息结构与被动语态[J]. 外语与外语教学, 1999(03).

[159] 熊学亮, 刘东虹. 否定语序的类型学分析[J]. 外语学刊, 2006(04).

[160] 熊学亮, 刘国辉. 也谈礼貌原则[J]. 四川外语学院学报. 2002(03).

[161] 徐广联. 大学英语语法讲座与测试[M]. 南京: 东南大学出版社, 1997.

[162] 徐广联. 大学英语语法讲座与测试[M]. 上海：华东理工大学出版社，2005.

[163] 徐赳赳. 叙述文中直接引语分析[J]. 语言教育与研究，1996(01).

[164] 徐莉娜. 翻译中主题句取向的语用视点[J]. 外语研究，2010(03).

[165] 徐盛桓，廖巧云. 意向性理解视域下的隐喻[J]. 外语教学，2013(01).

[166] 杨才英，张德禄. 语篇视角与语气和情态[J]. 四川外语学院学报，2006(06).

[167] 姚双云. 主观视点理论与汉语语法研究[J]. 汉语学报，2012(02).

[168] 么孝颖. 从交际主体的双向认知互动看语用失误的本质[J]. 外语教学，2007(03).

[169] 易仲良. 论英语虚拟语气语法范畴的有无[J]. 外国语，1988(01).

[170] 易仲良. 英语动词语义语法学[M]. 长沙：湖南师范大学出版社，1999.

[171] 于海，钟晓华. 2008. 2006–2007 年上海大学生发展报告综述[J]. 复旦教育论坛，（1）：19-25.

[172] 袁贵仁. 价值观的理论与实践[M]. 北京：北京师范大学出版社. 2009.

[173] 袁野. 构式语法的语言习得观[J]. 解放军外国语学院学报，2010(01).

[174] 张道真，温志达. 英语语法大全下[M]. 北京：外语教学与研究出版社，2001.

[175] 张巨文. 语用失误与外语教学[J]. 郑州大学学报：社会科学版，2000(04).

[176] 张宁. 人称代词视角的选择与礼貌取向[J]. 外语学刊，2009(04).

[177] 张荣建. 关于直接和间接引语转换的心理距离浅析[J]. 解放军外语学院学报，1992(03).

[178] 张文霞，罗立胜. 关于大学英语教学现状及发展的几点思考[J]. 外语界，2004(03).

[179] 赵凯，曹廷军. 从指示投射看英语中直接引语和间接引语的转换[J]. 哈尔滨工业大学学报：社会科学版，2011(02).

[180] 赵庆红，雷蕾，张梅. 学生英语学习需求视角下的大学英语教学[J]. 外语界，2009(04).

[181] 赵莉，黄娟. 距离性——过去时的认知语言学解读[J]. 天津外国语学院学报，2004（06）.

[182] 赵秀凤. 语篇视角的语言表达——以"言语场景"为基础的认知构建模式[J]. 山东外语教学，2006(01).

[183] 赵秀凤. 叙事语篇中视角交汇的认知解析[J]. 四川外语学院学报，2006(06).

[184] 赵秀玲. 直接引语与间接引语的转换问题探讨[J]. 中国俄语教学，2012(01).

[185] 朱荔芳. 指示语透视的心理距离之语用解释[J]. 西安外语外国语学院学报，2003(01).

[186] 周苹. 视点问题研究——一个走向成熟的未知[J]. 哈尔滨工业大学学报：社会科学版，2006(02).

[187] 周雪林. 试论"否定转移"的语用意义[J]. 外国语，1996(05).

[188] 朱德熙. 语法讲义[M]. 北京：商务印书馆，1982.

[189] 朱健平. 语气与礼貌原则[J]. 湘潭师范学院学报，1999(05).